培生书系·学前教育精品译丛　霍力岩 主编

促进儿童社会性和情绪的发展
基于教师的反思性实践

Guiding Children's Social and Emotional Development: A Reflective Approach

[美] 珍妮丝·英格兰德·卡茨（Janice Englander Katz）

洪秀敏 等译

Authorized translation from the English language edition, entitled Guiding Children's Social and Emotional Development: A Reflective Approach, 1 Edition, 978-0-13-707088-6 by Janice Englander Katz, published by Pearson Education, Inc. Copyright © 2014 by Pearson Education, Inc.

All rights reserved. No part of this book may be reproduced or transmitted in any form or by any means, electronic or mechanical, including photocopying, recording or by any information storage retrieval system, without permission from Pearson Education, Inc.

CHINESE SIMPLIFIED language edition published by PEARSON EDUCATION ASIA LTD., and CHINA MACHINE PRESS Copyright © 2015.

本书中文简体字版由培生教育出版公司授权机械工业出版社合作出版，未经出版者书面许可，不得以任何形式复制或抄袭本书的任何部分。

本书封面贴有Pearson Education（培生教育出版集团）激光防伪标签。无标签者不得销售。

北京市版权局著作权合同登记图字：01-2014-2688号。

图书在版编目（CIP）数据

促进儿童社会性和情绪的发展：基于教师的反思性实践/（美）卡茨（Katz, J. E.）著；洪秀敏等译. —北京：机械工业出版社，2015.3（2023.7重印）

（培生书系. 学前教育精品译丛）

书名原文：Guiding children's social and emotional development: a reflective approach

ISBN 978-7-111-48960-3

Ⅰ.①促… Ⅱ.①卡…②洪… Ⅲ.①儿童教育—研究 Ⅳ.①G61

中国版本图书馆CIP数据核字（2014）第302807号

机械工业出版社（北京市百万庄大街22号　邮政编码100037）
总　策　划：李俊玲　张敬柱
策划编辑：马　晋　王　辙　　责任编辑：马　晋　王　辙
版式设计：常天培　　　　　　责任校对：聂美琴
责任印制：常天培
北京机工印刷厂有限公司印刷
2023年7月第1版第5次印刷
184mm×260mm・14.25印张・233千字
标准书号：ISBN 978-7-111-48960-3
定价：69.80元

电话服务　　　　　　　　　　网络服务
客服电话：010-88361066　　　机　工　官　网：www.cmpbook.com
　　　　　010-88379833　　　机　工　官　博：weibo.com/cmp1952
　　　　　010-68326294　　　金　书　网：www.golden-book.com
封底无防伪标均为盗版　　　机工教育服务网：www.cmpedu.com

总序

百年大计，教育为本。学前教育作为终身学习的肇始，是我国国民教育体系的重要组成部分。进入新世纪以来，我国学前教育事业得到了政府和社会各界的高度重视，《国家中长期教育改革和发展规划纲要(2010—2020年)》和《国务院关于发展当前学前教育的若干意见》等一批促进政策的出台，更为我国学前教育的发展提供了新的助力。但不可否认的是，囿于各种主客观条件，我国的学前教育在教育理念、课程构建、教学评价等方面与欧美等经济发达国家相比还存在着一定的差距。学习和借鉴这些国家的教育思想和教学经验，并在借鉴中吸收和发展，进行本土化融合和完善，对我国学前教育整体水平的提升无疑意义重大。

美国实行的是包括幼儿园在内的K12教育，其学前教育在世界上一直处于领先位置。由机械工业出版社引进的本套译丛是从美国培生教育集团众多学前教育领域书籍中遴选出来的精品。首批出版的8本图书中，既包括多次再版的经典著作，也包括反映美国近期研究热点的新品力作。可以说，在目前我国大力发展学前教育的大背景下，这套译丛不仅可以带领我们在了解美国的学前教育发展的过程中探知一二，还能为我们在建构具有民族文化底蕴、接轨时代精神的学前教育事业上开启一片新的视野。

本译丛涵盖的内容：

- 《幼儿园教师技能大全》（原书第9版）是由詹尼丝 J.比蒂（Janice J.Beaty）所著的美国早期教育领域的一本经典图书，它是美国幼儿园教师、学前教育专业的大学生、实习生、幼儿园工作者等学习和使用的经典教材。全书分13章，呈现了幼儿教师工作时所需要的技能。该书的核心目的在于为幼儿教育工作者提供在实际教育过程中促进幼儿发展的教学指导策略，具有很强的实践性和操作性。

- 《美国幼儿教育课程实践指南》（原书第9版）是一套全面介绍美国幼儿课程的图书，以儿童发展理论为基础，为在幼儿教育阶段建构以儿童为中心的课程实践提供了既有理论视角，又有实践可操作性的工作指南。这是一本历经多次再版，与时俱进的教科书和教师资源手册，也是一个展示美国文化、美国幼儿教育思潮和美国幼儿教育最佳实践的"窗口"。

- 在美国，"积极指导"被认为是高质量的早期儿童教育实践⊖，是美国近几年的研究热点，它被认为是回应儿童行为的最适宜的方法。由凯瑟琳 C.柯西（Katharine C. Kersey）和玛丽 L.马斯特森（Marie L. Masterson）所著的《积极指导儿童的101条原则：塑造回应型教师》一书详细介绍了"积极指导"的方法、策略及在班级中的应用，为我们如何回应儿童、对待和处理儿童的行为问题搭建了有效的框架。

⊖ Gartrell, D. (2004). *The power of guidance: Teaching social-emotional skills in early childhood classrooms*. Clifton Park, NY: Thomson Delmar Learning.

- 游戏一直是学前教育研究领域的经典课题，每一个学前教育工作者都应了解和熟知儿童的游戏。由乔 L.佛罗斯特（Joe L. Frost）、苏 C.沃瑟姆（Sue C. Wortham）和斯图尔特·赖费尔（Stuart Reifel）所著的《游戏与儿童发展》（原书第4版）正是为我们理解那些令人着迷而又纷繁复杂的游戏世界而创作的。新的版本结合美国近年来在儿童游戏研究方面的新成果，增加了"技术与游戏"以及与理解游戏价值有关的脑神经科学的新研究等儿童游戏领域的新内容。

- 在强调塑造"完整儿童"，去"小学化"的学前教育改革背景下，儿童的社会性及情绪能力的发展越来越受到家长和教师的重视。珍妮丝·英格兰德·卡茨博士（Janice Englander Katz, PhD）所著的《促进儿童社会性和情绪的发展：基于教师的反思性实践》正如及时雨一般到来。不同于以往的相关著作，卡茨提出了让人耳目一新的指导理念，以反思教师自身为切入点，通过深入挖掘教师自身的经验来为儿童提供指导，并以案例的方式阐明了对各种技能的反思性支持方法。

- 近年来，随着我国学前教育事业的不断发展，越来越多的职前教师、学前专业的实习学生在面对即将投入的新工作时，感到手足无措。《学前教育实习指导：迈向成功》（原书第3版）正是在这样的背景下应运而生，为未来从事幼儿教师工作的学生提供理论与实践上的指导与帮助。

- 《"乖"远远不够：培养儿童的道德观》为我们提供了一个理解道德教育的综合视角，涉及儿童社会和道德发展的情感、认知和行为三个层面，帮助教师和准教师们用一种容易理解的方式来认识儿童的道德发展过程和道德教育。同时，书中还提供了诸多具体建议来强化儿童的社会和道德情感。

- 在艺术教育方面，《音乐与律动：创造儿童的另一种生活方式》（原书第7版）是美国学前艺术教育方面的一本经典著作，新的版本增加了儿童音乐教育方面的最新专业研究和发现，呈现了一系列鼓励教师和看护者们重视音乐和律动教育方面的研究与思考。

本译丛的主要特点：

1. 内容全面，经典性和前沿性相结合

此次引进的8本著作中，有5本是美国学前教育领域再版多次的经典著作。新引进的版本均在原来的基础上增加了更符合全美幼儿教育协会（NAEYC）提出的"发展适宜性实践"（DAP）要求的内容，即更加重视符合儿童发展的年龄适宜性、个体适宜性和文化适宜性，同时也都不约而同地更加关注特殊儿童的需要，内容更为全面。其余3本则是近几年的新著作，反映了美国幼儿教育研究的新热点和新方向。从儿童发展来看，新的研究集中在社会性和情绪发展、道德开发等，更加重视儿童的全面发展，塑造"完整儿童"。从教师发展来看，则提出了"反思性实践"（Reflective Approach）和教师的"积极指导"（Positive Guidance）等，更加重视教师与幼儿的积极回应和互动的有效性。

2. 适用面广，读者对象更加多样化

整套译丛除了以往主要面对在职幼儿园教师，探讨如何提升在职教师的专业技能外，还有为解决职前教师和学前教育专业的大学生和实习生在实践中遇到的困惑和疑问而作的《学前教育实习指导：迈向成功》。因此，本译丛既可为广大的一线幼儿教育工作者提供切实的实践指导，还可作为师范院校学前教育专业的师生教学和研究参考书。此外，在促进教师专业发展上，除了传统的职前培训，美国现今的许多专业机构对教师开展的培训、评估和认证正逐渐受到越来越多的欢迎和认可。因此，本译丛中大部分图书都可用于教师培训，这也为教师的专业发展提供了一条新的路径。

3. 实用性强，提供大量以研究为基础的实用建议

理论与实践紧密结合，一直以来是学前教育工作者努力践行的理念，但是多年来理论研究者与幼儿园一线工作者之间似乎长期存在着难以紧密衔接的苦恼。此次从培生教育集团引进的8本图书的一大亮点就是几乎每本都在不同程度上增加了读者互动（反思）、案例支撑、参考资料（教师资源包）、轶事性评论等模块。用案例说话，将一线教师真实的反思和实践记录作为宝贵的教学财富，使得读者在阅读和使用时有章可循，能够引起一线工作者的共鸣。同时，对于理论工作者而言，我相信也能提供很好的思想交流与碰撞的机会，启发他们形成一些新的研究课题。

4. 便于评估，提供大量与一线教学对应的评价标准

我国《幼儿园教育指导纲要（试行）》明确提出"教育评价是幼儿园教育工作的重要组成部分，是了解教育的适宜性、有效性，调整和改进工作，促进每一个幼儿发展，提高教育质量的必要手段"。但是，"如何评""评什么""怎样评"一直是困扰我国学前教育评价的关键性问题。同样的，美国学前教育也从未停止过对教育评价的讨论和探究，反映在本译丛中就是增加了许多美国现今常用的评价标准。这些评价标准均具有具体可操作的特点，能够为一线工作的教师提供可利用的评价工具和抓手。

整套译丛的翻译工作由我组织一批高水平的学前教育研究者共同完成，是全体译者集体智慧的结晶。为了保证翻译的质量，整个翻译过程经过反复推敲，交叉校对。在这个过程中，翻译团队的每一位老师都付出了巨大的努力和心血，在此，一并表示诚挚的感谢。

最后，还要感谢詹尼丝 J.比蒂（Janice J.Beaty）等几位原书的作者，为我们带来如此精彩的著作；感谢机械工业出版社引进这套丛书，让它们有机会与中国的读者见面；感谢几位编辑几个月来为本书成稿所付出的辛勤劳动和提出的宝贵建议。如今，这套译丛即将和读者见面，作为主编，我恳请每一位读者真诚地批评与指正，并真心希望和我有共同理想的学前教育同行们能由此展开一片探索儿童世界的新天地，或者，可以在不断探究的过程中有所启发和思考，以求为我国的学前教育事业献上一份绵薄之力。

霍力岩

2015年3月于北京师范大学

译者序

社会性及情绪能力在个体毕生发展中起着极为关键的作用，它同时也是衡量儿童发展水平的重要指标之一。长久以来，我国家长、幼儿园以及大众对儿童社会性及情绪发展的重视程度远不如认知、语言、健康等方面。绝大部分家长抱着"不能让孩子输在起跑线上"的想法，认为孩子应该从早期教育阶段就加紧学习数学、语文、英语等知识和智力开发。为了迎合家长的需求，幼儿园"小学化"倾向屡禁不止。

人生的道路并不是标准跑道。在这条路上有障碍和坎坷，也有美景和惊喜。孩子没有输在"起跑线"上的假象终究会暴露。很多孩子从"起跑线"出发以后，在途中就"跑"不下去了。他们会因为看到其他有趣的事物而分心，会因为无法控制自己的小情绪而走弯路，会因为没有动力而裹足不前，也会因为不懂得与他人交往而孤独无依。而这一切，都源于儿童社会性及情绪能力的缺乏。诸多研究已经证实，儿童的社会性及情绪能力与儿童在学业上和生活中的成功显著相关。在早期教育阶段，培养儿童良好的社会性及情绪技能无疑能够为其今后的发展打下坚实的基础。

在提升儿童社会性及情绪技能方面，早期教育工作者有着不可推卸的责任和至关重要的作用。在我国，早教工作者已经逐渐开始意识到社会性和情绪技能的作用以及儿童在这方面存在的问题。无奈相应的理念及指导却十分匮乏，相当部分的早教工作者反映不知道如何提高儿童的社会性及情绪能力、如何辨别儿童的问题以及如何有效应对。

卡茨所著的《促进儿童社会性和情绪的发展——基于教师的反思性实践》正如及时雨一般到来。不同于以往的相关著作，卡茨提出了让人耳目一新的指导理念，并以案例的方式阐明了对各种促进儿童社会性和情绪发展的技能的反思性支持方法。与单纯的教育教学策略不同，本书更多强调的是如何以反思教师自身为切入点，通过深入挖掘教师自身的经验来为儿童的社会性和情绪发展提供指导。独特的视角、严谨而清晰的结构，理论与实践兼备的内容以及平易而深入的阐述不仅给读者以启发，还能为早期教育实践提供有实质性的指导，称得上是一本儿童社会性和情绪教育的"宝典"。

本书内容及结构：

本书分为五个部分，共十章。

◎第一部分"反思指南"分两章提纲挈领地对社会性和情绪技能以及反思进行了概述，介绍了教师进行自我反思的理论基础和自我反思的内容。

◎第二部分"发展社会性情绪技能的指导原则"用三章篇幅分别阐述了基于关系的指导、个性化和发展适宜性指导以及根据情境进行文化适宜性指导三个基本指导原则，并说明了如何根据这些原则进行反思性实践。

◎第三部分"建立情绪能力"分两章介绍了情绪能力的两个重要组成部分——自我监控和自主性的定义、作用、基本要素、影响因素，以及促进这两方面能力发展的反思性实践。

◎第四部分"社会性技能的反思性支持"分两章阐述了社会性技能的三个重要成

分——移情、集体意识以及沟通的定义、作用、基本要素、影响因素，以及促进这三方面能力发展的反思性实践。

◎第五部分"总结"利用最后一章，通过八个主题概括了本书所提出的最为关键的反思性指导策略。

本书亮点及特色：

◎理论与实践紧密结合。本书兼具儿童社会性和情绪发展的理论与实践。作者既注重关键概念的阐释与理解，理论规律、指导与促进原则的总结与概括，但又注重扎根于实践的探索、研究与检验。对于广大的幼儿教师和家长而言，是一本非常详实的促进儿童社会性和情绪发展的指导手册。

◎用案例说话。本书最大的亮点莫过于丰富的真实案例。书中选择的案例来自实践、贴近实践，读者在阅读的时候会有一种似曾相识的感觉，这种熟悉感不仅有利于读者对内容的理解和把握，还有助于读者解决相似情境下的问题。

◎结构清晰。阅读每一章时，读者最先看到的都是一系列目标，这有利于读者了解本章重点，在阅读过程中抓取关键信息。每章最后的总结以及回顾与应用又再一次强调了本章的主要内容，帮助读者进行练习，巩固学习效果。

◎与读者深层次互动。尽管每章各有侧重，但本书所有内容从始至终紧扣教师自我反思。每章中都有"反思自我"模块。这个模块所抛出的问题就像是与读者的对话，让读者能够在问题中反思自我的相关经验，剖析自我，进而能为儿童提供更适宜的引导。

本书的翻译工作是集体智慧和努力的结晶。全书由我组织我的研究生共同翻译完成。为保证翻译的质量和严谨性，各章节初步译稿完成后，进行了多次交叉校对。各章参与的译者分别是：杨印、黄程佳（第一章、第二章）；华志媛、刘鹏（第三章、第九章）；白戈、吴艳（第四章、第五章）；马群、韩慧菲（第六章、第七章）；刘鹏、李晓莉（第八章、第十章）。刘鹏、韩慧菲、马群协助进行了部分统稿工作。最后全书由我进行统稿、审校。

由于译者水平有限，翻译难免有不妥之处，敬请广大读者和专家批评指正。

最后，还要感谢机械工业出版社引进这本书，感谢王璇编辑为本书成稿所做的辛勤劳动和提出的宝贵建议。更感谢本书的原作者卡茨博士为我们呈现了一部不可多得的促进儿童社会性及情绪发展的指南。希望本书能引导读者在不断进行自我反思的过程中实现专业化成长，更希望读者能参透本书的精髓，带领儿童进入另一片天地。

洪秀敏

于北京师范大学

2014年8月

推荐序

珍妮丝·卡茨所著的这本兼具理论与实践性的著作,对幼儿教育、儿童保育以及儿童干预领域来说来得正是时候。近期,关于早期大脑发展的研究成果促使我们开始对社会性情绪发展与认知、语言及身体发展之间不可忽视的关系有了更加深刻的了解。婴儿有巨大的学习潜力,他们的大脑在每天的经历中被塑造,在此过程中,他们从与父母及主要照料者间发生的社会与情绪性互动中所获得的经验最为重要。学步儿在用他们的身体以及全部感官积极地探索世界,他们学习与自信心养成的过程在很大程度上会受到成人指导方式的影响。当学龄前儿童和学龄早期儿童在一起学习与游戏时,他们的认知能力、各种技能、自我监控能力以及对自我、他人和物质世界的理解能力都在持续不断地提升。所有这些成就都取决于儿童是否可以学会用其家庭、看护中心、学校、同辈群体和社区都认可的方式管理自己的情绪和行为。

卡茨的这本著作展现出她作为一位执业临床儿童心理学家的独特视角,与此同时,她还是一名高质量幼儿保育和教育服务的提供者。本书可被视为一本详实的指导手册,它能够帮助促进儿童的社会性情绪与心理的健康发展,书中的内容对那些与儿童打交道的专业人员来说尤为实用。卡茨汇总并向我们展示了近期在儿童发展研究领域中的最新成果、来自心理健康领域的实践性建议以及一些具有示范性的儿童早期项目的相关内容。在著书的过程中,她始终强调读者**自我反思**阶段的重要性,以这样的方式强化本书的主旨,帮助教师可以更加有效地运用她所提倡的概念与方法。在各章节中,她一方面向我们提供了有助于理解儿童的情绪与行为发展过程中的相关信息;另一方面,她也对我们提出挑战以帮助我们对自己的感觉、想法与经历进行反思。我认为卡茨所提倡的自我反思的方式可以切实帮助我们加深对儿童及其与他人之间关系的理解。同时,这本书会改善你、你所面对的孩子以及你们之间的关系。正如杰瑞·鲍尔(Jeree Pawl)的至理名言:"你的感受与你所做的事情同样重要。"

在我看来,这本书有几个亮点:

◎以清晰易懂的方式对社会性和情绪发展的理论与研究进行了全面总结

◎借助大量早期教育机构中有关幼儿与教师的案例来阐明什么是有效或不太有效的指导策略

◎为理解与有效回应挑战性行为(在儿童的生活中所出现的一些特别干扰他人、让人苦恼的行为)提供了独特的视角和有效的工具

也许,最重要的是,卡茨在这本书中为我们提供了一种深入的、可行的实践方式来提升我们对每个孩子的同理性理解能力,每个孩子都是一个独特的个体,他们都在努力地寻找一种对生活的掌控感,并渴望着在一种充满爱的关系中生活。在幼儿保育与教育阶段,难道还有比帮助孩子们在这种胜任感与联通性间找到平衡更重要的事情吗?

詹姆斯·埃利克博士

普渡大学

前言

在过去的几年中,很多书籍和文章都在探讨有关儿童的社会性及情绪发展的重要性。为了在学校及生活中有更好的表现,一个孩子必须具备学习的动机并且能够集中注意力、克制冲动、处理情绪以及与他人和谐相处。一个孩子需要具备这些基本的技能以更好地生存与成长,然而对于很多孩子来说,这些技能都不是与生俱来的。因此,对儿童有重要影响的成人必须有意且有策略性地对儿童这些能力的发展进行指导。那么,谁应该对儿童进行指导?如何指导呢?

随着越来越多的家庭面临着前所未有的自我满足方面的挑战,人们对社会性和情绪性发展方面的兴趣开始日益提升。虽然家长一直被认为是孩子的第一任也是最重要的老师,家庭生活中越来越大的压力却使得家长没有能力花时间来为孩子在这一领域的发展提供足够的情感支持。许多家庭正面临着家长失业,或者正相反,父母双方从事多份工作的严峻境况。在经济困难时期,从大家庭及社区中得到的帮助可能也相对较少。

与此同时,企业经常会抱怨刚刚走上工作岗位的年轻人缺乏基本的"就业技能",如沟通能力、适应性、问题解决、工作动机及团队协作能力(Cumming & Lesniak, 2000; Hansen & Hansen, 2011)。所有这些能力都是社会性情绪领域所涉及的,对这些能力的直接指导应该是儿童教育中的重要组成部分。

虽然学校系统正面临着巨大的需求,他们却往往缺乏对上述技能进行有针对性训练的必要资源。当学生进入高中后,他们应该已经具备监控注意力、控制冲动及情绪的基本技能,并且可以以独立或合作的方式完成工作。于是,当他们在这些方面表现出缺陷时,他们的行为通常都被纪律加以控制,而无法得到有关技能提升的训练。这是由于高中阶段的教师假定学生已经在小学及初中阶段接受过相关技能的培训。

然而,自三年级起,小学生就要参加数学、语言以及其他学术技能的学业成就测验。这其中有很大的利害关系,因为学校通常需要为学生在考试中不好的表现而受到谴责。这样一来,对学术能力的强调就要开始于幼儿园或更早的时期。而幼儿园教师也同样认为入学准备技能——在帮助儿童在幼儿园及日后获得成功的基本能力中,与社会性情绪相关的内容比与身体和认知领域相关的内容更重要(Conn-Powers, 2010)。因此,在幼儿园中,社会性与情绪方面技能的缺乏已经开始被视为一个需要反思与规范的重要问题。

在这样的背景下,早期儿童教育专业人员有责任有意且有针对性地帮助幼儿提升他们社会与情绪性的基本技能(Conn-Powers, Cross, & Dixon, 2011)。家庭需要我们在这方面的支持,特别是在他们缺乏时间、精力及其他相关资源的情况下。在小学阶段,由于课业压力的增加和可获得资源的减少,教师也无法完成这一任务。而我们,作为早期儿童教育工作者,正处于帮助儿童发展这些技能的关键位置。事实上,这可能是你最重要的任务。那么,你应该如何应对这一挑战呢?

首先,要充分意识到在这个不断发展的领域上,我们要做好终身学习的准备。持续地参与教育研讨会并且坚持阅读相关的专业文献是非常重要的。你也可以与同事们组成一个学习团体,专注于社会性情绪发展方面的研究,也可以参加一个反思性的督导项目。

如果条件允许,你可以聘请一位心理健康咨询师,在你促进儿童社会性情绪发展时,他能为你提供帮助和指导。这个心理健康咨询师应该是受过专业训练的,他可以通过与儿童在生活中最常接触的成人(如家长与老师)合作来帮助他们提升教养能力,相应地,这些成人便能帮助儿童提升期待中的技能(Perry & Kaufmann, 2009)。心理健康咨询师倾向于用一种相对复杂、而常人并不熟悉的方式对行为进行解读。他们的策略来源于咨询的过程,这个过程包括自我反思、认真的观察以及对各种与教育者、儿童及其家庭息息相关的变量所进行的深入分析。虽然目前来看,只有极少数幼教机构能与心理健康咨询师建立联系,但在本书中,你将学到咨询师常用的一些基本概念与原理,以帮助你制定有助于促进儿童发展的有效策略。幸运的是,你已经拥有了所能拥有的最有效的教学资源——你自己。

你将从本书中学到什么

当你阅读这本书时,你将有机会"由内而外"地了解到社会性和情绪能力(Siegel & Hartzell, 2003)。通过更好地了解自己,你的优势、劣势、偏好及其他,你将能更好地指导你班上的孩子。通过反思你自身社会性与情绪发展的过程,你可以更好地促进儿童在这些方面技能的发展。

《促进儿童的社会性和情绪的发展——基于教师的反思性实践》为我们展现了一种提升基本生存技能的独特视角。它并不是一个用于矫正挑战性行为的操作性指导手册,也不是一本写着如何塑造有能力的年轻人的"秘方"。它为我们提供的是一个理解儿童为何如此行为的过程,并且让我们去挖掘是什么激发作为专业工作者的我们做出决定。这样的过程就是**反思**。

本书的主题和特点

本书以一种清晰易懂的方式写就,书中包含一系列关于如何以一种有准备的、反思性的教育方式指导儿童社会性和情绪发展的主题及特色版块。

学习成果导向。每一章节都是由一系列学习成果所引出的,这样可以引起你对于本章节中重要概念的关注。在你阅读章节中的材料时,可以将书中的概念和知识运用到日常的经验以及与孩子的互动过程中。

鼓励反思的教学特征。在每一个章节,你都会有机会在一个有特色的内容模块——"反思自我"中进行自我反思。模块中的问题将你与你社会性情绪能力的发展历程重新联系起来,这些问题的答案只有你自己知道。你的自我反思则会帮助你发现,在任何时间,你的任何行为都可能对你所面对着的孩子产生影响。

此外,在这本书中,你可以有机会通过交互性的练习以及回答一些反思性问题来进行自我反思实践,并能够对你的决定和行为可能对孩子及其家庭造成怎样的影响做出更加深入的思考。

运用真实案例阐明关键概念。本书中所提到的许多概念都是用发生在真实的儿童及其家庭、学校中的故事（在姓名、细节方面进行了修改）加以阐述的。这些故事是我在四段相互独立的工作经历中逐渐积累起来的，而这四段经历又都指向相同的方向。首先，作为一个致力于儿童治疗的临床心理学家，我为上千人做了心理治疗，如果他们曾在童年期接受了更为积极的保育和教育，他们可能就无需在之后再接受这样高强度的干预。其次，我是一所全美幼教协会所认证的儿童看护中心的创办者与主席，我的中心有130个儿童，他们的年龄从6周到12岁不等，同时拥有30名优秀的教师。再次，我与一些早期儿童方面的专家学者共事，作为一名为多个早期儿童保教机构提供服务的心理健康咨询师，我了解幼儿教育专业人员所拥有的丰富且多样的经历及他们所面临的问题。我经常开展讲座，在专业发展会议上主持一些工作坊，并且在大学中为心理与教育学专业的学生教授课程。最后，也是最为重要的，我是两个男孩儿的妈妈，他们的活力、聪明以及好奇心在过去的23年中一直让我忙得不可开交。在上述四段经历中，我积累了大量的个案，并将他们的故事穿插入这本书中的每个章节。

提供可用于复习和操作的材料。每一个章节都安排了几个回顾性问题及应用提示，可应用于大学的课程及专业发展方面的训练。

读者

在本书中，为了便于描述，在叙述中简单地选择了教育者、教师、专业人员等词汇。而事实上，任何为孩子、家庭工作的从业者都可以借助本书的观点及所提供的策略来指导实践。如果你是一名幼儿干预治疗师，一个行为咨询师，一名家庭教师，或是任何一个早期教育专业人员，这本书都是值得阅读的。

《促进儿童社会性和情绪的发展——基于教师的反思性实践》同样可用作大学中的儿童发展或指导课程的教材，或在继续教育过程中用来指导专业性的学习。在格式上，这本书中的每个部分都能够以一种相对独立的模块呈现，这种编排方式使之能够适用于为本领域从业者组织的学习型团体、教职工研讨会或专业发展性研讨班。

致谢

我要感谢我的丈夫杰夫以及我们的孩子，乔希和贾斯丁，感谢他们的耐心和一直以来对我的鼓励。我远见卓识的姐妹，支持我、爱我的父母在写作的过程中也给予了我非常有效的帮助。我始终对曾来找我做过咨询的家庭以及"想象站台"的员工和家庭抱有感激之情。同样想要感谢我的同事——玛丽·简·艾森豪威尔，正是她的智慧、勇气和热情激励着我完成这本书的写作。此外，我要感谢这本书第一版的审阅人：密苏里中部大学的珍妮佛·奥德里奇；儿童中心的金佰利·奥斯汀；麦克伦南社区大学的帕梅拉·布里格斯；南卡罗来纳州的北部大学的斯泰西·伯尔；帕特里克亨利学院的苏珊·克里斯蒂娜；纳瓦洛学院的玛丽·柯德尔；东卡罗来纳大学的阿波罗·埃德蒙顿；赫森大学的芭芭拉·蒙蒂；阿肯色大学史密斯堡大学的罗伯特·帕克斯；以及萨克拉曼多城市学院的艾米·斯特里普林。最后，我要感谢朱莉·皮特斯，感谢他在本书整个编辑过程中所提供的支持和指导。

关于作者

珍妮丝·英格兰德·卡茨博士（Janice Englander Katz, PhD）是一名临床心理学家，她有28年改善儿童、家庭和成人生活的经验。卡茨博士创建了"儿童保育联合会"并担任主席，该协会主要负责"想象站台儿童发展中心"的运营——这是一家位于印第安纳州密西根城经由美国幼儿教育协会（NAEYC）认证的儿童保育中心。她为印第安纳西北部很多幼儿教育机构提供心理健康咨询，并在普渡大学中北部分校教授儿童心理学课程。

卡茨博士是一个充满活力的团体组织者，她致力于为社会所面临的问题寻找系统性的解决方案。出于对国家较高的学前教育流失率以及早期问题行为未得到合理解决所带来的严重后果的担心，卡茨博士正在为印第安纳州建立早期儿童心理问题咨询体系。她是印第安纳婴幼儿心理健康协会的积极分子、印第安纳婴幼儿专家指导委员会专家，并且是印第安纳早期儿童综合系统的创建者。卡茨博士还担任印第安纳幼教协会公共政策委员会的主席。她为很多非营利性机构提供过服务，经常在地方、国家以及区域性的会议上进行演讲，并且常为医生、教育者、家长开设工作坊。她在明尼苏达大学取得了心理学与儿童发展方向的本科学位，并在位于圣路易斯的华盛顿大学获得了心理学专业的硕士与博士学位，卡茨博士与她的丈夫育有两个儿子，分别是23岁和19岁。

目录
CONTENTS

总序
译者序
推荐序
前言
关于作者

第一部分　反思指南

第一章　社会情绪发展和反思过程/001

一、社会性和情绪能力的重要性/002
二、指导教育实践的专业体系/003
　　早期社会性和情绪学习中心的金字塔模型/004
　　发展适宜性实践和道德行为规范/005
三、反思过程/006
四、反思的定义/006
　　反思看起来像什么/007
五、反思为什么重要/010
六、本能反应和有目的的回应/010
七、提升基本的社会性和情绪技能的反思性方法/011
　　反思和自我监控/012
　　反思和自主性/013
　　反思，移情，集体意识/013
　　沟通中的反思/014

总结/015
回顾和应用/015

第二章　教师的自我反思/016

一、情绪智力和多元智能/017
　　理解你的气质和性格/019
　　性格和环境之间的关系/022
二、理解你幼年时期的人际关系：依恋之魔鬼与天使/023
　　了解你在儿童发展领域里的胜任力和偏好/025
　　身体和认知领域/025
　　社会情感领域/026
　　　自我调节/027
　　　自主性/028
　　　移情和集体意识/028

沟通/029
理解你的教学信念/029
理解压力和应对策略/030
总结/031
回顾和应用/032

第二部分　发展社会性情绪技能的指导原则

第三章　基于关系的指导/035
一、你在与儿童的关系中带来了什么/036
你对自身角色的期望/036
你的人格/038
拟合度/039
你已经内化的信息/042
反思儿童的行为/043
对话/043
密切观察/044
展现对儿童的尊重/045
二、班级中的平行加工/046
总结/048
回顾和应用/048

第四章　个性化和发展适宜性指导/049
一、个性化指导/050
二、感知偏好/050
儿童气质/051
健康和发展的历程/052
成长历程/053
家庭动力/054
家庭期望/055
三、发展适宜性指导/056
典型发展时间表/057
发展时间表网络资源/057
发展筛查和评估/057
不均衡发展/058
知识，技能，还是意志？/059
分析挑战性行为/062
总结/065
回顾和应用/066

第五章　基于情境的文化适宜性指导/067
一、基于情境的指导/068

　　　　情境中的预期/068
　　　　生态系统理论/069
　　二、文化能力的指导/071
　　　　幼儿教室中文化多样性的范围/072
　　　　文化塑造行为、预期和实践/074
　　　　个人主义文化和集体主义文化/075
　　　　班级中的文化差异/075
　　　　儿童指导策略的文化差异/080
　　　　处理文化冲突/080
　总结/082
　回顾和应用/083
　本部分小结：指导原则/083

第三部分　建立情绪能力

第六章　支持自我监控技能/085
　　一、自我监控的概念/086
　　二、自我监控的组成部分/087
　　　　感觉监控/087
　　　　注意监控/090
　　　　情绪监控/093
　　　　行为（冲动）监控/096
　　三、解释自我监控能力的差异/098
　　　　气质/098
　　　　脑发育/098
　　　　依恋和支持性人际关系/99
　　四、促进儿童早期自我监控能力发展的实践/100
　　　　创设支持性的教室/100
　　　　采用有针对性的自我监控活动/101
　　　　将挑战性行为视为促进自我监控的机会/104
　　　　量化情绪/106
　　　　提供情绪疏导方法/107
　总结/108
　回顾和应用/108

第七章　自主性：求知欲、自信心与动机/109
　　一、自主性的重要性/111
　　　　文化因素的影响/112
　　二、自主性的成分：求知欲、自信心与动机/112
　　　　求知欲、自信心以及动机之间的交互作用/115
　　三、学业与生活的成功取决于自主性/116
　　四、自主性能力差异的影响因素/117

　　　　气质类型/117
　　　　依恋及其他人际关系/118
　　　　经验在自主性提升中的作用/119
　　五、促进儿童早期自主性发展的实践/122
　　　　了解每一个孩子/123
　　　　提供促进自主性发展的经验/124
　　　　示范自主性的语言/127
　　　　课堂管理与自主性的提升/127
　总结/128
　回顾与应用/128
　本部分小结：建立情绪能力/128

第四部分　社会性技能的反思性支持

第八章　促进移情和集体意识/131
　一、移情和集体意识的概念/132
　　　　移情和集体意识之间的联系/134
　二、移情为什么重要/135
　三、移情和集体意识的发展/135
　　　　生物和成熟的影响/135
　　　　经验的影响/138
　四、促进儿童早期移情和集体意识发展的实践/141
　　　　支持移情和集体意识发展的环境/143
　　　　　　空间/143
　　　　　　时间/143
　　　　期望和集体目标/145
　　　　日常策略/147
　　　　示范和平行加工/148
　总结/149
　回顾与应用/150

第九章　同步沟通：是什么使人与人相互联结/151
　一、沟通的概念及其组成部分/152
　二、沟通与社会性情绪能力的相互作用带来高效的生活/152
　三、沟通的复杂性/153
　　　　言语和沟通/153
　　　　沟通是一条双向通道/154
　　　　意义的多重层次/154
　四、表达性沟通和接受性沟通的类型/155
　　　　表达性沟通：言语沟通/155
　　　　帮助儿童有效利用声调/155
　　　　　　帮助儿童有效利用音量/157

帮助儿童措辞/157
帮助儿童使用手势语言表达自我/157
表达性沟通：非言语沟通/158
提供艺术体验/158
提供假装游戏机会/158
观察、分析并反思儿童行为/158
接受性沟通/159
五、促进儿童早期沟通能力发展的实践/163
营造欢迎各类沟通者的氛围/163
营造富于沟通的环境/164
支持丰富且有意义的对话/164
提供象征游戏机会/164
使用并教授情绪性词汇/165
提供非言语沟通的材料和机会/166
提供真正的书面沟通机会/166
特意计划有针对性的活动/167
总结/169
回顾与应用/170
本部分小结：社会性技能的反思性支持/170

第五部分　总结

第十章　在你的班级中引入反思性指导/173
一、进行自我反思：审视神奇的放大镜/174
二、个性化每位儿童的体验/176
三、提高你、儿童以及环境之间的拟合优度/177
四、创设促进儿童社会性能力和情绪健康发展的物理及情感氛围/177
五、利用日常活动和事件教会儿童基本生活技能/178
六、将挑战性行为视为技能发展的机会/179
七、发现针对某种特定技能的令儿童愉悦的活动/179
八、与儿童和家庭建立良好关系/181

附录A　专业词汇释义表/183
附录B　本书各章节内容与NAEYC"早期教育专业人员培养标准"对应表/193
参考文献/195

第一部分
Part 1

反思指南

"当我长大了,我会成为一名教师但是我仍然会感到快乐。"

——菲丽莎,7岁,一年级

第一章 Chapter 1
社会情绪发展和反思过程

阅读完本章之后,你应该能够:

◎ 理解环境在儿童早期对促进社会性和情绪技能发展的重要性。

◎ 确认在实践和应用早期社会性和情绪学习中心(CSEFEL)的金字塔模型、发展适宜性实践以及道德行为规范时,自己的角色。

◎ 能够解释反思的涵义。

◎ 能够辨别出对儿童的行为是出于本能的反应还是有目的的回应。

◎ 理解你自己的社会情绪能力是由你的天性和经历塑造出来的,并且在你努力提升儿童的相关技能的过程中发挥作用。

四岁的齐瑞思（Cherese）在把超级英雄顺到自己的口袋里之前仔细地四处张望。这个英雄人物玩偶本来是属于班集体的，但是她想把它据为己有。在圆圈时间，她反复打断她同学的话，不断地用问题、评论和她自己的故事向同伴发起攻击。

齐瑞思喜欢角色区，她总是坚持扮演教师角色，全然不顾她的同学也喜欢这个角色。如果她不能主导游戏，她就会以停止游戏或中断友谊的方式相威胁。她总是要排在第一的位置，如果有其他同学排在她前面，她就会推她前面的同学。当有人纠正她的这种行为时，她就会跺脚并痛哭流涕。齐瑞思的老师已经受够了她的这种行为。

一、社会性和情绪能力的重要性

与所有其他幼儿一样，齐瑞思必须学会如何控制自己以及如何与他人友好相处，这样才能成为一名优秀的学生和合格的公民。控制自我情绪、与他人友好相处以及一些其他的社会性情绪技能构成了一个发展领域，它对一个人终身的人际关系和学习都发挥着基础性的作用。社会情绪领域通常被等同于幼儿的心理健康（early childhood mental health），指的是**幼儿体会、控制和表达自己的情绪，形成紧密而安全的人际关系，探索我们生活周围的环境，在家庭和社区环境中学习**（Zeanah & Zeanah，2009；ZERO TO THREE，2002）。

在一个强调学业成绩，仅仅用识字数量和运算技能作为评价标准的教育环境中，社会性和情绪能力通常就会被忽视（Squires & Bricker，2007）。然而，不断有研究表明，倾听、集中注意力、延迟满足、合作以及遵守规则的能力对于幼儿的学业成就及一生的成功来说都是非常重要的影响因素（Conn-Powers，2010）。在我们的期待中，多数教师都会在每天和幼儿的互动中支持他们这些技能的发展，但是我们更应当在现有课程体系中以一种外显的形式对上述技能的发展进行评价。在儿童早期，我们有数不清的机会来帮助幼儿形成基本的社会性和情绪技能，当我们开始着手指导的时候，我们必须非常有目的性（Eisenhauer & Katz，2011）。

早教专家认为教师应当有意识地创造机会去促进幼儿发展这些技能，主要基于以下几个原因。许多孩子之所以一开始就会在学业上面临困难，是由其在社会性和情绪技能方面的发展欠佳所致。耶鲁大学的研究团队在对来自近4000个幼儿园班级中的数据进行分析后得出：学前儿童在早期项目中的辍学率是所有从幼儿园到12年级儿童平均辍学率的3倍（Gilliam，2005）。到目前为止，被迫辍学最常见的原因就是幼儿的"挑战性行为"。与儿童合理解决个人与人际间问题的行为不同，挑战性行为是什么呢？在耶鲁大学的研究中，即时的行为/心理健康咨询只有在可以使教师以一种被社会认可的方式帮助儿童解决所面临困难的情况下，儿童的辍学率才会显著下降。然而，专业咨询并不总是有效的，对于早期教育工作者来说，在实践和理论研究策略方面形成一套方法来促进幼儿社会性和情绪技能发展是刻不容缓的。

社会性发展和情绪健康与儿童的学业成就也是有一定联系的（Wentzel & Asher, 1995; Ladd, Kochenderfer, & Coleman, 1997; Boyd, Barnett, Bodrova, Leong, & Gomby, 2005）。那些在注意力，听从指令，与他人相处和控制负面情绪（例如生气）等方面有困难的儿童在校的表现明显要差一些（Arnold, Ortiz, Curry, Stowe, Goldstein, & Fisher, 1999; McClelland, Morrison, & Holmes, 2000）。

如果我们在早期加以注意，就可以避免很多不良后果。在学前期就与行为和情绪问题作斗争的儿童，他们在青春期和成年期还有一半的概率会继续在这些问题中挣扎（Cohen & Kaufmann, 2005）。早发性的行为问题通常能够预测青少年期可能产生的后果，例如滥用药物，意志消沉，青少年犯罪和辍学（Shonkoff & Phillips, 2000）。在每天的工作中，早教工作者都有大量的机会与责任来帮助这些儿童扭转不良的行为倾向。

此外，现在的教师都会面对一些来自低收入或是极低收入家庭的孩子。在写这篇文章时，有超过2500万的孩子，或者说有46%的6岁以下的孩子生活在低收入或贫困家庭（Chau, Thampi, & Wight, 2010; U.S. Census Bureau, 2011）。经历过难以满足基本生存需要的压力的幼儿，明显比较脆弱。生活在贫困中的幼儿在学业生涯中更有可能在学习上面临困难，更有可能具有较差的身体健康状况，出现认知发展迟缓或是社会性发展等方面的问题（Shonkoff & Phillips, 2000）。还有一些危险性因素，包括由未成年人抚养，或者是生活在单亲家庭，缺乏医疗保健和生活在不安全的街区。一个孩子面临的危险因素越多，他的发展就越可能受到损害（Sameroff & MacKenzie, 2003）。社会性和情感能力能够作为一个缓冲器——增强孩子面对困难和其他问题所带来的压力时的抵抗力（Squires & Bricker, 2007）。幸运的是，在教育过程中，教师可以运用有依据的实践方式来对他们进行有效指导。

二、指导教育实践的专业体系

将目标锁定在社会性情绪领域和强调使用反思性方法的理念与早期教育社会情绪研究中心（简称CSEFEL）所制定的原则是一致的（CSEFEL, 2011）。除此之外，支持社会性情绪的发展和反思与全美幼教协会所提出的发展适宜性实践（一个为0~8岁儿童服务的项目，简称为DAP）及道德行为规范也是一致的（NAEYC，2009，2011）。让我们分别来简要地探索这两个项目，因为它们构成了你当前工作的基础。你也会在这本书中进一步地学习它们。

早期社会性和情绪学习中心的金字塔模型

早期社会性和情绪学习中心是由大学和机构组成的一个协会，致力于提升0~5岁儿童的社会性和情绪能力。同时还向全国各地宣传他们在早期儿童项目中的研究和实践。

早期社会性和情绪学习中心采用金字塔模型来描述预防、提升和干预策略之间的关系。金字塔模型的第一层反映了体系和政策的重要性，以此来支撑早期儿童工作的有效开展；第二层为养育型和响应型的人际关系；第三层为高质量的支持性环境，对于所有儿童来说都是非常重要的；第四层指的是有目的的社会情绪支持——即专业人员使用的特定的策略和方法来处理特别的情绪和行为表现。模型的第二、三、四层是这本书的重点（详见图1-1）。

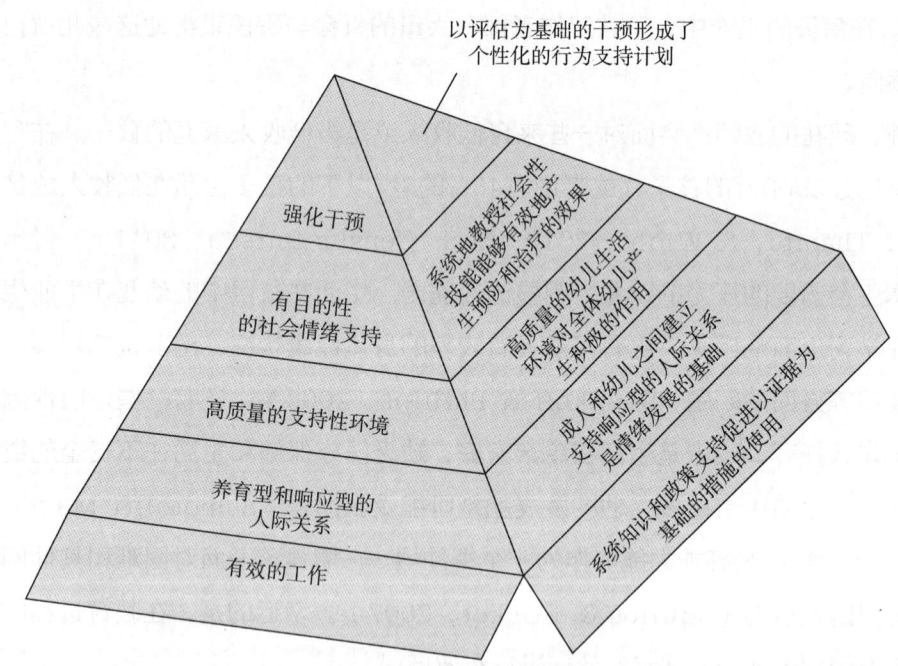

图1-1　早期社会性和情绪学习中心的金字塔模型

资料来源：来自于社会性和情绪的早期学习中心允许转载（2011，1）．CSEFEL：社会性和情绪的早期学习中心。范德堡大学。网址：csefel. vanderbilt. edu，2011年11月19日起可用。

第五层也是金字塔模型的最高层，即强化干预层，它涉及来自于心理健康专业人员或其他专业人员的治疗。如果金字塔模型的基本层状态良好，多数孩子是不需要接受强化干预的。但是一些有着严重心理健康问题和发育障碍的儿童会被送到特殊课堂。例如，自闭症患儿的比率在不断上升，这是一个存在发展性障碍的群体，此类障碍会导致幼儿在社会性、沟通能力及行为表现等方面面临挑战。据疾病控制和预防中心（CDC）估计，每110个孩子中就有一个孩子符合自闭症的诊断标准（疾病控制和预防中心，2011）。这个发现意味着一位教师所带班级至少每隔几年就会出现一个自闭症儿童。

同样地，疾病预防控制中心报告说，大约每20个孩子就有一个被确诊为注意力缺陷多动症。为有着严重心理健康问题和发育障碍的儿童提供详细的指导策略很重要，但它不是本书所要重点讨论的内容，不过书中所提到的反思性方法适用于所有儿童。其他方面的需要可咨询自闭症网站（www.autismspeaks.org），以及儿童和成人注意力缺陷多动障碍网（www.chadd.org），上面提供了优秀的资源以帮助患有这些普遍症状的儿童。因为一些儿童总是需要更高层次的干预，通过采取发育筛查和转诊来为孩子们提供他们需要的服务，你在其中可以扮演十分重要的角色。

发展适宜性实践和道德行为规范

全美幼教协会在发展适宜性实践的声明中提出了几个关于儿童发展和学习的原则，这些原则是在任何环境或情境下任何人（例如教师、治疗师、管理人员）在与孩子相处的过程中都应当遵守的。在这些原则中，发展适宜性实践鼓励我们解决所有发展领域的问题，将经验个性化以满足每个孩子的个性化需要，并且记住儿童在游戏中获得的学习效果最佳，而上述活动需要在安全并可获得回应的环境中进行。

本书涉及的原则与全美幼教协会对教师和家庭提出的道德行为规范是一致的。道德行为规范提出了面向儿童、家庭、同事和社会的共同的专业职责。它要求我们理解所有儿童在他/她所在的家庭、文化和社区背景中的需要——包括在身体、发展和教育方面的全面而特别的需要。这本书会详细地阐述这些想法，同时还会提供在工作中如何应用它们的指导。要完全了解发展适宜性实践和道德行为规范，请访问全美幼教协会的网址www.naeyc.org。

在我们的项目中，儿童并不是被课堂管理策略控制的简单生命体，也不是被我们灌输事实和概念的工具。

与此相反，儿童是独特、复杂、多面且充满活力的个体，他们拥有自己的思想、天资、好奇心和情感上的需要。我们在指导他们成长为有礼貌且富有活力的人的过程中，必须以全面的视角来看待他们。这样一来，无论对于儿童或是我们，都是具有意义的。

三、反思过程

"当我看着镜子里面的自己的时候，我看到了一个讨厌利马豆但喜欢果冻豆的快乐女孩。"

——茉莉（Mollie），6岁

我们为什么会喜欢我们所喜欢的东西？我们为什么会选择我们会做的事情？我们的喜好、行动，以及我们选择行动的方式一定来自于某个地方，它们并不是随机出现的。但是，是什么构成了我们行为选择与行为模式的基础？我们对待儿童的行为选择和模式的基础又是什么？这些都是我们要反思的问题。

四、反思的定义

反思有多种涵义。从某种程度上说，反思指的是以他人看待我们的方式看待自己。自我反思（或者说反思自己），就像是观察一个有魔法的放大镜。通过这面镜子，我们可以根据个人过去的经历、现实的处境以及对未来的期待去发现隐藏在我们内心深处的想法与情感。反思也是一种思考的过程，它帮助我们思考可能会影响他人行为的多种因素。如果我们转变魔法镜的角度去审视另一个人的内心，我们也能将他的行为置于一个大的情境下进行思考，这种情境包括了他的思想、情感和其他个性化因素。可视思维的创始人丹尼尔·西格尔（Daniel Siegel），用"我-地图"和"你-地图"来描述大脑在深入自观和理解他人时的运作过程（Siegel，2011）。我们的宗旨是，**反思（reflection）既包含了洞察自我的能力，也包含了深入看待孩子的能力。只有这样，我们才可能用更深刻的理解去决定提升孩子们社会性和情感能力的最有效的方式。**

教育领域和心理健康领域对反思的定义稍有不同。教育文献强调教学实践。教育中的**反思性实践（reflective practice）是一个周期，它包括停下来思考（教学）实践及其原因，对不同的观点和不断变化的做法（做法基于新的理解）进行批判性思考等过程**（O'Connor & Diggins，2002）。就像麦克法兰（Mcfarland）和他的同事总结的那样，自我反思使得教育者从他们的想法和行为中抽离出来，使得他们理解某些做法是如何起作用以及弄清某些行为为什么会无效。还允许他们采用新的想法去调整教学实践，使得它们在未来更加有效（McFarland, Saunders, & Allen, 2009; Arthur,

Beecher, Death, Dockett, & Farmer, 2005）。

相反，幼儿心理健康从业者认为反思的目的不是从自身的想法和行动中抽离出来，而是精确地审视那些人际关系背景下的想法，情绪，目的和行动。反思者不是把这些东西放在一边，而是用在每项工作中的自我意识来促进其他人的积极发展（Heffron, Ivins, & Weston, 2005）。心理健康中所说的反思性功能（reflective functioning）**是指人类必须有理解潜在精神状态和意图行为的能力**（Slade, 2005）。它涉及一系列相关的技能，包括成人关于他自己精神状态的意识以及儿童的精神状态的意识，以及理解这些精神状态是如何影响孩子们的行为和成人自己的养育行为的能力（Tomlin, Sturm, & Koch, 2009）。在下面这个例子中，当帮助五岁的孩子查理在教室里更有效地活动时，凯莎老师证明了反思性功能的作用。

查理是凯莎老师所在班级的新生。他不停地移动，乱发脾气，做出攻击性行为，这些给原本安静、有序的教室带来了混乱。

凯莎回想了一下，意识到她自己对查理的行为感到非常的沮丧。凯莎自己的父母和教师也绝不会容忍他的这种行为，并且会给予他严重的后果。她认为这个年龄的孩子应该比查理更好地控制自己的愤怒和冲动行为。有时，她感觉查理的行为是故意的。

随后，凯莎想起了查理和他的母亲是家庭暴力的受害者，在过去的五年时间里不断地从亲戚家里和避难所进进出出。他一触即发的攻击性倾向，最有可能是他过去经历的一种适应性反应。查理从来没有在一个小组中超过一个星期，可能也不知道如何在课堂上表现。

起初，凯莎考虑用一个坚定自信的声音与查理交流，看着他的眼睛并强制他停止活动。但是随后，凯莎想起了那些受到创伤的儿童经常会被固定的声音和直接的眼神接触吓到。她想到了自己从来没有花时间与查理建立支持性的人际关系，因此她决定把精力集中在与查理建立信任和安全的人际关系中。凯莎明白当查理在安全和受尊重的环境中时，他的合作能力将会有所进步。

凯莎通过检查自己的反应，把孩子的行为放在一定的环境背景中，并有针对性地做出最有效的反应，凯莎的反思过程对查理来说有着积极的作用。

凯莎认识到她作为一名早期教育工作者的角色不完全是教查理和他的同班同学如何读写。她知道在和学生一起的时间里，她对学生们的社会技能和情绪健康的发展负有责任。凯莎承认自我反思的重要性和完成这一重大责任过程中每个孩子反映出来的独特个性。

反思看起来像什么

心理学家和研究员卡尔·罗杰斯（Carl Rogers）提出了"来访者中心治疗

法"，这种治疗技术强调一种叫做反思性倾听（reflective listening）的交流技术（Rogers，1951）。正如其名称所指，**反思性倾听者对于说话者来说是一面镜子。反思性倾听者需要确认说话者要表达的意思，而不是回答他们的问题，挑战他们的想法，向他们提问或是给予他们建议**。反思的对象包括使用的文字、所表达出的用于表现情绪的语调、非言语信息等。在治疗中，反思性倾听可能会是下面场景中所展现的那样：

> 来访者（用手托着头，眼睛看着地面）："我只是不能使我的丈夫听我说话！我已经这样尝试好几年了。"
>
> 治疗师："这听起来像你已经尝试了很长的时间，你似乎无法让你的丈夫听你的心声。"

弗吉尼亚·亚瑟兰（Virginia Axline）是一名心理学家，在面对孩子的时候她采用了罗杰斯的"以人为本"方法（Axline，1947，1989）。"游戏疗法"需要营造支持性和回应性的人际关系氛围，帮助3~11岁儿童通过游戏来处理焦虑和情绪问题（Swenson，2010）。反思性倾听方法认为，儿童表达自我的方式与成人是不同的，同时要求我们要观察儿童之间玩耍和互动过程以此来了解他们的想法、感受和需要。下面是一位有着5年治疗经验的治疗师可能会这样开始这个例子：

> 孩子（让塑料老虎上上下下地弹跳，让男孩娃娃藏在玩具屋的后面）："啊！我正要去找到那个讨人厌的人！"
>
> 治疗师："那只老虎很生气！"
>
> 孩子："她不会发现他在这里的。"
>
> 治疗师："看起来这个小男孩认为在屋子后面躲着是安全的。"

我们不期望早期教育工作者成为治疗师，而且他们也不应该在没有取得资格证的情况下就实施治疗。但是，你可以通过反思性倾听学习到许多关于孩子的知识。更准确地说，当你的工作是面向儿童的时候，反思性倾听这一术语只说明了部分情况。幼儿经常通过非口头语言的方式表达自己的想法，例如通过假装游戏、艺术、运动和情绪表演（例如发脾气，撅嘴，呜呜声，隐藏自己）等方式。因此，**反思性观察**这一说法更加准确。反思性观察的目的是通过观察孩子们的玩耍，讲故事和其他行为来了解孩子们的观点、想法和感受。反思性观察在课堂上如下场景所示：

> 玛莎女士让她的学生画一幅自己家庭的画，并讲述画中的故事。四岁的劳伦斯是一个调皮，有时又有攻击性和挑衅性的孩子，是他家里七个兄弟中最小的一个。他画了三个大人和大约15个小人，在一所小屋子里这些人或者站立或者在睡觉，还有些人在车顶和前面的草坪上。

劳伦斯让玛莎女士写下这些文字:"我不认识这些人,但是他们住在我的家里。这一个是布鲁斯,他很刻薄,所以他睡在狗窝里。阿姨是这样说的。"

玛莎女士说:"你画里有很多人,你却不认识他们。你的阿姨说布鲁斯是一个刻薄的人所以他睡在狗窝里,对吗?"

劳伦斯说:"他对我的妈妈、我还有莱尼和杰克都很尖酸刻薄。"

玛莎女士:"有时候他会对你和你所爱的人,比如你的兄弟和你的妈妈刻薄对吗?"

劳伦斯(揪着他的头发,啃着他的领带):"我希望他不会伤害狗窝里的狗。"

玛莎女士:"你担心狗窝里的狗和你爱的人。"

玛莎的评论回应了劳伦斯通过他的艺术作品和阐述表达出的担忧。玛莎可能会感觉在帮助劳伦斯缓解焦虑方面束手无策,但是通过向劳伦斯表明他的情感是合理的,他已经被倾听和理解,玛莎的反思性回应已经对他的心理健康和幸福感产生了影响。这是一种十分重要的情感联结,它将会减弱困难经历的冲击,还能够帮助劳伦斯应对情绪问题和其他难关(Siegel & Hartzell, 2003)。

下次劳伦斯表现出攻击性行为的时候,玛莎中断了他的该种行为,而那个孩子亲眼目睹过重要他人的攻击性行为。

下一次他目中无人的时候,玛莎认为十有八九是因为劳伦斯在家里很少有维护自主权的方式。她认为有时他需要感受到他有控制能力,因为在家里的时候许多人掌控着他的生活环境,因此他会感到无力决定事情的结果。

要通过这些间接的方式去准确地收听孩子们交流的内容,这需要时间和行动。要更有效地解释孩子们的行为,每个人都必须考虑这项投入的时间和努力。

反思还涉及反求诸己,挖掘更深层次的形成我们行为的精神状态。全书中,读者被邀请探索一些**心理状态**(mental states)**或内心状态**(inner sates),**包括在各种的主题背景下的思想、感受、喜好、意图和偏见**。行为不会凭空产生,而是在与情绪、认知三方共同作用下产生的结果,就像玛莎女士设想的那样。

玛莎女士花了一点时间与劳伦斯共同回忆她的经历。她自己的感受和劳伦斯所处的情境使她回忆起自己对自己童年时的朋友卡拉的看法。卡拉与她的10个人的大家庭居住在一个两居室的公寓里。拥挤的环境导致了成人频繁的情绪爆发,转而他们又会责骂孩子们。尽管卡拉很少能够影响家庭的活动和人际关系,但是她在与玛莎及其他朋友相处的过程中是十分具有影响力的。在玛莎和一群有同情心的教师的支持下,卡拉长大后成为了一名强有力的领导者,同时是一家成功公司的老板。作为一名教师,玛莎认识到她对劳伦斯反应的重要性,因此她能够支持劳伦斯并积极地影响他的发展。

五、反思为什么重要

可以使用无数的策略来教授一个技能或者是提供一种解决办法。一些办法是非常有效的，其他的效果会差一点，还有一些策略实际上违背了我们预期的结果。例如，当一个孩子发脾气的时候，给他一些玩具玩让他冷静下来通常是一个有效的方法，责骂他是不太有效的方法，打他屁股则会增加他情感爆发的强度。反思使成人能够清晰地表达他正在努力完成的目标，探寻他必须考虑的诸多变数，并决定为达成目标需采取的最有效的策略。

六、本能反应和有目的的回应

反思是区别反应和回应的关键因素。**反应（reaction）是一种情绪或行为，它紧跟在触发事件之后，且丝毫没有考虑后果和其他因素的时间。**因此，不如说它是紧随某一事件之后的冲动行为。相反的是，**回应（response）是在触发事件之后的一种情绪或行为，也是全面考察自身因素和背景因素，决定预期目标和探索所有可能行为的结果，同时它还是最有效的措施中一种有目的的选择。**当某人正处在危险中时，瞬时反应是一件好事。当目标是培养幼儿的技能时，花时间去养成深思的且有目的的回应更有效。

但这并不是件容易的事。因为很多事情我们都是靠本能来完成的。**本能（instinct）是一种内在行为倾向，它的发生是下意识的（在意识的水平之下）。**有时候，我们对目标的直觉是对的，有时它又会偏离目标。我们的本能是生存反射，人生经历，和我们当下观点的解释的联结组合，这种条件下建立的本能也有可能不够准确。当我们有意地关注我们理解的周围环境时，我们可以把其他的本能反应变成有意的响应。通过不断地进行反思的过程，我们直觉的准确性会提高。就像任何一项新的技能一样，然而，我们的本能需要在注意实践中锻炼（Gladwell，2005）。根据专门研究商业领域的科学家的说法，"通过持续的诚实和持续的自我评估过程，我们可以在任何领域形成专业知识。但是，这个过程需要我们的奋斗、牺牲和诚实，往往还会有痛苦的自我评估。这个过程没有捷径可以走"（Ericsson，Prietula，& Cokely，2007）。

我们做很多事情也不是出于习惯。最开始花费时间学习的一些行为已经变得很自动化，你不需要做任何的思考，例如刷牙、开车或去杂货商店。我们在教室里也会有习惯性的行为方式。再例如，你吃小吃，组织孩子圆圈教学时间，处理好你的事情然后回家这些事情，开始的时候都会有所思考，但是随着时间的推移这些行为都变成一种习惯性的行动。有时，我们对待某人的方法或对待某个特定行为的反应也变成了习惯。例如，当某个孩子哭泣的时候，你的手会瞬间捂住你的耳朵来隔绝声音。它可能需要你有意识地努力让自己停下来并思考你的行为的起因和孩子所表达的需要。

> **反思自我……**
>
> 考虑一下你对挑战性行为的典型反应：
> ◎当一个孩子抢夺另一个孩子手里的物品时你会怎么做？
> ◎当孩子们打架的时候你会怎么办？
> ◎当孩子哭闹的时候你会怎么办？
> ◎当孩子不讲理的时候，你是怎样做的？
> 这些问题都容易解决，但是你可能会发现自己在处理这些问题时有非常明确的习惯性的方式。

我们通常以我们习惯的方式表现，因为我们总是花时间或是没有花时间来仔细思考。我们开启的是自动驾驭模式。事实上，自动化是一个重要的脑功能，因为它允许我们能够专注于学习新的事物。但是正因为行为是自动化的，因此没有必要用最好的方式来完成我们的目标。特别是在应对挑战性行为的时候，停下来思考我们正努力尝试完成的事物是非常重要的一件事。我们应该思考我们的行动是否有助于我们完成目标，或者它是否仅仅是对触发事件的习惯性反应。正如这一章节开头所描述的凯莎，她就习惯性地用一种坚定且自信的声音去纠正孩子的行为。对凯莎来说，停下来并思考孩子的个体需要和各种各样的方法（这些方法在帮助她提升查理的应对技能时更加有效），这需要她采取有意识的反思。请参阅表1-1的问题，它会引导我们思考孩子的行为。

表1-1 儿童的行为：它的意义和你的目标

在应对孩子的需求和外在行为的时候，我们首先要考虑我们所期望的结果，想方设法通过各种响应选项，然后采取响应的行动。你可以先问自己这些问题：
◎孩子的这些行为告诉你关于他或她的什么需要？
◎我现在想和孩子共同完成的是什么？
◎实现那个目标需要我考虑哪些因素？
◎我完成那个目标需要我通过什么可能的方法？
◎这些不同的方法会产生什么样的积极或消极的后果？
◎实现我的目标最好的行动过程是什么样的？

七、提升基本的社会性和情绪技能的反思性方法

一个孩子要在学校和生活中获得成功，他需要什么样的社会性和情绪技能？研究者和作者将社会性和情绪技能分成了不同的类别以展示他们的研究发现。例如，**意识**

的形成是目前这个研究领域最新高度推荐的研究结论，它由"每个孩子需要的七个基本技能"组成（Galinsky，2010）。帕姆·席勒（Pam Schiller）还介绍了学业成功的七项必备技能，尽管与林斯（Galinsky）总结的七种基本技能略有不同（Schiller，2009）。安·爱泼斯坦（Ann Epstein）在她的报告中探讨了在学前阶段社会性情绪学习的11种技能（Epstein，2009）。作为一名临床心理学家和行为咨询师，我发现孩子需要发展的能力可以概括为两种情绪技能和两种社会性技能。我们这里讨论的和其他文章中讨论的这个主题的内容是一致的，但是我们强调的这种反思过程适用于这种组织结构。在此书中讨论的基本技能如下：

情绪技能	社会性技能
自我约束	移情/集体意识
自主性	沟通力

反思和自我监控

研究表明，通过照料者对自己个人生活的反思能力可以预测她与所照看儿童间所建立起的依恋关系的质量（Siegel & Hartzell，2003）。当孩子出现难以自行应对的情绪时，照料者的自我反思能力可以帮助她对儿童的情绪进行控制和管理。随着时间的推移，回应型的养育模式可以促使儿童更好地管理自己的情绪。

早期儿童教育专家同样可以通过示范自我约束的方法来促进幼儿自我约束能力的发展。如果你希望改变一种习惯或对情境作出不同的反应，你需要明白在你改变自己的行为模式前，你必须在此类情境中进行有意的自我觉察，明白行为是如何在无意识的情况下自然发生的。例如，当你生气的时候，若希望使用放松策略来让自己平静下来，你必须认识到你的情绪被激发了，确定感觉的性质（是生气？是沮丧？还是不耐烦？），想出几种处理问题的方法，有意识地用实践策略取代愤怒情绪。对孩子来说也是这样。当我们示范自我反思的时候，可以让孩子看到我们决策和行动背后的基础，可以从下面凯莎遇到的小插曲中看出：

> 持续一周的降雨使得道路变得泥泞，孩子们正由于长期无法进行户外活动而变得焦虑不安。凯莎女士一直努力地使孩子们在活动中保持积极投入的状态，但在这个周五，孩子们像被墙壁反弹了一样，纠缠着对方，他们不断说着闲话并相互抱怨着。
>
> 凯莎邀请孩子们在圆圈时间一起聊天，她以自我反思的方式开启了这番谈话：
>
> "孩子们，我感到沮丧和烦躁。整整一周我们不得不留在室内，我多么希望我们能够外出走走，但是天气太糟糕了。有时，当我总是无法到外面去的时候，每件事几乎都能够让我感

到心烦。即使是很小的一件事都可以使我生气。因此，想要时刻记着我应该冷静下来而不用我的言语或动作去伤害周围的人们确实是一件困难的事情。我在想，你们会不会也有这样类似的感觉？"

凯莎用出声的方式表达出她的感受和担心，让孩子们可以切实地观察到她进行自我反思的过程。经常向孩子们展现自我反思的过程，可以帮助他们逐渐掌握这样的技能。

反思和自主性

自主性（autonomy），即一个人认为自己能够完成某件事情的感受，主要受到三种因素的影响，其中包括好奇心，自信心和动力。孩子从出生开始就对这个世界充满了好奇，我们的职责就是支持他们按照天性进行探索的行为。随着我国社会越发重视教育的实际产出，如测试成绩等，我们经常会忽视孩子在学习过程中所表现出的好奇心和他们主动探索的过程。教育工作者不可避免地倾向于使用工作表和卡片来确保孩子所在学习的是可以确保他们在下一个发展阶段中有出色表现的重要知识。但当我们反思我们自己的学习过程时，我们认识到，我们最可贵的受教育经验往往来自于以自我导向的方式探索环境的过程，与经验丰富的人之间的交谈以及长时间的沉思。基于这样的反思，我们认识到信心和动力会随着时间不断融合，并作为我们与世界成功互动的功能。为了提升自主能力发展所需要的信心和动力，我们必须给孩子们提供机会让他们探索一系列的材料、人以及环境，并与之互动。

反思，移情，集体意识

"如果他那样做是为了你，你会怎样想？"这个问题是幼儿环境中常见的问题。现在这个问题包括两个部分，每个部分都需要进行自我反省。"如果他那样做是为你"是一个假设的前提，它需要一个孩子设身处地地想象这个人的经历。"你会怎么想…？"这个问题需要孩子理解并且反馈他在类似情况下的感受。

在典型的与幼儿在一起的某天里，我们有无数的机会可以示范自我反思的过程以促进孩子们的移情。当我们示范自我反思的时候，我们会说："这会让我感到伤心（或愤怒或害怕）。"当我们示范反思他人情感能力的时候，我们会说："你看，你打蒂娜的时候她好伤心。"当年幼的孩子通过观察反思角色模型的时候,他们更倾向于在自我的人际关系中实践这些反思过程。

自我反思在建立集体归属感时也是有用的。当我们停下来考虑一组人的感受的时候,会让我们感受到在教室中创造这样的一种氛围的积极作用。例如,通过为大组或小组孩子的目标活动创造机会,孩子们能够在团队中看到他们所扮演的重要角色。教室里的花园是这样一个所有孩子都有角色和责任的经历的场所,这个场所对项目的成功有着重要的作用。通过对每个孩子所做贡献的讨论,让他们都认识到自己在教室环境中的重要地位。

沟通中的反思

科学家使用"元认知(meta-cognition)"这个词来形容关于思考的思考过程。我们使用反思的话语,来形容每天我们的内心状态和别人的想法与感受。描述我们内心想法的自我反思性的话包括"我认为""我感觉""我记得""我试想""我希望""我猜想"以及"我想象"。类似的,"你好像""你显现出"以及"正如你感觉到的那样"就是我们使用的短语,当我们反思他人的语言和非语言时,有必要想想其他人的内心经历。我们有规律地使用这些词,证明了在每日沟通交流中它们的中心地位。

表达性沟通(expressive communication)是指**与他人沟通交流中涉及的言语的,非言语的或者是象征性的方式**。自我反思增加了双方沟通的有效性,它还包括三思,考虑到预期的效果,选择最佳的沟通交流方式,并有效地传达某些信息。有的时候,我们必须要**过滤**(filter)我们说的话,**要控制我们的言语表达和手势,以免冒犯他人,从而陷进麻烦里,或者是干涉到我们完成目标**。试想一下,有那么一小会儿,父母花了一天的时间给你烹调炖菜。它看起来很糟糕,有腐烂的味道,味道吃起来更不好,试想你如何必须努力抗拒自己做出厌恶的表情并唉声叹气。如果你和大多数人一样,作为一个小孩子,你不具有反思你和他人情感沟通的能力。停下来,三思并作出最好的响应的判断力,这样的能力从幼儿时期开始形成,并在整个生命周期发展。但是,当你思考某件事的时候,大声地说出你的思考过程反思示范,你要提供给孩子们他们将来也可以用的策略。

在**接受性沟通**(receptive communication)中反思也很重要,即**感知和理解他人的沟通过程**。因为幼儿相对来说在表达他们的内心状态方面缺乏经验,我们必须观察他们并确认他们在外显行为、游戏活动和创造性艺术活动中是否进行了沟通交流。我们必须在孩子现有的发育水平、家庭和文化背景的影响下,调整每个孩子行为的细微差别,以充分地了解孩子们潜在的信息。当我们说到孩子的行为时,孩子的情感词汇就会增长，将来他会能够越来越直接地进行交流了。

总结

做与孩子有关的工作是复杂的，若我们希望找到最有效的方式来支持他们社会性和情感的发展，就必须要同时考虑多种因素的影响。作为一名专业的早教从业者，你可能需要同时了解数十个孩子。我们的忙碌除了来自于对一天中日常生活的安排外，更需要花时间去对每一个孩子的特质以及我们自身的状态进行了解，以此来满足他们个性化的需求。每个进入到我们教室中的孩子都是带着他们独特的兴趣、感觉需求、技能而来的。与此同时，他们在身体、认知、社会性及情绪等方面所表现出的优势、劣势也不尽相同。这些特质都与其所处家庭的结构、家长的文化价值观、教育经历以及社会经济水平等背景性因素息息相关。

每个孩子都是复杂而独特的，而你，作为一名专业的教育者，也同样是进入到这个教室中的一名独特的个体。你也有自己的优点、缺点、偏见和喜好。你会受到成长及教育经历的影响，会受到所处文化及家庭固有的价值观念的影响，也会被在专业训练及教学过程中所积累的经验所影响。

早期儿童教育工作存在一定的复杂性并且从业者在工作中需要长期处在一种情绪紧张的状态下。因此，对于早教工作者来讲，安排常规性的自我反思及与同事、领导间的支持性谈话是非常必要的。这些交谈可以为他们提供安全、可信赖的空间来以出声思考的方式表达自己在照看儿童过程中所产生的观点、感受、建议及顾虑。许多早期的儿童项目为工作人员制定了特定的时间，来进行自我、小组及同辈群体之间的反思性自我监控（Weigand，2007）。本书之所以倡导这种自我监控的方式，是因为它可以帮助我们更好地面对每天在工作中所体验到的复杂性与情感上的紧张状态，从而更好地对儿童的发展进行指导。

回顾和应用

1. 解释为什么反思是促进社会技能和情感能力的重要方式。

2. 5岁的托尼亚（Tonja）和博尼塔（Bonita）在对关于谁扮演妈妈，谁扮演孩子这件事大声地争吵。

　　a. 基于本能或习惯，你会如何处理他们之间的冲突？

　　b. 基于对自我以及儿童需要的反思，你认为可以使用怎样的策略帮助他们解决冲突？

"我想我正从事着这世上最伟大的工作：播种智慧的种子，用爱浇灌、用心培育，然后看着他们一天天茁壮地成长起来。"

——蕾切尔女士，38岁，3岁孩子的老师

第二章
Chapter 2
教师的自我反思

阅读完本章之后，你应该能够：

◎明确情绪智力和多元智能的含义。

◎描述你的气质类型如何影响你处理工作的方式。

◎了解你早期的人际关系如何影响你目前所建立的人际关系及你与他人之间的互动方式。

◎评估你在帮助儿童发展认知、社会性和情绪技能方面的胜任力。

◎描述你在做儿童工作时应对压力的方式及在减小其影响的过程中所使用的策略。

一、情绪智力和多元智能

多元智能理论之父霍华德·加德纳（Howard Gardner）和情绪智力概念的创造者丹尼尔·戈尔曼（Daniel Goleman）的开创性工作重新架构了我们理解智力的方式。他们将智力的范畴由单纯的认知领域扩展到身体及社会性情感等多个方面。加德纳认为，我们每个人在不同的智力类型上会表现出各自的优势和劣势。研究中最常见的七种智能分别是：数理逻辑智能、空间智能、语言智能、身体-运动智能、音乐智能、人际智能和内省智能。加德纳最早提出这七种智能，而随后的研究表明，可能还存在更多的智能类型，包括自然探索智能和生存智能。与此同时，引发后期研究者所争论的焦点在于——加德纳所提出的多元智能究竟是在一个普遍智力概念下的不同表现方面，还是有实质差别的不同智力形式。虽然这一争论超出了本书所讨论的范围，但是当我们试着理解自己的经验时，加德纳的理论会十分有用。

在《情绪智力》（Emotional Intelligence）一书中，戈尔曼提出：在获得成功的过程中，诸如自我控制、热心、坚持和自我激励能力等情绪技能与传统意义上的以认知技能为主的智力性因素相比更具决定性作用。他认为，一个人对情感状态的自我认知，对情绪的自我调节，对他人情绪的理解，与他人合作的能力以及富有移情能力在一个人实际的生活中具有更重要的作用（Coleman, 1995）。

加德纳和戈尔曼十分强调发展人际智能和内省智能对于成功的重要性（Gardner, 1999; Coleman, 1995）。**人际智能（interpersonal intelligence）是指一个人理解他人的目的、动机和欲望并由此带来的与他人有效合作的能力**。人际智能对于教师、临床医生以及领导尤其重要（Gardner, 1999）。

在所提出的智能类型中，加德纳认为对于个人事业的成功来说，可能最重要的是**内省智能（intrapersonal intelligence）——一种理解他人，有着自身的有效工作模式——包括其自身的欲望、害怕和能力——在调节个人的生活时能有效地使用这些信息**。这就是自我反思的主要内容。内省智能对于幼儿教育工作者来说显得尤为重要，因为这项工作往往伴随着强烈的情感。

内省智能是情绪智力的重要组成部分，它在人与人之间存在很大的差异性并且会随着时间的流逝而发生变化。当我们要描述一个看起来天生就具有自我反思能力的个体时，我们会使用诸如"**有洞察力的**"和"**好自省的**"等词汇，这些都表示"**能够审视内心**"。甚至是一些幼儿在进行自我审视以及对自己的观念、想法和情感进行描述时也可能会展示出了不起的能力。也许你恰好是一个能够轻松地做到自我反思的人。或者相反，你感到自我反思是一件非常困难的事，它甚至会让你感到不适，这样的话你则需要在这一方面付出更为持久的努力。自我反思、内省、内省智能或者还有其他称法，都是一种可以通过努力而得以增强的能力。

> **反思自我……**
>
> 形成反思的习惯需要时间和责任，但会让你的工作变得更加有效。将经验记在日记里以便日后查看，这将对你十分有用。试着写几个星期的日记，并问问你自己下面这些问题：
> ◎关于你对工作的想法和感受，你关注到的都是什么样的主题？
> ◎一些情形或某位儿童会反复出现在你的日记里吗？
> ◎你一般是采取一些预设的方法来应对这些情形或某些孩子，还是你每次的反应都不同？
> ◎当你回顾你一段时间的日记的时候，请注意你的想法、感受和回应有没有什么固定的模式或倾向？
> 当你有机会同检查者一起回顾有关教室里互动的记录时，这种反思性经验能够得到增强。当这种技术不可用的时候，你可以邀请一位值得信赖的同事来观察你教室中的困境，或者是一同回顾你的日记。
> ◎当你遇到非常麻烦的情形时，你会请谁来观察你与孩子的互动？
> ◎与谁一起分享你的日记是让你感到舒适的？

一位实习生曾对我说，"我是一个后觉者。"她解释说她总是不能在事情发生的那一刻就明白自己的感受与想法。只有等事后她才能够回顾并描述她所经历的事情。这一回溯性的分析方式是普遍存在的，事实上，在很多领域，我们都能通过这样的方式掌握新的技能。想想运动员是如何提升成绩的。他们大多会通过收看视频短片的方式回顾曾参加过的赛事，以此来确定他们在未来的比赛中该如何获得更好的表现。通过与指导者一起仔细地回顾与客户交流的音频或视频资料，治疗师亦可提升自身的自我反思能力。这样的方式虽然简单，却能够极大地增强治疗师的自我反思能力。作为一名早期教育工作者，在与孩子互动之后应当花一些时间去思考你的认知、观念、意图以及在日后的互动中将如何做到进一步的提升，这个过程能够提高你工作的有效性。

在下面这一场景当中，戴安娜（Dianna）邀请另一位教师帕蒂（Patti）来观察教室里发生的挑战性行为——通过观察帮助她加深对问题的理解：

戴安娜一直在十分努力地引导杰森（Jayson）安定下来参加活动，但她对自己越发感到失望。于是帕蒂决定在某一过渡环节花上几分钟观察戴安娜的教室。在午餐之后，帕蒂和戴安娜进行了几分钟的交流。

戴安娜:"你可以理解我在面对杰森时的苦恼吗?他是如此的亢奋,我从来没有见过谁如此频繁地走来走去。他真是个野孩子。"

帕蒂:"他的确总是走来走去的!当他打翻了他的涂料,你的第一反应是什么?"

戴安娜:"我几乎想要立刻对他尖叫!如果他能够安稳地呆着,那样的事情是根本不会发生的。"

帕蒂:"你真的对他非常的失望,你不知道如何帮助他安静下来,这使得你想要尖叫。看上去你确实十分无助。"

戴安娜:"我只是认为……他的确是一个非常可爱的小男孩。他总是想要帮忙,但总是因为动作太快和太多而撞倒东西。我觉得我需要不断加速才能跟上他,但是我根本跑不了那么快!"

帕蒂:"所以你可以看到杰森身上非常美好的品质,只是他比你更活泼,跑得更快。你已经是一个成熟的人……但他还没有!我注意到当你停下来做深呼吸的时候,他也做了同样的动作。你有没有发现他在几次深呼吸后就变得安静一些了呢?所以我想,你也许可以将这种方式作为一个策略。"

幸运的是戴安娜有一位反思型的观察者帕蒂。帕蒂能够观察到戴安娜忽略掉的一些事情,而且那些观察在改变戴安娜的思维方式以及她与杰森间的互动过程中是十分有效的。值得信赖的同事能够为我们提供不同的视角。经常练习使用这种神奇的放大镜可以帮助我们审视我们的内心,了解儿童的独特品质。与此同时,我们也可以培养自己以多维视角观察世界的能力。

在与孩子相处的任何一个情境当中,你都有无数种回应方式可供选择,并可以找到充分的理由来对回应方式进行解释。与像杰森一样活动迅速的小孩的相处可能令某个老师感到沮丧、无助甚至生气,但却能让另一个老师充满活力。我们的反应之所以会不同,是因为我们的气质、过去的交往经验、优点、缺点和期望不同。同时,生活中那些不可回避的现实和压力也会对我们的状态产生影响。重要的是,我们要反思并理解自己独特的、互相影响的各个方面,由此才能基于对结果的期待做出适当的回应。

理解你的气质和性格

在儿童发展领域,我们对儿童的气质做过大量的讨论。而不可忽视的是,我们成人也具有与生俱来的气质。**气质(temperament)指的是在生命的初期出现的情绪反应和调节的个体差异,它是相对稳定的,至少基于生物的部分是稳定的**

（Rothbart&Bates，2006）。发展心理学家巴斯（Buss）和普洛明（Plomin）（1984）提出了气质维度（见表2-1）的概念，他们认为，个体的特质在生命最初的两年中就会明显地表现出来，而这样的特质在某种程度上是由遗传所决定的，并且会持续地影响日后性格的形成。在理解你与儿童间的互动关系前，了解你自己的气质与了解儿童的气质同等重要。

有关气质及组成气质的各种行为特质的研究已十分广泛。心理学家们已经发现了某些心理特质集群的方式以及其稳定性，研究了不同的集群类型与大脑运作方式间的相关性、对于心理健康问题的预测以及它们在人际关系中所发挥的作用（（Thomas & Chess, 1977; Zentner & Bates, 2008; Dougherty, et al., 2011; Goldsmith, Lemery, Aksan, & Buss, 2000; Kagan & Snidman, 2004）。在一份优秀的有关气质的文献综述中，曾特纳和贝茨（Zentner & Bates，2008）指出，基于实证研究的结果表明：气质特征可以分为五种基本类型：行为抑制；应激性/挫折；积极情绪；活跃水平；注意和坚持性。这一巨大的研究使我们得知我们为什么会做着我们正在做的事情以及我们为什么以这样的方式存在。鉴于亚历山大·托马斯（Alexander Thomas）和斯特拉·切斯（Stella Chess）的气质九分类法已广为人知，本书对气质的讨论也将采用他们的分类方法。

在20世纪50年代，托马斯、切斯及他们的同事发现仅仅从外部环境的角度难以解释儿童之间所有的差异。并且他们发现儿童总是将他们自身的独特属性带入环境之中。因此，气质逐渐成为了这一时期重要的研究主题。在这一发现的启迪下，纽约纵向研究小组（NYLS）的研究者们对来自84个家庭、年龄在3个月至成年的133位个体进行了研究。

据NYLS的研究结果显示：气质中存在九个基本维度，每个维度都对应着特定的行为模式，而不同个体在这些维度上的表现均有所差异。上述九种维度及其主要特征见表2-1，包括感官阈限、反应强度、活动水平、初始反应（接近/退缩）、节律性、适应性、情绪质量、注意力分散度和坚持性。据托马斯和切斯所述，"气质指的是一种'行为风格'。其中的每个维度所代表的是'怎么样'，而不是'具有什么能力'或'为什么要这样做'"（Thomas & Chess, 1977; p.9）。

每一个人，无论是教师或儿童，都是带着一种独特的气质来到这个世界上的。作为一个成年人，你的人格是你天生的气质和多年来的生活经历所共同塑造的。在每一种气质维度上，我们的行为倾向性都会落在一定区间内。你可能在适应性和活动水平两个维度上评价较高,但是在反应强度和坚持性两个维度较低。如果你很符合上述的特征,说明你是一个喜欢新鲜事物但是不会主动去追求的人。或者你如果在感官阈限和活动水平维度上评价较低,但在适应性和情绪质量方面较高,则可能是一个喜欢跟随潮流的人,但是如果事情进展太快,你会难以跟上。

表2-1 气质维度

维度	特征
感官阈限	当感官受到刺激时,个体有多容易被唤醒或引起不安
反应强度	个体对刺激的反应有多强烈
活动水平	个体通常有多大的运动量和活动
适应性	个体如何应对常规的变化或期望
接近/退缩	当面对新情况时个体的第一反应是什么
坚持性	个体是否能坚持完成一项活动
节律性	个体在律动活动、身体功能、睡眠、唤醒等方面的规律是什么?这些节律可以预测吗
情绪质量	个体经常感到愉快、友好或挑剔、不愉快吗
注意分散度	个体是否容易被一项活动分散注意力

资料来源:Thomas & Chess(1977)。

反思自我……

根据托马斯和切斯的气质维度,我们可以探究我们自己独一无二的气质类型。在表2-2中,根据第一列中的维度进行自我评价,"1"表示你在该维度处于较低水平,"2"表示你在该维度处于中等水平,"3"表示你在该维度处于较高水平。(当你完成了之后,请暂时搁置一边,在后面的第三个章节还会用到。)

你可能会发现在某一种维度或另一种维度里,答案会是"嗯,视情况而定",这是真的。有时候我们或多或少地感到情绪高涨,或多或少地活跃等。为了更进一步地识别你的情绪气质,完成这个表格之后请思考你最典型的行为风格。结果将会反映出你在许多情况中的行为风格。结论将帮助你在幼儿课程中更好地理解自己。

◎当你确定了自己在不同气质维度上的水平之后,你是否感到惊讶呢?

◎那些结论是否有助于你理解为什么有的情形、互动或有些人令你非常愉快和容易接近,而其他的却那么困难呢?

表2-2 你的气质

维度	与你的同伴相比	例子	低 中 高
敏感性	当你的感官受到刺激时,你有多么容易被烦扰或唤起（非常容易被唤起=3）	潘妮不喜欢吵闹的音乐、羊毛衫、过山车和明亮的灯光,她对这些非常地敏感	1　2　3
反应强度	你的反应有多强烈（最强烈的=3）	玛吉在心烦意乱时会尖叫,当被逗乐时全身都会发笑	1　2　3
活动水平	你有多活跃（最活跃=3）	加齐动起来就没完没了的	1　2　3
适应性	面对日常生活的变化你能很好地应对吗（非常适应变化=3）	波莉很容易随波逐流	1　2　3
接近/退缩	当遇到新的情况时你感觉是否舒适（最舒适=3）	丽贝卡十分积极地寻求新的经验	1　2　3
坚持性	在一项活动完成之前你的坚持性如何（能够很好地坚持=3）	杰夫坚持正确地完成了一幅巨型拼图	1　2　3
节律性	你的活动、睡眠、觉醒等的节奏是否规律（非常规律=3）	无论环境如何,安娜醒来都会吃一点零食,并且她每天都在同一时间睡觉	1　2　3
情绪质量	你的情绪有多积极（最积极=3）	凯伦大多数时间都是乐观和开朗的	1　2　3
注意分散度	你有多容易被一项活动分散注意力（非常容易分散=3）	扎克很难完成他开始的工作,因为他的注意力总是被周围的一切所吸引	1　2　3

性格和环境之间的关系

你的与生俱来的气质只是决定气质类型的一个部分。每时每刻,你的气质与周围环境都在进行着相互作用。这个相互作用的过程决定着你的行为举止、你对朋友及对活动的选择。托马斯和切斯都强调,气质类型本身并不存在好坏之分,但个体的气质与其所处环境间的拟合优度则会从根本上对个人的发展历程产生实质的影响（Thomas & Chess, 1977）。**拟合优度**（Goodness-of-fit）指的是**一个人的气质符合环境的要求与期望的程度。**

环境的一个方面是指与个体处于相同情境中的他人。当一个人的气质与另一个人不符时,就可能引起紧张关系。请思考一下你的气质与你过去的老师、照料者气质的拟合优度。下面是两位专业人士在一次研讨会中所述的回忆:

米尔德里德说："我的一年级老师太可怕了。正如您看到的，我是一个摇摆不定的人，相比起我在一年级时的表现，现在你看到的是相对冷静的了。史密斯老师喜欢安静，但是我却是一朵交际花。史密斯老师喜欢规则和秩序，而且如果有什么东西不在原位，甚至是把色彩涂到线条之外，她也会让我在全班同学面前罚站。如果我不活动的话我会难以集中注意力，所以我总是会将铅笔掉在地上或玩弄一些其他的东西。如果我们离开了自己的座位，她会把我们的名字记在黑板上。你会想到黑板都是以我的名字命名的，因为我的名字总是用大写挂在黑板上。一年级真的太可怕了！"

帕特里斯说："小时候，我很害怕尝试新鲜事物。现在我不再害怕了，我只是会感到紧张。常规总是让我感到很自在，因为我知道接下来干什么。我讨厌惊喜！我永远不会忘记我上幼儿园的第一天。爸爸将我送到幼儿园，那里是如此的喧闹。孩子们声音都很大，灯光很明亮，而且塞勒老师也十分的亢奋。她会出乎意外地突然唱起一首歌来。她会从一件事情很快地转移到下一件，整个过程看起来是压倒一切的。但我们的助理老师布莱恩先生非常的成熟，我想如果不是他，我可能无法度过那难以忍受的一年。"

> **反思自我……**
>
> 回忆一位你童年时期的老师，他/她的气质类型与你的相似：
> ◎当你想到与那位老师的关系时，你有什么样的感受？
> 然后再回忆一位与你气质维度不同的老师：
> ◎当你想起你与那位老师的关系和在班里的记忆时，你是什么感觉？
> ◎什么可以使这些经历变得更加积极？

与老师的气质不合的问题是如此深刻地影响着米尔德里德和帕特里斯，以至他们孩提时不愉快的课堂经历仍然历历在目。

二、理解你幼年时期的人际关系：依恋之魔鬼与天使

幼儿教师承担了许多不同的角色，包括对幼儿的**看护**（caregiving），**提供身体、情感方面的照料和支持**。**依恋**（attachment）是看护中很重要的一个方面，**它指的是幼儿的安全感及从重要他人（依恋对象）那里获得的支持感，尤其是在焦虑或痛苦的时候**。当婴幼儿感到不安或需要帮助时，看护者若能够在身心两方面为幼儿提供安慰、保护和安全基地，信任感就容易在他们之间建立起来。看护者就是孩子的"避风港"，同时也是孩子自信地探索外部世界的"安全基地"（Powell, Cooper, Hoffman, &

Marvin, 2009)。安全型依恋能够培养**自我效能感**（self-efficacy），**这种能力有助于个体改变世界**（Shonkoff & Phillips, 2000）。从生命早期的依恋关系开始，幼儿就在形成一种**内部工作模型**（internal working models），或是在认知、情感方面产生人际关系的心理预期——这种预期能够影响他对看护者的感受和回应，久而久之，也会推移至其他人身上（Boris, Aoki, & Zeanah, 1999）。

所有的成年人，包括你在内，都是在依恋关系的内部工作模型的影响下成长起来的。**托儿所的魔鬼**（Ghost in the nursery）这一术语来源于婴儿心理健康领域，指的是**主要的看护者（父母和监护人）与我们相处的方式，无论是好是坏，都在深刻地影响着我们现在与孩子的关系**（Fraiberg, Adelson, & Shapiro, 1975）。雷伯格（Lieberman）等首先阐明了过去的经验是如何持续影响我们的价值观、期望以及与他人的交往。而最近，有人创造了**托儿所的天使**（angels in the nursery）一词，用来描述**早期积极的人际关系对依恋关系的持续影响**（Lieberman, Padron, Van Horn, & Harris, 2005）。雷伯格及他的同事解释道，托儿所的天使指给予幼儿无条件的关爱，持续地关注他们的自我价值感和安全感，在此基础上形成的一种早期人际关系。

在过往的经验中，我们每个人都有自己的魔鬼或天使。琳达（Linda）和玛拉（Marla）的故事说明了早期人际关系持续影响着我们现在的看护方式。

琳达和她的妈妈住在一套一居室的公寓里，这间公寓位于一条繁忙的街道上，楼下有一家卖酒的商店。尽管没有书，也没有玩具，但是妈妈总是会在去图书馆的路途中给琳达讲故事、谈话、玩类似"我是间谍"的游戏。琳达记得妈妈经常为支付账单而焦虑，但却总是告诉她"我们都很聪慧，我们能战胜一切困难"。作为一名老师，琳达尤其对那些家庭贫困的孩子充满了移情，她本能地让这些孩子多参与活动，帮助他们提升创造力和自我效能感。

相比之下，小时候的玛拉和弟弟总是在吃饭和睡觉时小心翼翼地保持安静。即使他们的父母没有争吵，空气中也总是充斥着一种不祥的气氛，警示着一触即发的脾气爆炸。反抗将会受到十分严厉的惩罚，对抱怨也是零容忍。玛拉不能和邻居一起玩，因为她的妈妈说，"他们真无知"。她的父亲也强调这个世界不安全，别人会伤害她。作为一名教师，玛拉对那些不会立即服从的孩子感到震惊，也会被那些武断的父母所吓倒。她发现自己总是在避免冲突和争论。

琳达和玛拉与主要看护者之间的关系影响着他们与幼儿相处的方式。尽管琳达小时候缺乏物质财富，但是妈妈一定会关注她的需求和内心状态，她的妈妈对有能力维持生计的保证也可以证明这一点。玛拉的父母总是忙于应付他们自己的情绪状态，而对玛拉的需求关注甚少。玛拉的魔鬼强烈地影响着她现在的人际关系，而且使她十分难以忍受幼儿及家长工作所带来的挑战。

我们可以得出这样的结论，玛拉与他父母的情感联结是不安全的，很大程度上是由于父母情绪的阴晴不定和对她内心状态的忽视。尽管如此，我们还是有希望让玛拉变得专业起来。研究表明，一个人反思幼年时期人际关系和认识自己在当前人际关系中所产生的影响的能力能够显著地预测他与孩子们建立健康依恋关系的能力。事实上，那些能力比起早期人际关系积极与否更为重要（Siegel，2001）。为了提高指导孩子的有效性，玛拉的任务是在现有的支持性的人际关系中（包括精神治疗或反思性的监督）深度探究她的童年经历。通过对自己的生活故事的叙述，她可能学会相信自己和周围的世界。通过提升对自己生活故事和内心状态的反思能力，她也能够增强自己在关注幼儿需求和内心状态方面的能力（Siegel & Hartzell，2003）。

了解你在儿童发展领域里的胜任力和偏好

在各种不同的发展领域——认知、身体和社会性情绪——我们的能力和喜欢程度各有不同。很自然地，我们往往会选择那些能够让我们感到最舒适和最具胜任力的活动。一位喜欢艺术创作但身体不太协调的老师可能为孩子们提供更多的艺术表现机会。虽然这很容易被理解，但我们应该永远记住，所有的发展领域对于儿童都是很重要的。事实上，早期学习标准要求我们在日常生活中积极且直接地去处理孩子们的所有发展领域和内容。你对自己优势、劣势和偏好的认识会提醒你将课程计划里的各种各样的活动得以实现。这也是为什么检查你的课程计划是促成你成为一名反思型实践者的重要一步。

身体和认知领域

有些人是卓越的运动员或舞蹈家，他们拥有极好的协调性、耐力和优雅。但我们中大多数都不是。我们不仅在大肌肉发展水平上存在较大差异，小肌肉运动技能也有着很大的不同，比如写作、画画、缝纫和摆弄家用器械等。我们必须认识到我们是如何基于自身的偏好在不知不觉地鼓励或阻止孩子们的活动。此外，我们必须记住：孩子们需要各式各样的机会去发展他们的大肌肉和精细动作技能——无论我们是否喜欢。

认知领域由许多部分组成，包括语言、读写能力、运算技能、问题解决、抽象推理、创造性思维以及这些元素的集合。在这些不同的认知领域里，我们的优劣势也各不相同，如同下面的对教师的描述那样：

> 那些两岁的小朋友是如此幸运，因为有卡特里娜和莱拉作为他们的老师。卡特里娜是一个照章办事、循规蹈矩和注重细节的人。当卡特里娜值班时，不必担心她会遗漏管理条例或课程标准。然而，她总是在与处理突发情况作斗争，在与创造性地解决罕见问题作斗争。当新情况出现时，她还必须立即作出反应。
>
> 相比之下，莱拉则比较粗线条和顺其自然、不被条条框框所束缚。没有什么问题是用创造性的智慧所解决不了的。然而，为了能够牢记一些细节（比如记录重要的事件，在实地考察时带上紧急联络人的信息，带上一个能放零食的发网等），莱拉也不得不努力付出。只有当她对细节问题不够关注时，她的创造力和自然行为才能得到很好的配合。总的来说，卡特里娜和莱拉的能力互补，是一个非常高效的组合。

与其他的技术领域相似，我们务必要利用好我们的优势，努力改善我们的劣势，并为学生们提供他们所需的最优发展的机会。

社会情感领域

反思自我……

◎你喜欢和孩子一起做体育活动吗？例如：追逐他们，投篮或是一起踢场足球？

◎你是否对艺术创作感到自信和有能力胜任？

◎你喜欢拼图、文字游戏和数字游戏吗？

◎孩子们邀请你参与的某些活动会不会让你感到无能、笨手笨脚或无聊？

◎比起孩子们自己的选择，你会不会更喜欢你所组织的活动？

尽管享受工作对于我们来说十分重要，但我们必须记住我们的角色是要塑造孩子在各个发展领域的能力。

正如身体和认知领域一样，我们在社会情感领域里也有各自的优劣势。作为早期儿童教育的专业人士，我们在培养孩子们体验、自我调节和恰当地表达情感等技能的过程中扮演着十分重要的角色。其中，恰当地表达情感的能力让孩子们能够自信地探索世界。我们还负责支持儿童发展移情、集体意识和有效沟通的能力（Goleman，1995）。面对这样一个重要的任务，我们首先必须反思自身在情绪和社会性领域的能力。

自我调节

随着学生们年纪的增长，我们期望他们能越来越好地进行自我控制。我们期望他们能够延长延迟满足的时间。例如，一个两岁的小朋友一看到放置在桌上的餐盘就会去抓零食，琳达看到这一现象并不会感到意外。但是，当琳达去到幼儿园的某个班级，看到一位幼儿"抢"零食而不是排队等候，她会感到十分的震惊。

我们也假定，随着年纪的增长，孩子们能够越来越有效地调节他们的情绪。同理，琳达能够预料在2岁的孩子中存在一些攻击性行为和坏脾气，但她看到幼儿园的小朋友有这些反应时，她仍旧会感到十分的惊讶。

无论是什么技能，你都拥有优势和劣势。你可以想一想我们生活中发生过的一些事情——我们做了冲动的事情之后才后悔，并希望能够有再来一次的机会。我们一步一脚印，通过尝试、犯错并最终拥有足够的胜任力，成为了一名早期教育的专业人员。事实上，我们还要继续努力掌握这些技能，这应该贯穿在我们的整个生命中。我们知道，孩子们离开了他们世界里的成人的支持便无法发展这些技能，而事实上我们正是那些成人。但我们如何控制我们自己的冲动，延迟满足和调节情绪呢？

反思自我……

◎你能够克制自己吃巧克力蛋糕的欲望吗？你能够克制自己朝一个糟糕的司机大叫吗？或者你能够克服咬手指甲的习惯吗？

◎放弃当下很有趣的活动而朝向一个长远的目标努力，这对你来说是困难还是简单？

◎有哪些经历能够帮助你学习控制冲动和延迟满足？

◎当你生气的时候，你如何停下来冷静思考你的选择并采取最合适的反应？

回忆一次你情绪爆发的经历。例如，也许是你非常愤怒并对着某人大发脾气。或许是你无法在一个不适宜笑的场合大笑不止。

◎事情的结果如何？

◎你从那次的经历中学到了哪些有关情绪调节的东西？

◎有哪些因素让你学会更有效地处理那些情绪？

当我们帮助孩子发展自我约束时，我们可以用我们过去的经验来指导我们为他们做些什么（或是不做什么）。

自主性

我们也可以用我们过去的经验来支持幼儿正在形成的自主感。与其他的能力一样,我们的自主能力有强有弱。自主性需要一种惊奇感,需要自信和动机。思考一下过去让这些自主性因素受到激励或抑制的经验,你会得到很大的启发。

反思自我……

◎孩提时,你是否被鼓励去探索,去尝试新鲜事物,甚至是制造混乱?
◎作为一个成年人,你是否仍然受好奇心驱使,并且有着了解这个世界的欲望?
◎如果不是,是不是有特殊的经历阻碍了你去探索?
◎你的看护者做了哪些事来激发或抑制你的自主性?

移情和集体意识

如果你走进一个房间,里面坐着多个婴儿,也许不用很长时间你就可以注意到婴儿的哭或笑总是相互保持一致。我们来到这个世界上,往往带着对周围人的情感的某种程度的同情。多年以来,我们中一些人变得厌倦,不再像年幼时那样能够感受别人的痛苦和不幸。

其他人则更加与别人的痛苦保持一致。在移情这一维度上,我们相互之间有着怎样的不同呢?也许我们的移情天生就具有变异倾向,但很有可能我们的移情水平或多或少地受到我们的经验的影响。

反思自我……

你从家庭、学校和社区得到关于如何对待别人的信息。也许会有人鼓励你做到"宽容大度"或是伸出援助之手帮助不幸的人。有时,成人会建议孩子不要忍受别人的苛待。事实上,在某些情况下摆脱威胁反而是不安全的。多年以来,可能的情况是你得到的都是关于移情的信息:
◎关于如何对待他人,你的家庭或社区给了你哪些信息?
◎有没有人鼓励你忽视其他人的负面行为?
◎有没有人鼓励你战胜自我或是放弃?
◎有没有人鼓励你去恐吓其他人?

你可以用你过去的经验教训去创造环境，并将那些信息传递给孩子们以提升他们的移情能力，并培育他们的归属感——他们生活在一个充满关爱的环境里。

沟通

回想一下你与别人的沟通，包括以别人能够理解你的方式去表达你的需要、想法和情感及理解别人所表达的信息。正如前面所描述的琳达，她的母亲非常重视关心她的想法、主意和情感，因此她们的关系非常温暖与开放。相比之下，因为害怕不好的结果，琳达的同事玛拉在表达自己内心状态方面十分受挫。而这样的经历可能减弱孩子去锻炼复杂的沟通技巧的意愿。

人们的沟通方式具有很大的不同。一些人表达时带有很生动的肢体语言或是能把一件简单的事情变成史诗般的故事。一些人喜欢阐述每一个细节，漫无边际地聊着直到听众看着时间离开。一些人用简短的句子进行交流，对于别人提出的问题给出极少的回答或是主动表达很少的信息。一些人通过面部表情、耸耸肩膀或是转动眼珠就能够表达千言。这些沟通方式或是介于两者之间风格都是由你的气质、经历和你与听众交流的舒适度共同决定的。

用你的耳朵和眼睛去倾听，这需要练习，而且对你的幼儿教育工作也十分重要，特别是当你引导孩子们去表达需要、想法和情感的时候尤为重要。

反思自我……

想一想你是如何表达自己的：
◎ 与他人分享你的经历和意见，这是容易还是困难的？
◎ 找到词语来准确地表达你的想法和感受，这是容易还是困难的？
◎ 你喜欢用语言还是用艺术、诗歌、舞蹈或音乐来表达？
沟通还包括倾听和观察，包括语言和非语言方面的交流：
◎ 你如何倾听？
◎ 你能够揣摩别人的声调、用词、身体语言和面部表情中所传递的情感信息吗？

理解你的教学信念

知道你进入到早期教育专业时所秉持的信念和期望，这是十分重要的。在最近一次研讨会中，教师们经常被问下面这个问题："你为什么会做幼儿教师呢？"一些参与者是刚刚接触这个领域，而另一些是"相当老练的"（据一位经验丰富的老师描述她自己)。他们的部分回答列出如下：

泽维尔："所以，我可以成为他们的一个强大的榜样。"

克拉丽莎（笑着说）："因为我有很多话要说，那还不够明显吗？"

莫林："孩子们用他们的纯真和好奇心启发着我。我的角色就是观察和指导，而不是过度地影响他们。"

诺威尔："如果我让他们在幼儿园之前就开始阅读，我将会使他们永远走在正确的道路上。"

拉维恩："小点的孩子需要这么多的爱。有时候他们不能从家里得到他们所需要的东西，而我可以让他们看看他们有多特别，同时还会教她们辨别是非。那就是我的工作，我热爱我的工作！"

作为教师，你对这一角色的信念深深地影响着你，影响你如何去建构你的课程和教学方式。在后面的章节中，我们将会探索这些信念和期望是如何塑造着你与孩子、家庭之间的关系和交流的。

> **反思自我……**
>
> ◎你为什么要做一名早期教育者？
> ◎面对这一挑战性的工作，你的动力是什么？
> ◎当你听到"教师"这个词的时候，你的脑海里浮现的是什么？
> ◎你会做下面这些事情吗？
> ◎与孩子一起玩
> ◎告诉他们可以做什么以及怎么做
> ◎理解并支持他们天生的好奇心
> ◎课堂管理对你来说是一个优先考虑的事情吗？
> ◎你会不会将孩子的激惹行为看作是一种教育时机，还是会将它们看作一种麻烦？

理解压力和应对策略

压力是生命中不可避免的部分，它使我们保持警觉和成长。有时候，我们会故意去寻找有压力的经验。比如，我们上大学，接受一项新的运动，或者是在关系破裂之后开始新的约会。有时候，压力会自己找上门来，会给我们带来害怕、焦虑和沮丧感。不受欢迎的压力可能是金融、就业或出行方面的困难。有时候与同事或家人的关系也会带来压力。我们自己或是我们所爱的人的健康问题也是一种压力源，这些压力似乎可以掌控我们每一个想法。

我们的压力需要找到一个健康的发泄口，因为总是带有压力会导致苏打罐效应。一点压力就像轻轻地摇晃一瓶密封的苏打水，这时会在瓶子里面积聚压力。压力一点一点地增加，会产生更大的压力。如果我们不释放一些由生活带来的压力，最后我们的命运就与苏打水一样：爆炸！

如果我们不能合理地释放我们的压力，可能会导致健康问题，使我们与同事、孩子相处时容易烦躁，更糟糕的可能还会导致一些攻击性行为。全美幼教协会（NAEYC）的道德行为规范的第一条原则便是我们"不要伤害"（NAEYC，2011），而事实上这也可见于所有的伦理准则中。当我们在生活中被无法处理的压力所驱使时，我们可能会对孩子们造成破坏性的、持久性的伤害。当你要求孩子做点什么的时候，听一听你说话的语气，你就能够衡量在与孩子互动时压力对你的影响。如果你听到的声音就是你想要的，你可能就找到了释放压力的方式。但如果你听到的声音是过于严厉的（就像狗吠），你可能需要寻求更多有效的释放压力的方式。

无数积极的、健康的行为可以帮助我们处理压力。有些人从身体上释放压力，比如深呼吸、身体活动或是放松练习。一些人喜欢用语言的方式，比如与亲密的朋友交谈或者是写日志。还有一些人通过一些艺术活动会感觉更好，比如画画、泥塑、创作和听音乐，或者是与朋友一起表演一个场景。不管你使用什么样的减压方式，请记住：结果不仅仅只是让你感觉更好——它会影响到你与孩子们、父母和同事的每一次互动。它可以改变我们房间的氛围，从紧张到充满安全感的氛围。

总结

进行自我反思并理解你的选择与回应背后的原因，将有助于你为孩子们提供最佳的学习经验。你与孩子的气质类型都会对你们之间的互动关系产生较大的影响。你的自我觉察以及气质与环境间较高的匹配度都会让学习过程变得更加有效。你与父母或监护人的依恋关系，或者说，你在托儿所获得的好与坏的体验，都会持续地影响着你现在的人际关系，所以你有必要对自己的早期人际关系模式进行反思。

此外，理解你在所有发展领域中的优、劣势将有助于你提升幼儿教育中的技能，尤其是社会性和情感领域。牢记你自身对于教师这个角色的期望和信念也是非常重要的。最后，日常的经历（比如压力以及你如何应对这些压力）将会影响你与幼儿之间的关系水平和你的指导策略的有效性。

回顾和应用

1. 描述你的情商、气质、过去的人际关系、期望和压力管理是如何影响你的工作方式的。

2. 你被任命去教一个4岁孩子的班级，你的搭班老师与你在气质、对课堂的期望以及应对策略等方面都有所不同。

a. 为了更有效地与你的合作教师一起工作，你需要考虑哪些事情？

b. 要应对这些差异，你能够采取哪些措施？

第二部分
Part 2

发展社会性情绪技能的指导原则

从今天起，玛吉（Margie）成为了一个由三岁孩子所构成的班级中的主班教师。在攻读早期教育学士学位时，她是一个成绩优异的学生。她很清楚一个典型的三岁儿童在各发展领域的状况应该是什么样子的。她制订了一个非常合理的课程计划，而这个计划与她最喜欢的教授所推荐的课程指南完全一致。在教育儿童方面，玛吉有很多创造性的想法。她正准备大干一场。

玛吉首先认识了唐尼（Donnie）和他的奶奶，奶奶热情地分享了一则唐尼家夏天度假时发生的令人捧腹大笑的故事。这个家庭让玛吉想起了自己的童年。唐尼是一个性格外向的孩子，他两只炯炯有神的淡褐色眼睛崇拜地望着玛吉。

然而，罗谢尔（Rochelle）的妈妈匆匆忙忙地将她送到大门外就走掉了。罗谢尔游离在班级活动之外，眼睛盯着地板，玛吉试图与这个小女孩搞好关系。但她感到焦虑，不确定是否能成功。

午休的时候，玛吉才空出几分钟的时间对她的配班老师说出了自己心中的疑虑：罗谢尔怎么就不愿意与他人建立情感联系呢？她的母亲意识到分离对于孩子的重要影响了吗？为什么这位母亲不像唐尼的祖母那样热情和细心呢？不过，为什么唐尼和他的祖母住在一起呢？

玛吉第一天就意识到，与幼儿打交道仅仅应用一个课程或教学计划是不够的。尽管她非常精通儿童发展理论，且对最佳的实践方法了如指掌。但是，她却很惊讶地发现，在真实动态的养育环境下，面对个性十足的幼儿——这些儿童以各种方式受到其独特个性和家庭的影响，自己所做的准备还远远不够。

教育者最重要的责任之一就是为幼儿学习者在社会性和情绪发展的过程中提供支持。这个过程并不简单，而且需要深刻地思考几个交互作用的因素。以下的五个指导原则应为我们在这个领域的工作提供基础：

1. 该支持过程应该是基于关系的，强调教育者的自我觉察和与儿童的相互尊重。
2. 该支持过程应该是个性化的，并可以满足个体独特的需求，因为每个孩子在各个方面都或多或少存在一定差异。
3. 该支持过程应该考虑儿童之间发展的差异性和某个幼儿发展的变化性。
4. 该支持过程应该建立在这样的共识上：情境因素会在儿童表现和发展过程中起到重要的作用。
5. 该支持过程应考虑每一个儿童的文化适宜性。

"我不记得我的幼儿园老师教了我什么,但是我知道她喜欢我并且关心我和我的家庭。"

——玛尔,6岁,幼儿园

Chapter 3
第三章 基于关系的指导

阅读完本章之后,你应该能够:

◎ 解释你对于自己的角色期望、在以往经历中内化的信息以及你的人格如何影响课堂中你与儿童的关系。

◎ 描述可以提高你、儿童和环境之间的拟合度的策略。

◎ 以适当的方式了解儿童的需要、偏好和心境。

◎ 在与儿童互动的过程中应用平行原则。

在学习上给我们影响最大的人往往是因为他们与我们互动的方式而被记住，并不是因为他们试图教给我们的东西而被记住。同样地，只有通过我们与儿童的关系，儿童才能学会生命中重要的课程。

基于关系的指导（relationship-based guidance）**是一种强调两个个体之间情感联结的教学和指导方式，尤指成人和儿童**。当这些联结具有协调性和回应性时，儿童学得最好。**协调性**（attunement）**发生在成人将自己的内心状态与儿童的内心状态相匹配时，这一过程通常通过留意儿童非语言的微妙的沟通来完成**（Siegel & Hartzell, 2003）。例如，当婴儿感到不知所措的时候，他倾向于把头背离刺激物，即便这个刺激物是一个幽默的、积极的成人。当成人终止刺激以回应婴儿的信号并安静地等待儿童再次与其建立联结时，这二者就是协调的。**回应性**（responsiveness）**发生在一个人对另一个人的情感状态和需要做出有意且具体的反应时**。例如，当一个小班的孩子在拥挤的午餐室把牛奶洒了，她的老师知道这个孩子的尴尬，所以用平静的安慰作为回应。将与儿童建立并维持一个充满尊重的、热情的、协调的和回应性的关系置于首位，儿童在探索、学习及与他人相处时，就会感觉更加安全和自由（Elicker & Fortner-Wood, 1995; Pianta, 1997）。

一、你在与儿童的关系中带来了什么

为了能将幼儿的协调水平与基于关系指导的回应的必要性联系起来，你首先必须协调自己。一个幼儿教育专业人员的日子是忙碌的，计划、阅读、唱歌、记录、应付小冲突、擦桌子和擦鼻子等将你的时间消耗殆尽。你常常没有时间去反思你自己的内心状态，比如你此刻的感知觉，或思考这些状态的来源。当你注意你自身的内部状态并以一种开放的态度去理解和回应儿童的心理状态时，你们的关系将会变得更加牢固（Siegel & Hartzell, 2003）。了解你的期望，你的人格特质以及你过去内化的信息也很重要。

你对自身角色的期望

在众多可供选择的职业道路中，你最终决定成为一名专业的幼教工作者。你做此选择的理由影响着你日常互动的性质，随着时光的流逝，这一性质会影响你与儿童关系的质量。而这些关系的质量决定了儿童能学得多好（Hyson, 2008）。

也许你决定与儿童打交道是因为你相信你拥有重要的明辨是非的智慧，并对世界是如何运转的了如指掌。你有趣闻说与儿童听，就像一个在舞台上的圣人。舞台上的圣人是一个教育者，他将自己的角色视为一个知识的拥有者，将这些知识传授给基本是被动学习的接受者（McKenzie, 1998）。这个圣人也许要受到挫折了，因为儿童学习生活课程最佳的方式是通过亲身体验、玩耍和积极地参与，而不是通过聆听讲述给他们的信息。

另一方面，你也许更多地期望成为一个暗中指导者，这个指导者鼓励学习者的探索和自我发现。如果你是暗中指导者，你大概会想象你自己坐在一个儿童旁边的地板上，这个儿童在建造一个积木塔，你任由儿童的好奇心引路。你允许儿童推倒积木建筑，并观察他们的反应。你倾听他们的语言，试图理解当他们建造自己的作品时，是什么激励他们并使他们感兴趣。当他们邀请你的时候，你参与进来。一旦儿童有需要，暗中指导者随时准备支持和帮助他们（McKenzie，1998）。

反思自我……

◎在班级中，你认为你的主要角色是什么？
◎作为一个教育者，你最重要的价值是什么？
◎教育幼儿所涉及的一些责任让你吃惊吗？
◎你觉得什么情境或任务是具有挑战性的？
◎你可以使用什么样的策略使这些情况对你和对孩子都是有益的？

也许你决定教书是因为你喜欢阅读并且想向儿童灌输识字技能和对阅读的热爱。许多儿童非常喜欢听故事。然而，你也许会惊奇地发现，其他的很多孩子并不喜欢安静地坐着听故事。如果这个是你的期望，你也许会发现自己与那些在故事时间坐立不安和对阅读教学感到厌烦的儿童无法自在地相处。

也许其他的一些事完全激发了你与幼儿打交道的兴趣。那些兴趣源自哪里？随着时间流逝，你对自身角色的理解通过哪些方式发生了变化？

你的期望影响你的教学方式和每天的满意度。有时你的经验将会与你的期望一致，有时它们会不一致。不管你期望作为一名教师你的角色是什么，你对这些期望的意识都是必不可少的。

你的人格

留意你人格的独特组成部分也是重要的，**人格（personality）**指的是情感，行为和认知等一系列稳定的特质或模式，这些特质定义了你，不仅如此，你对环境的适应性特点以及自定义的生活叙事也定义了你（De Young & Gray，2009）。你的人格包括你的气质、偏好、价值观、优点和不足（见表3-1）。要知道它们如何影响你与儿童的互动，就要有目的地去审视人格的这些方面。增强这种自我意识的一种途径就是仔细地倾听你描述一个孩子的行为时自然使用的言辞。请看下面这个典型的教室场景：

泰丽想和全班同学分享她的故事书，她已经用五种不同的方式问了你五次。终于到讲故事的时间了，泰丽说了三遍那是她的书。泰丽是让人烦呢，还是富有坚持性呢？

卡莉要是不热情地表演出人物的情感，好像就听不下去泰丽的故事。卡莉是捣蛋、冲动的还是有趣、天生的？

马泰奥告诉泰丽，他并不喜欢她的书，而宁愿听另一个故事。马泰奥粗鲁无礼，还是敢于说出自己的主张呢？

后来，丹尼卡跑进教室，从她的小房间迅速跃到奥利身边并冲她打招呼，奥利正在桌子上玩智力游戏。然后，她又跑到积木区撞倒了杰克用积木搭的塔，一屁股坐在地上想和杰克一起玩。丹尼卡是过度活跃还是朝气蓬勃？

当丹尼卡破坏了杰克精心建造的一米高的塔时，杰克火冒三丈。杰克是太过夸张还是富有激情？

表3-1 自我意识术语定义

术语	定义	例子
气质	以某种特定方式对刺激做出反应的一种原发性倾向；一种倾向于保持终生的天生的行为模式	乔什的典型气质是活动水平高，心态积极，在新环境里悠然自得
优点	个体擅长的一种技能或活动	善于和任性的孩子打交道是梅格的优点之一
不足	一个缺陷或一个薄弱点，个体感到吃力的一种技能或活动	瑞克不善于与爱发牢骚的孩子打交道
偏好	与另一个人、一种品质或活动相比，个体更喜欢某一个人、某种品质或活动	与以教师为主导的活动相比，克莉莎更偏好以儿童为主导的活动
价值观	个体认为最需要达成的品质和结果	贾斯汀高度重视创造性

你对孩子行为的解读和情感反应会影响你对孩子的回应以及你与他们的关系。当一个孩子的风格或行为触发了你强烈的正面或负面情绪，你需要立刻反观自我以发现这种

情绪的根源。你的情绪可能源自内在的因素，比如你的气质，或者源自经验因素，比如过去成人照料者的信息。

拟合度

气质是一个内在因素，它影响着我们对不同情境的感受与应对方式。在前文中，你已经借助表2-2了解了自身的气质维度。你会将气质的各个方面带进你与孩子交往的所有的互动和经验中，孩子亦然。

你与孩子之间的拟合度决定了你们互动和发展中关系的质量。例如，如果你对打破自己的习惯感到不舒服，而所在的班级却有一个积极的、极度不专心的孩子，那么你们两个之间的气质是不匹配的，这也许会导致冲突。而同样是这个小孩，如果他与一个具有高活动水平且喜欢不可预测性的教师待在一起，他每天可能就是积极充实的。然而，对于一个敏感且对变化感到不舒服的孩子而言，这个高度活跃的老师也许就刺激过度了。

作为一名早教工作者，要想使你的工作有效果，你并不需要改变自己的气质或者人格。你也没有必要因为需要与一个和你气质不一致的孩子打交道而苦恼。相反，反思性的和基于关系的实践要求你首先认识到你与某个幼儿之间的不同、不一致的行为模式。你们两个在气质特点上的不同是这个复杂拼图的一个重要部分。通过将气质的维度和差异引入你意识的中心，你可以开始调整环境和你的回应以更好地满足每个幼儿的需求。

> **反思自我……**
>
> 看看表2-2中，你的气质评价等级。将这些等级绘制在图3-1上并将每个维度中代表你水平的点连起来。这就是你的气质侧写。
>
> 现在，试想你正在与一个孩子互动，该孩子的行为最好令你困惑或者令你棘手。用表3-2评估该孩子的气质。绘制该孩子的气质评价等级并将图3-1中的这些散点连起来，就像绘制你的图那样。将你的气质侧写和孩子的气质剖面对比：
> ◎在哪个维度上，你与该孩子的气质是相似的？
> ◎在哪个维度你们的气质是不同的？
> ◎你如何运用对拟合度的理解来改善你和一个气质与你相异的幼儿的互动？

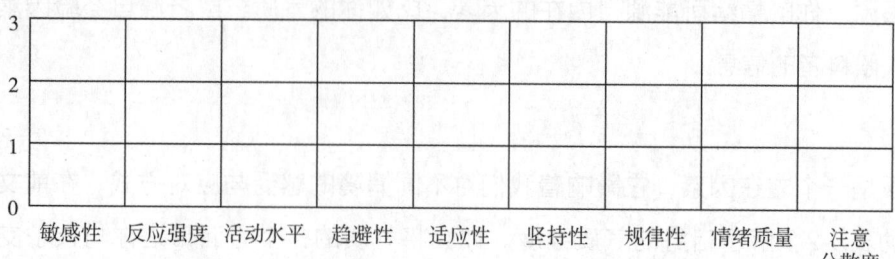

图3-1 气质剖面

表3-2 儿童的气质

维度	与其他儿童相比	低 中 高
敏感性	感觉刺激有多容易使儿童厌烦或觉醒（容易厌烦或觉醒=3）	1 2 3
反应强度	儿童反应有多强烈（最强=3）	1 2 3
活动水平	儿童有多活跃（最活跃=3）	1 2 3
适应性	儿童对生活常规或期望变化的回应有多好（对变化感觉非常舒服=3）	1 2 3
接近/退缩	儿童接近新情境时有多轻松（最轻松=3）	1 2 3
坚持性	儿童继续活动直到完成的情况有多好（能很好地持续下去=3）	1 2 3
节律性	儿童活动、睡眠、觉醒等的周期有多规律（非常规律=3）	1 2 3
情绪质量	儿童情绪有多积极（最积极=3）	1 2 3
注意分散度	儿童有多容易离开一个活动（容易分心=3）	1 2 3

最近的研究已经给了我们一些线索，这些线索表明教养风格要与儿童气质特点相匹配。例如，一个被恐惧情绪主导的儿童，面对新情况会退缩，那么当成人以一种温和的方式而不是严厉的方式指导该儿童时，儿童才最容易发展自我监控能力。反之，积极的、无所畏惧的儿童与那些热情的、幽默的成人相处时，他们的自我控制能力发展最好（Zentner & Bates, 2008）。

研究发现一些气质比其他气质更容易被环境变化所影响。儿童抚养环境质量的差异仅对少数儿童有极坏或极好的影响。那些由易怒和消极情绪主导的儿童被视为"气质脆弱"儿童，而且似乎在消极的养育环境中会备受煎熬。与他们的同龄人相比，这些儿童在支持性的环境中更可能受益（Belsky, Bakermans-Kranenburg & van Ijzendoorn, 2007）。换言之，与其他不那么脆弱的儿童相比，那些烦躁易怒的儿童从温暖、温和的支持中受益最大，他们在严厉、消极的抚养中会更明显地受到心理伤害。

当气质不匹配时，你面临的挑战是如何提高拟合度。这种情况下，应该考虑三个成分：你、儿童和环境。例如，思考一下在一个需要大量课堂作业的课程中，如何改善一个过度活跃、反应情绪化的儿童与一个高度敏感、行动缓慢的教师之间的拟合度。教师也许应该增加她的能力水平，体力和压力管理技能。她可以锻炼、冥想或者改变饮食。儿童也许可以从学习策略中获益，这些学习策略有助于调整他的反应，它能够在他认为有挑战性的环境中发挥作用。当他尝试探索对他本来的行为风格或气质有挑战的环境时，教师的角色是支持者。应该训练这些高度活跃、过度反应的儿童深呼吸和其他的自我冷静的技巧，有时这些技巧被称为"向下调节"（Williamson & Anzalone, 2001）。也可以改变环境，环境可以包含平静的背景音乐，更多的户外时间和更多的大肌肉活动。要决定对于既定环境下的某个特定幼儿来说，你、儿童和环境需要通过哪些方式进行调整或被调整，检查拟合度是非常重要的。很多情况下，答案可能是你、儿童和环境三者都要进行调整，比如下面描述的场景：

> 在佩吉成为一名早期教育者之前，她主修戏剧并且表演音乐剧。她以情绪化的表达和充沛的精力闻名，多次获得各种戏剧奖项。和她三岁的孩子们在一起时，她喜欢唱歌和讲戏剧性的故事。佩吉总是把打扫一类的任务变成戏剧表演活动。

> 诺兰行事缓慢、谨慎。他对噪声高度敏感，对变化显得非常焦虑。还是学步儿时，只要小朋友靠他太近或者太拥挤，他就会咬小朋友。到了三岁，只要刺激太多，他就会用手捂住耳朵和眼睛。当平静被打破，佩吉唱起歌或做出夸张的动作时，其他孩子要么咯咯笑，要么参与其中，要么无视她，诺兰则躲在角落里。

> 在这种情况下，为了提高拟合度，可以在三个方面作出改变。首先，佩吉得让每个孩子的情绪状态相协调，在这个案例中，她应该意识到诺兰，或许还有其他敏感的孩子很容易吃不消。她高分贝的声音和旺盛的精力让这些孩子很不安，所以佩吉可以试着慢一点行动，歌声更安静一点。第二，诺兰需要在他人的帮助下，从他觉得舒服的刺激水平开始，慢慢地增加能量和刺激的量，学着上调刺激阈限（Williamson & Anzalone, 2001）。第三，可以布置这样一种环境：当诺兰和其他孩子觉得焦虑或者不堪重负时，他们可以离开，去一个安静的角落或者图书角之类的地方。

> **反思自我……**
>
> 思考你孩提时代获得的信息:
> ◎你家庭中的冲突是如何解决的?
> ◎成人是如何处理你身体状态的表现的,比如疼痛或者生病?
> ◎如果你伤心或者受到惊吓了,他们是如何反应的?
> ◎如果你生气了,他们如何反应?
> ◎他们会征求你的想法和意见吗?
> ◎当你犯错的时候,你的父母亲采用了哪种管教措施?
>
> 成人对你内在状态的关注水平很可能已经影响了并将继续影响保育过程中,你对孩子想法和感受的回应方式。有时我们重复年长者的行为模式,有时我们的行为又截然不同:
> ◎像你的养育者回应你那样,你通过什么方式回应儿童的内在状态或外在行为?
> ◎你通过哪种与过去大人对你的方式不同的方法回应儿童?
> ◎是否存在一些儿童或者其他个体,让你想改善你对他们内在状态的回应?

你已经内化的信息

我们深深地被自身早期关系中接受到的信息影响着,尽管这种影响发生在无意识水平上。例如,当你还是孩子的时候,你的家庭就向你传递了如何应对冲突的信息。某些家庭会不惜一切代价避免冲突。家庭成员或许已经形成了避免冲突的策略,比如将一切事情化为一个玩笑、讽刺、转移话题、吃东西、撒谎或者逃入幻境之中。另一些家庭则鼓励冲突,他们认为餐桌辩论既令人兴奋又富有活力。还有一些家庭,冲突演变为人身攻击或者暴力。这些关于冲突的信息深深地植根于我们自身之中。我们还内化了情绪表达、角

色、行为、价值、首要事物和其他数不尽的生活事件的信息。

所有有关你自己的这些想法都会在你日常的互动中发挥作用。它们与每一个具有独特特征的孩子以某些方式进行互动，这些互动方式定义了你与孩子的关系。

反思儿童的行为

所有的行为都有意义。行为来自某种动机。我们越了解孩子，我们越能够容易、准确地收集孩子展现出的行为背后的意义。那么，我们所谓的了解幼儿是什么意思呢？在随后的章节中，我们将探索理解儿童独特的发展、气质、遗传以及文化特质的途径。这里，我们将探讨使儿童的内在状态、需要和动机相协调的途径。

对话

了解儿童最佳的方式之一就是通过对话。当我们和儿童一来一回地交谈时，我们就给他们提供了思维的机制和理解世界的工具（Bodrova＆Leong, 2007；Vygotsky, 1987）。将师幼对话和识字与语言发展联系在一起的研究揭示了幼儿教育背景下典型信息交换的特征。一项关于开端计划师幼互动的研究显示，大部分教师说话的方式非常简单，既没有促进对话的延伸，也没有涉及促进语言发展或师幼关系的内容（Dickinson, 2003）。在某些情况下，教师超过一半的言语表达集中于帮助儿童获得物品、管理行为、指导同伴互动和进行教学。这些言语表达提供给儿童详细阐述自身想法或者分享自身经验的机会是有限的（Massey, 2004）。可是，只有通过儿童详尽的表达，你才能在儿童错综复杂的状态中真正了解他们。

儿童在扩展对话中茁壮成长。**扩展对话**（extended discourse）指的是一种相互（一来一回，双向的）的互动，这种互动**有机会倾听且引发解释以及个人陈述**（McCabe＆Peterson, 1991）。当儿童投入地假装与成人交谈时，他们获益匪浅，因为在这种交谈中儿童可以尝试不同的角色和想法。通过戏剧表演以及与你进行扩展对话以详细阐明自己的观点也对儿童的发展大有裨益。他们开始认为他们自己和他们的想法有用而且很重要。他们认为你喜欢而且欣赏他们，如此便增加了他们对师幼关系的信任感和安全感。他们的言语技能变得越来越符合规则，越来越老练。随着不断增长的复杂性，他们开始理解社会和物质世界。所有这些收获都促进了儿童情商的发展，而情商是他们在学校和生活中获得成功所需的。

与幼儿进行的对话本质是轻松的、双向的，这种本质承载着关于儿童世界价值观、信念和错误概念的丰富信息。正是通过这样的一次谈话，我小时候的幼儿园老师才恍然大悟，我为什么对即将去毗邻的芝加哥旅行感到恐惧。是让人毛骨悚然的"收费站有巨魔"引发了我的恐惧和害怕。教师温和地解释说"收费站"里没有"巨魔","收费站是为了收费,它没有被巨魔掌控"。通过像我的幼儿园老师那样进行扩展对话,我们能够在很大程度上了解到儿童是如何理解他们的体验的。

许多儿童喜欢跟人讲他们爱的人和他们的冒险活动。他们会在真实经历的讲述中随意地加入幻想的成分。儿童将恐龙、老虎和怪兽引入他们的家庭故事是家常便饭。当我们参与到这种由儿童主导的对话中来,我们不仅丰富了他们的言语和读写技能,更重要的是,提升了我们相互之间的关系。

密切观察

我们是如何知晓儿童在想什么的呢?当人们能够通过词语交流的时候,他们的思维和感情常常是清晰的。但是最年幼的儿童没有这样的能力。需要很多年的指导,儿童才能形成情感或情绪方面交流的技能。在后续章节中,我们将探索帮助儿童发展情绪表达技能的途径。这里,我们将重点观察幼儿自发地表达他们内在状态的方式,以及我们如何能够读懂他们提供的这些线索。

一旦我们将"频率"调整到儿童沟通的非文字层面,我们就会获得儿童行为潜在原因的重要线索。**非言语沟通(nonverbal communication)指的是通过非文字信息传递和接受信息的过程,包括手势、面部表情、眼光接触和身体语言。**幼儿还会凭借玩耍、艺术、舞蹈和行为传达他们内部的状态。

自呱呱坠地起,婴儿就通过非文字线索传达他们的感觉。他们凝视着我们,告诉我们他们准备去探索世界。当他们受到惊吓或者兴奋时他们便手舞足蹈,他们用哭声告诉我们他们需要什么,而这也是观察工作的开始。当孩子长到几个月大时,对她非常熟悉的照料者一般能够分辨出她哭声的音色,并知道她表达的是什么需要。她的沟通方式和本领日渐增长,当她受到刺激过多的时候,她就把头转过去。当她清醒并准备玩耍的时候,她就蹬腿或者摇拨浪鼓。在出生后的第一年里,她咿咿呀呀想说话,并且伸出手去够取物体以表达她的好奇心。到了蹒跚学步的年纪,她指指点点,嘴上发出咕噜声,撅着嘴,咬东西,最终告诉你"不!"。

文字沟通的出现并没有终止非文字沟通的重要任务。实际上,非文字沟通比文字沟通更能表现出个体潜在的内心状态。在下面的例子中你可以看到,在儿童表达他们想要传达的信息时,非文字沟通至少与文字同等重要。

一天早晨,平时既爱讲话又活泼的5岁的丹妮尔抓着她父亲的腿,把她的小脸儿伸进父亲的夹克衫里,最终当爸爸把她从腿上挪开而径自离去的时候,丹妮尔在桌子旁边坐着,面无表情地望着地板。她抚摸着手里的碎布条,玛吉小姐跪下来和她交谈,但是这个孩子突然背过身去。

丹妮尔声音响亮、清清楚楚地告诉玛吉老师她有烦心事。尽管玛吉小姐非常好奇,迫不及待地想让丹妮尔说出她的感受,但是玛吉小姐尊重了丹妮尔的肢体语言。她背对着玛吉小姐,意味着她不准备、不愿意或者不能直接地表达她的烦心事。

有时,最尊重他人的倾听方式是离开,给他人留一些空间。对于那些喜欢摆平事情或者带走痛苦的人来说等待是困难的。

玛吉老师使用了一个与众不同的策略去理解贾温:

贾温的攻击行为使全班陷于混乱之中。玛吉小姐密切注意他的面部表情,那面部表情看起来像是骄傲和权力的混合。他的样子表明他认为他推、抓同班同学是合理的。好几次,玛吉小姐将贾温叫到一旁,和他谈他的行为,但是他不能解释他的行为,攻击性行为还是存在。

那天晚些时候,玛吉小姐要求孩子画一幅画并讲述一个故事,这个故事是关于他们长大想成为什么样的人。贾温画了一个持枪的蒙面人,这个蒙面人向人展示着他的披风下面的武器装备。他告诉玛吉小姐长大后他想成为一名义务警员,摧毁挡在他路上的一切,就像他哥哥电子游戏中的角色那样。

通过给贾温提供一个与众不同的表达自我的方式,玛吉小姐能够揭示他的行为背后的动机。有了这个信息,她阻止贾温未来侵犯行为的努力就能更有针对性,也更有效。

与我们儿时听说的相反,妈妈背后并没有长眼睛。但是当她们真正了解了她们孩子的需要及沟通线索时,她们确实具有识别谎言和恶作剧的能力,以及知道她们孩子行为背后情绪的能力。在一段健康的依恋关系中,父母能够读懂孩子的面部表情和肢体语言,并且非常确定的知道孩子正在经历的内部状态。尽管一些早期儿童工作者不得不通过密切地观察和不断地实践才能形成这种技能,但这种技能却也会自然而然地降临到某些早教工作者身上。

展现对儿童的尊重

虽然教学风格各异,但是,促进幼儿社会性情绪发展需要相互尊重的关系却是颠扑不破的真理。作为一个附加的好处,积极的师幼关系能够极大地提高儿童的顺从与合作,正如下面这个故事中所描述的,这个故事中的孩子处于两种不同的关系之中:

5岁的多丽上午去约翰逊夫人的幼儿园,下午去塔莎(Tasha)的托儿所。约翰逊夫人高度重视班级管理和日常秩序,她经常责骂多丽脏乱的样子和不守规矩。相反,塔莎小姐每天都会询问多丽的小狗好不好,上午在学校过得怎样,她喜欢的活动和她伤心时的感受。

多丽的妈妈收到来自约翰逊夫人的通知,通知里表达了对多丽坐立不安和不守规矩行为的担忧。这个通知令人困惑，因为多丽在家里很乖巧。她问塔莎，多丽在托儿所是否也坐立不安，不守规矩。塔莎感到非常吃惊。在塔莎的托儿所里，多丽可爱、活动参与度高、热情而且乖巧。

和我们大多数人一样，多丽喜欢与那些看起来关心她的人合作。任何时候，如果你发现某个孩子不愿意遵守你的规矩或者要求，扪心自问你是否花时间与那个孩子建立了一种温暖的、相互尊重的关系。通过不断地询问多丽的经历，塔莎使多丽明白，她对塔莎很重要。相反，约翰逊夫人没有花时间去了解多丽或者传递一丝尊重多丽的感觉。结果，多丽也不尊重约翰逊夫人。

当孩子刚来到我们班上，我们如何能了解这个孩子呢？我们怎么知道孩子的喜好和需要呢？虽然我们在许多方面都不同，但是关于人们喜欢怎样被对待的确存在一些普遍真理。简言之，我们喜欢被别人尊重。从最低限度来看，我们可以料想儿童也是喜欢被尊重地对待的。故而我们可以使用一个黄金法则作为我们的指南：己所不欲，勿施于人。用你喜欢被对待的方式去对待儿童吧。

想想你在分享新闻的时候，希望别人如何对待你。很多儿童喜欢讲他们的新玩具、投注和奇遇。当作为老师的我们整日忙忙碌碌，我们需要暂停一下，想想当我们有东西要分享的时候我们希望别人怎么倾听。"别说了，乔治"和"乔治，你的故事非常重要，我喜欢听，但是现在是安静的阅读时间。让我们在午饭的时候再谈论这个吧，好不好？"两番话语感觉上非常不一样。如果你不喜欢被告知"不要讲话"，那么你应该想到乔治也同样不喜欢。

同样，想想你喜欢怎样被指导或者纠正呢？如果你曾经被老师拎出来，在全班面前挨批，那你可能已经意识到这是对你人格的侮辱。那么在矫正孩子行为的时候，我们可以假定，孩子将会从私下的谈话而非当众责难中获益更多。将身体靠近孩子，俯下身至孩子的高度，平静地谈及他的行为远比从房间的另一头纠正更有效。孩子宁愿听到充满支持的声音，也不愿听暗藏着愤怒和憎恶的声音。然而，在我们忙碌的日子里，很容易就忘记要保持在私下里进行支持性矫正。

二、班级中的平行加工

平行加工（parallel process）这个术语是从婴儿心理健康领域中有关反思性监管的文献中借用的，**指一种关系的本质在另一种关系中重复的过程**。平行加工概念背后是黄金法则的拓展。杰雷·保罗（Jeree Pawl），0~3：国家婴幼儿和家庭中心前主席，这样说到：

……自身没有强烈的情感唤起就代表人类去工作是不可能的……为了传达平行加工的意思，在黄金法则之外，我杜撰了一条简洁的白金法则（platinum rule）"你希望别人如何对待他人，你就如何对待别人"（Pawl&St. John, 1998; Parlakian, 2001）。

由此，保罗博士的意思是，我们应以我们希望他们对待别人的方式来对待他们，他们包括我们看护着的那些儿童。为了阐明平行加工的作用原理，试想以下场景，你是这个场景中的托儿所的老师：

> 代理人授权实地参观托儿所，但是他没有事先通知托儿所，在半路上车胎漏气了，他的计划全乱了。处于愤怒中他向丹妮尔主任报告其对该机构的评价时既大声又吹毛求疵。可就在这时，一位来参观托儿所的家长碰巧正在丹妮尔的办公室外等着，这位家长本来很可能送自己的孩子来这里。代理那激烈的长篇大论令丹妮尔又尴尬又焦虑，她不得不向之前等候的家长致歉。

> 不一会儿，在午休时间，丹妮尔横冲直撞地跑进教室要求你注意你的日常文书工作，因为代理刚刚提到你的文书记录不完整。丹妮尔愤怒的语调使你有一种挫败感又觉得没面子。你的心怦怦直跳。正当丹妮尔离开你的教室时，3岁的乔纳斯和利奥开始吹口哨。某个孩子的胳膊肘碰倒了杯子，牛奶四处飞溅。

> 你需要做出选择。如果你根据你当时的感受做出反应，你很可能将你的挫败感和耻辱感转向乔纳斯和利奥。你可能会严厉地批评并责骂他们。因为儿童通过观察成人模式，学习如何对待他人（Bandura, Ross, &Ross, 1961; Bandura, 1989），这两个男孩很可能将这种严厉的批评行为表现在他们随后与他人的互动中。相反，如果你选择放缓速度，让自己冷静下来，想想你的反应对男孩们的影响，你将能够打破由代理车胎漏气引发的负能量链。你可以有意地回应，并维持你充满温暖和尊重的班级特色。

我们在班级里对待孩子的方式影响着孩子对待他人的方式。我们的行为举止奠定了班级的基调。鲍比·费舍尔，一位拥有25年幼教经验的多产作家说："儿童指望着我们奠定关心他人和学习的基调，然后模仿我们的做法。如果我们倾听他们，他们就会互相倾听。如果我们重视他们，并支持、鼓励、庆祝他们所做的，他们彼此之间也会这样做。"（Fisher, 1995）。儿童通过观察他人的示范行为进行学习，尤其是成人所示范的。他们观察我们是如何对待彼此的，模仿我们的语言和我们展现出的尊重他人的程度。更重要的是，他们感觉得到我们是如何对待他们的，然后在与他人的关系中复制这种感情基调（Pawl&St. John, 1998）。

反思自我……

◎你对于教师角色的信念如何影响你对年轻学习者的期望?
◎这些信念如何影响你的教学风格及你与儿童的沟通?
◎你能使用什么策略了解儿童的信念、偏好和内部状态?
◎你能够使用什么策略创造一个充满尊重的班级氛围,以使孩子可以从白金法则中受益?

总结

基于关系的社会性情绪发展指导方法一部分根植于教师的自我意识,一部分根植于对儿童独特个性的了解和尊重。将你自身的气质、性格和内在状态牢记于心,你就能更加有效地与儿童互动。讲述你自己被抚养的经历,不论这段经历中的托儿所是有鬼怪还是有天使,这种讲述都能使你与儿童建立更丰富的关系。如果你对孩子的思想、情感、信念和错误观念了然于胸的话,那么你们之间的关系甚至是儿童社会性和情绪发展的更有力的推手。这一知识增强了你充满尊重的有意回应儿童的能力。我们不仅要以我们喜欢被对待的方式去对待儿童,我们还应该以我们希望儿童对待他人的方式去对待他们。

回顾和应用

1. 解释"基于关系的指导"的具体涵义,你的答案中应包括本章中描述的概念。

2. 罗德里戈不停地走动和出于冲动的肢体接触扰乱了你平静的课堂以及你为孩子组织的活动。

a. 你需要考虑哪些因素以帮助罗德里戈在活动中有更好的表现,你该如何获得这些信息?

b. 你能想到什么样的策略来提升罗德里戈、你自身以及课堂活动三者间的拟合度?

"我努力认真听,但是有时脑子会打个瞌睡,身体不自觉地在做着什么。"

——亚历杭德罗,4岁

第四章
Chapter 4
个性化和发展适宜性指导

阅读完本章之后,你应该能够:

◎ 解释儿童的感知偏好和行为之间的联系。

◎ 描述孩子的经历和家庭动力系统将如何影响他们的行为。

◎ 论述如何同与自己存在不同期许的家庭之间发现共同点。

◎ 判断儿童的挑战性行为是由于缺乏知识储备、技能发展不足,还是缺少合作意愿。

◎ 运用策略发现存在缺陷的技能,并通过有针对性的支持促进其发展。

◎ 实施策略去分析儿童消极行为的功能。

引导儿童早期工作的一个重要原则，是你的方法和策略应当是基于各种因素且富有个性化的。有关儿童本性、经历和发展的信息，应作为你理解儿童和教他们新技能的跳板。如果工作中有存在挑战性行为的儿童，这些信息更是极其重要的。

一、个性化指导

当然，没有两个孩子是相同的。就像在认知领域中，为迎合每个孩子的特质与需要，社会和情绪领域的学习计划应该是个性化的。但是，孩子们在社会和情绪方面有哪些不同，我们如何运用与孩子个体相关的知识来制定个性化的策略与方法呢？社会和情绪发展上的一些差异在生物学上可以根据特质来解释，比如感知偏好和气质类型。另一些差异来自于孩子的经历或家庭动力。以上所说的每一方面都会影响到孩子习得技能和行为。当我们考虑到孩子们的这些特质时，我们就能选择合适的方法去迎合每一个孩子特殊的发展需要。

二、感知偏好

我们通过看、听、触、闻、尝来感知周围世界。随之通过我们的感觉来加工这些信息并将其转化为知识和有意义的行动。感知加工是气质的重要组成部分，并在我们带领孩子习得行为中扮演着角色。每个孩子都有自己的感知偏好——感知的模式能让他感到是否舒适。举例来说，一个孩子可能被闪光灯的闪烁深深吸引，而另一个孩子可能觉得它令人烦躁不安。有的孩子被粗糙布艺弄得费心费神，而有的孩子却享受着绒布和羊毛的触觉刺激。**感觉统合**（sensory integration），这个概念被职业治疗师所熟知，是**指为适应而使身体的感觉和环境有机结合的加工过程**（Ayres，1979）。我们可以通过近距离的观察而获得大量的孩子们的感知偏好和感觉统合的信息。

职业治疗师给了我们有关感知加工的更多信息，可以帮助我们理解孩子的某些行为，比如坐立不安、扭动不停、不断运动等。他们描述了两种内在感觉，前庭觉和本体觉，这在孩子们与环境作用的能力中发挥重要作用。早期教育专家可能没有经常使用这些术语，但他们把这些术语包含进来，是因为要用来解释我们在幼儿中发现的一些挑战性行为。**前庭觉**（vestibular processing）**是指一个人的平衡感和空间知觉。前庭觉在内耳进行加工**。从前庭系统发出的信号有助于协调、平衡、均衡、调节眼球运动（在移动时保持视野稳定）、唤醒状态、注意水平（Williamson & Anzalone，2001）。想一想婴儿只能在保持直立时安静，学步期儿童在摇晃中能平静下来，而六岁儿童每当跑步时会跌倒。这些特质都是前庭觉的功能。

本体觉（proprioception）是指肌肉和神经系统之间的通信系统，为儿童提供运动和身体部位位置的信息（Williamson & Anzalone，2001）。有的孩子渴望去做运动，有的则喜欢在坐和看中度过。那些不得不在家具设施上爬上爬下的孩子，和那些旋转直到跌倒的孩子，可能是在前庭和本体感觉形态中寻找刺激。当你看到这些行为并确认他们是感知支配的，不是故意并充满敌意时，你可以帮助他们在这些方面找到满足其更多刺激需求的方法。举例来说，可以让那些精神饱满、扭动不停的孩子坐在充气的圆

屋顶上自由地晃来晃去，或者让他们推一个有少量重量的购物手推车，或者将装着一些积木的背包从一屋搬到另一屋。

年幼的孩子经常缺乏自我意识和言语能力，会不当地去描述他们的感知偏好和周围环境。若一个幼儿从大群体活动的噪声中感到压迫，可能通过哭闹、跑开、击打等表现出来。琪琪的故事告诉我们，孩子应对感觉超负荷时的行为是如何表现的：

> 18个月大的琪琪经常制造咬人事件，有被托儿所开除的危险。通过了解她的家庭情况，老师排除了攻击型的教养方式。经过一天不同时间段、不同类型的几次观察后，教师认定了琪琪咬同伴的行为发生在他们身体离她过近的时候，参观者走进教室的时候，教师过于吵闹的时候，衣服标签令她烦扰的时候，还有从教室转到大游戏场的时候。

教师用了两个策略来减少琪琪的咬人行为并帮助她解决问题。第一，她的老师通过将意外干扰降到最低、保持教室低音量、在大游戏场中为她寻找一个安静的小场所、剪掉她衣服上的商标、让同伴远离她的私人空间等，让琪琪所在的生活环境更加舒适。第二，老师们专注于教给琪琪一些沟通工具来保护她远离过度刺激。他们教她如何用手捂住耳朵并说，"太吵了"和"请离开"。最终，通过改造她的生活环境和教会琪琪满足自己的需求，琪琪的咬人行为停止了，并学会了适宜的应对技能。

儿童气质

在任何既定情况下，一个独特的气质特征可能是有益的或者是有害的。比如，像琪琪那样的学步期儿童，她在触觉方面很敏感，当她坐在成人舒适的膝盖上安静地看动物

触摸书并按出动物声音时，听觉可能会感到愉快并获益很大。而游行中嘈杂的人群，可能很容易淹没同样敏感的学步期儿童的声音。

气质的另一特征是可变性（Thomas & Chess，1977）。一些孩子接受变化和新奇的事物，就好像他们开始了一场冒险，而另一些孩子则在抗议和回避中抗拒着改变。记住，正如我们在孩子的气质和成人的气质间有一个拟合度，我们也必须考虑到孩子的气质与环境需求之间的拟合度，这样才能支持或者阻碍她作用到特定环境中的能力。

健康和发展的历程

孩子健康和发展的历程同样也有助于他的学习和行为倾向。众所周知，早产、出生低体重和出生带有并发症会导致孩子发育迟缓，也许不会很快显现出来。同样地，有些孩子的妈妈在怀孕期间使用药品，或者沉迷于可卡因、酒精、冰毒或其他药物，这些孩子被证明在学习、发展或行为上存在问题（American Pregnancy Association，2008）。早期保健面临的挑战，比如食物过敏、多次外科手术、急性或慢性病、颅脑损伤等可能会干扰情绪健康或阻碍社交能力的发展。有时，挑战性行为导致了语言和其他发展的推迟，可能是由于孩子有多次耳部感染的经历。

而当孩子最近患有疾病时，我们可以观察到他的一个技能或其他技能的退化，从下面的案例可以看出：

> 杰克逊在戴安娜老师的班级中适应得很好。他能友好地、幽默地和同伴相处，和教师合作。他的认知和语言技能都能很好地达到年龄目标。而就在杰克逊三岁时，他因肺炎伴随高烧住院，又因需要康复而三周没有去幼儿园。当他重返幼儿园时，变得安静了，在表达上也有些困难，好像失语了，也失去了他以前擅长的交往技能。在接下来的几个月时间里，戴安娜老师的耐心和支持让杰克逊重拾了这些技能和人际关系。

一些心理健康和神经上的症状是有外部行为表现的。患有注意力缺陷多动障碍（ADHD）的孩子，有可能表现为注意力集中时间短、注意力分散、缺乏冲动控制、过度活动、较难延迟满足，以及坚持性差等。然而，一些患有ADHD的孩子并没有表现为过度活跃和容易冲动，那是因为他们的行为不是破坏性的，并且他们的发展需求可能被忽视了。如果孩子的注意力和相关问题严重地阻碍了他在普通支持下的学习能力和与课堂交互的能力，那么你可以考虑告知家长去带孩子做进一步的评估。

同样地，患有自闭症（ASD）的孩子常见的行为表现，也反映出了他们在社会和情绪功能上的困难。如果一个孩子被证实在社会交往和沟通技能上有严重的障碍，会表现出重复单一的动作并且兴趣爱好很少；如果这些阻碍了他的人际关系、发育，或日常的活动，那么应该建议这个孩子去做进一步的评估。需要记住的是，除非你是一个心理健康或医学上的专业人员，否则你不可以进行诊断，不可以使用多动症或自闭症这样的术语，不可以建议任何其他的临床治疗。相反的，你应当提供一些患者重要行为的详细而具体的信息。倘若一个孩子被确诊了有身体或心理上的症状，重要的是你要与孩子的治疗专家合作，这样大家的期望和使用的策略能在所有环境中保持一致。

成长历程

成长历程（environmental history）指的是孩子的**过去和现在的经历**。了解孩子的成长历程是必不可少的，因为生活中的事件可能支持或阻碍他的社会情绪发展和行为。首先要考虑的是孩子是否经历过创伤或者严重的失败。如果创伤是最近出现的或者是不间断的，那么这个孩子可能正处于危险中，专业人员应当干涉进来，联系儿童保护机构来保护孩子的安全。

有创伤经历也是关系重大的，因为在童年发生的创伤或长期压力会破坏大脑发育，使得孩子有高度敏感性和过度反应性的倾向（Perry，1995；Schuder，2004），从下面的情境可以体现出来：

> 多姆四岁前，那时他的父母还没有离婚，生活却充满着动荡。他的爸爸在清醒的时候是那么的幽默有趣，可是当他喝醉了，就变得暴力起来。多姆的父母在他四岁的时候离婚了，他的爸爸搬去了邻近的一个州生活。
>
> 凯莎老师是多姆的幼儿园老师，她用"每时每刻都准备好战斗"来描述多姆。如果一个孩子无意中碰到了他，多姆就会踢或打那个孩子。多姆经常告诉凯莎老师，小朋友们想要伤害他。因为凯莎老师知道多姆创伤和承受压力的经历，她能够提供多姆需要的安全、保密而安心的环境，能够用更精确和亲切的方式去重新看待这些现象。

目击暴力行为，特别是像多姆经历的这样长期的暴力行为，已被证明是影响孩子发育的标志。那些长期的、不好解决的压力超过了孩子的解决能力范围，比如与虐待相关的事件、严重贫困、无家可归、父母不可治愈的精神疾病或者药物滥用，都被认为是"有害的压力"（Harvard，2012）。有害的压力用各种方式改变了正在发展中的大脑和神经系统，使孩子每时每刻都处于高度戒备状态，保持着战斗或逃走的反应，抑制了高阶认知过程的发展，比如逻辑、解决问题、计划和理论学习。有害的压力还增加了孩子发展创伤后应激障碍、抑郁、焦虑和行为问题的风险（Osofsky，1995；Rossman，Hughes，& Rosenberg，2000；Lieberman & Van Horn，2005）。

也不是所有的孩子接触长期严重的压力后都有可怕的发展后果。一些孩子被证明在面对压力和创伤后有非凡的复原力。孩子的一些比如高智商、积极情绪的特质被证明可以增加复原力。然而，在面对压力时，一个非常关键的保护性因素是要和一个合拍的、照看他的成人有安全的依恋关系（Siegel & Hartzell 2003; Harvard, 2012）。

即使压力不是创伤性的，也能影响孩子的行为。搬到新家，兄弟姐妹的出生，父母的新工作，这些尽管是一些积极的改变，但是对幼儿来说是有压力的。这就有助于让我们去考虑，孩子在过去经历过何种类型的压力，以及现今会出现哪些压力源。

有时压力还包括了儿童与主要照料者之间依恋关系的破坏。当父母生病、需要住院、面临军事调动，或者出差，孩子可能会经历悲痛和孤独从而导致行为上的改变。作为一个成年人，你可能因为自己的生平经历而对悲痛、失去和分离很熟悉。你的这些经历能引导你努力支持孩子。下面的故事讲的就是梅勒妮的这个情况：

> 最近，梅勒妮的学生利奥失去了他最爱的姑妈。这让梅勒妮回忆起了自己的经历。在梅勒妮11岁的时候，她挚爱的祖母突然离世，她极为悲恸，她回忆起人们试图安慰她的方法。有的人说："祖母去了一个更好的地方。"还有人告诉她要记住，很多人仍然在她的身边爱她。甚至她最好的朋友也试着让她振作，转移她的注意力。梅勒妮感到极度的孤单和失意，没有人理解她，没有人允许她去感受这份疼痛。
>
> 作为一名幼儿园老师，梅勒妮对于自己经历的回忆，引导着她帮助利奥应对他失去亲人的痛苦。梅勒妮知道，利奥需要机会去感受并体验自己的悲痛。她回忆着自己想要的支持，并能够给予利奥所需要的支持。

家庭动力

来自孩子家庭的动力塑造了他的行为举止和与他人交往的方式。**家庭动力（family dynamics）是指家庭内部人际关系的质量和性质——也就是说，成员之间是怎样关联的**。我们每个人的家庭在许多方面都是不同的。有些人有快乐和睦的父母，而有些人的父母每天打架。有些孩子的父母离婚时沟通得很好，而有些孩子的父母却在应对着来自家庭矛盾的压力和困惑、抚养权的纷争和探视权的问题。

经常看到，出于各种各样的原因，祖父母或其他亲属担当孩子的主要监护人。对于早期教育的专业人员非常重要的是，要大概了解他们为什么将监护权给予其他人而不是亲生父母。这个原因可能会影响孩子的机能和行为。举例来说，一个孩子年幼时，他的父母在与药物滥用或精神疾病作斗争，他们经常充斥着矛盾，情绪失控，甚至出现危险。另一个孩子的父母被关进监狱，他就像经历了创伤和失去亲人一样。当年幼孩子的父母死亡时，让他们了解到这环境充斥着死亡的气息。这个孩子多大了？死亡是突然发生的还是已经经过了漫长的疾病？在死亡之前他们关系的性质是什么？健在的成人是如何应对的？他们是如何与孩子讨论死亡的？这里面的每一个因素都影响着孩子在失去亲人后的调整。

家庭成员是我们了解孩子周围环境信息的源泉。但是，当我们询问时，我们必须确定要有非主观的态度并特别敏感，就像玛吉老师在下面案例中示范的那样：

> 唐尼来到玛吉老师的班级已经几个月了，最初时活泼又可爱。然而在寒假前夕，唐尼表现出了越来越多的焦虑。其他的孩子都在热心地给父母制作假期礼物，可唐尼对此很平静且毫无热情。当他的祖母接他回家时，玛吉老师询问祖母是否可以进行几分钟的私人谈话。
>
> 玛吉老师："今天，我注意到孩子们在给父母制作假期礼物时，唐尼并没有他以往的热情。我想知道您是否能分享一些信息来帮助我了解他的感受，以便能提供他所需要的支持。"
>
> 唐尼的祖母："好的，实际上，在去年他的妈妈进了监狱，唐尼不知道他是不是能在假期时看到她。"
>
> 玛吉老师："哦，谢谢您。了解了他的经历对我很有帮助。在这个困难时期我该如何给他最好的安慰，对此您有什么想法或建议吗？"
>
> 玛吉老师很小心，没有去评判或者提供建议，反而，她描述了孩子的行为并亲切温和地去询问情况，这样她能最好地支持孩子。

家庭期望

考虑每个家庭对早期教育的角色期望也是很有帮助的。下面的三个案例说明了家庭的各种设想会关系到他们去早期教育机构的目的：

> 罗克西是个忙于工作并有四个活泼孩子的妈妈。照看乔舒亚的邻居搬走了，所以罗克西需要马上带他去个托儿所。罗克西打听到你们的机构是安全可靠的，三岁的乔舒亚可以在妈妈上班和兄弟姐妹上学时在里面度过他的时光。如果他能学到什么，那就更好了。
>
> 尼科尔是个地方中学的校长，是众多教师中的一个。她看重你们的机构是公立认可的，但是她失望的是你们没有给她四岁的莫莉带回来家庭作业和已经完成的学习单。尼科尔认为**在游戏中学习**是**照看孩子**的另一种做法。她认为你们应当进行更多的教学。
>
> 罗科想要他七岁大的儿子文尼去游戏。在你的家长会中，罗科对于文尼这么小就学习写文章段落表示不满。他担心文尼经历这些后是否会有压力。

许多父母的期望就如同这三个父母一样。作为一个早期教育的专业人员，欢迎家庭的任何想法和任何需求表达是必不可少的。同样重要的是也要能够为他们解答下列这些问题：

◎为什么你要使用特殊的方法？

◎你使用这些方法是基于哪些理论？

◎你在具体实践中如何融合你的早期教育理念？

通过连接家庭期望和你的教育方法，你可以加强父母和教师之间的联系，这决定着孩子的成功。

> **反思自我……**
>
> 想一想你班级中的孩子和家长。
> 想一想孩子的感知加工模式给你提出的挑战：
> ◎哪些步骤可以改进孩子身心机能的发展？
> 想一想孩子的健康、发展或者成长经历中有哪些会引发挑战性行为：
> ◎你如何使用有关孩子的背景（包括压力）和家庭动力的知识，去处理他的行为并支持他的社会性和情绪的发展？
> 想一想和你自己期望不同的家庭：
> ◎你可以使用哪些步骤去让你们达成共识，并和这些家庭形成有效的共事关系？

三、发展适宜性指导

早期教育专家认为班级期望和学习活动对于参与的儿童来说一定是要适宜他们发展的（全美教育协会，2009；Bredekamp & Copple，1997）。社会和情绪领域的期望和活动也毫无例外。正如我们不能期望运动能力延迟的四岁的孩子跳绳一直跳得很好，我们也不能期望自控能力发展延迟的四岁孩子，在一些事情激起了他的兴趣时他能控制住双手。但是，我们经常会为孩子无法自控或者缺少社会和情绪技能而感到沮丧。虽然我们的沮丧是可以理解的，但是我们不能让它阻碍了我们要理性思考如何支持这些技能发展的能力。

幼儿要用多种方式去试图了解这个世界，因此需要各种各样的教育和指导对策。举例来说，游戏对整个童年发展都是极其重要的，或许它是幼儿时期最自然的学习工具（全美幼教协会，2009；Bredekamp &Copple，1997；Stone，1995；Paley，2004）。因此，一个基本的目标就是实施个性化的游戏活动，以支持每个孩子独特的社会情绪需求。尽管在特定年龄阶段期望出现的目标技能可能会有文化差异，而且在培养这些能力时会因文化多样性而有特定的方法，我们为孩子们提升社会和情绪技能的努力，必须是对所有孩子的发展都适宜的。

但是，我们如何能够决定什么是适宜孩子发展的？然而，发展时间表针对特定年龄群体中孩子的发展适宜性的期望，可以给你大致的指导。对于个人的教学计划，发展性筛查工具可以提供更加清晰的图片来显示每一个孩子的独特优势、劣势和需求。

典型发展时间表

在为每组孩子确定目标、选择活动和材料方面，许多发展时间表被用于指导家庭和专业人员。对于相同年龄段的儿童，他们的社会和情绪技能有着不同的发展速度，在许多领域里，发展的正常范围是相当广的。尽管如此，当你熟悉了所有发展领域的预期发展时间后，你就会更有自信，因为你的期望会更加适合你班级中的孩子。

发展时间表网络资源

这个发展时间表资源是疾病防治中心（CDC）提供的，强调了发展迟缓的早期识别，并提供预防和早期干预服务。

面对所有儿童：儿童发展的基本知识来自在pbs. org/wholechild/abc上的公共广播公司。

公共广播公司集中关注四个领域：生理发育、社会性和情绪的发展、思维能力和沟通技能。

了解征兆，及早行动来自疾病预防控制中心的网站 cdc. gov/ncbddd/actearly。

发展筛查和评估

为了确保活动能适宜每一个孩子个体发展，早期教育应该有一个正规的系统去测量孩子在每个领域的发展技能，包括社会情绪领域（Squires & Bricker, 2007）。**发展筛查**（developmental screening）是**一套程序，用于判定一个行为模式是否足够异常并是否需要进行进一步的评价和干预**。没有筛查工具，我们通常依靠我们的直觉和经验去决定孩子发展技能的等级。用这样的主观判断，不能保证精确度，也无法同家长讨论关注点，也不能提出充分的参考理由。而几个基于研究的筛查工具是可以选择使用的（Drotor, 2008）。如果将这些工具作为早期教育中不可缺少的一部分，不仅能促进我们与家庭的交流，而且提供了在几个技能领域中，孩子们随着时间的推进发展对比的依据。昂斯预防基金会曾编写过一个被强力推荐的关于发展筛查重要性的文摘，并在如何选择和使用筛查工具上提供了相应指导（McCann & Yarbrough, 2006）。

如果发展筛查显示了儿童的机能发展在期望发展范围之外，那么就很有必要进行进一步的评价。评价（evaluation）是一套详细程序，由专门培训的专业人员进行，比如心理学家或职业治疗师，他们来决定孩子的优势、劣势和干预需求的独特情况。评价允许专业人员为矫正和治疗研发一个综合的个性计划。评价结果能给日常照料者提供有代表性的建议（比如父母和老师），能提供在评价中经过鉴定的需求，加强治疗或巩固矫正方案。

不均衡发展

除了孩子之间存在差异，每个孩子的技能也掌握得不均衡。一些方面的技能比实际年龄发展的较快，而一些则较慢（参见图4-1）。你的挑战是确定每个孩子特有的优势和不足，以便你可以提供适当的活动。筛查比决定正式干预的需求更有用。筛查也可以帮助教师和家长识别孩子的特定技能领域，并在家庭和学校中提供其最需要的支持。

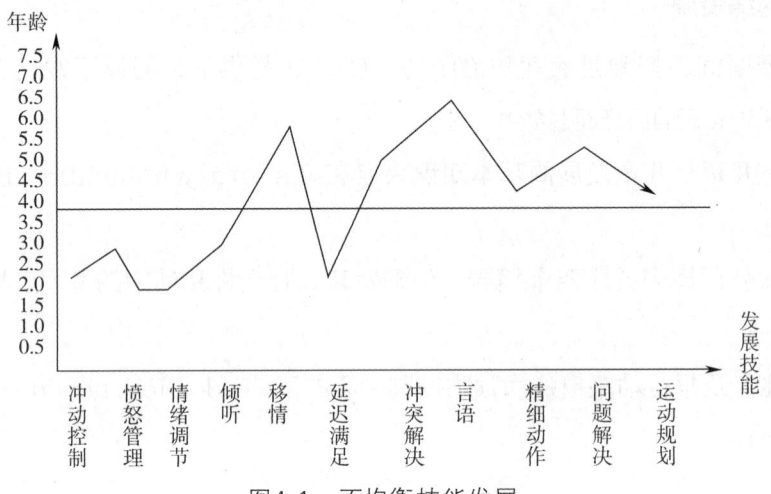

图4-1　不均衡技能发展

这张虚构的4岁儿童社会性和情绪技能年龄发展示意图向我们展示了发展的不均衡性。（该图不是基于标准化工具得出的）珍妮丝·英格兰德·卡茨

即使是普通发展中的孩子，不均衡的技能发展也能造成挑战性行为，正如下面图解中描述的那样：

三岁的大卫可以很轻松地从活跃的户外活动过渡到安静的结构式的阅读活动，因为他会调节他的冲动刺激和活动程度。但另一方面，当大卫在画架前工作时他会很崩溃，如果他没有画好就会不停地哭闹。他需要对待沮丧和错误的支持。

希亚拉非常有同理心，当其他小朋友受伤害

时，她总是第一个过去安慰他们，但她也常常用她那瘦长的双腿不断摆动去伤害他人。她需要私密空间和冲动调节方面的支持。

安德烈是个观察灵敏的孩子，他能在加餐时间和集体活动时间耐心地等待。然而每次安德烈因为同伴的一点小事就会很无助地去告状，尽管他的老师能容忍他持续发出的抱怨声，但安德烈需要去发展听而不闻的能力和更加适宜的语调，以及有效沟通的技能。

大卫、希亚拉和安德烈都拥有很好的强项，比如自我监管、灵活适应、移情能力和冲动控制。可是当他们的**行为**令人讨厌时，我们能假设这是孩子故意用那种方式表现出的吗？是不是这三个孩子有目的地干扰教师，让老师有困扰，或者是否有其他的解释？

所有的行为都有意义，包括**挑战性行为**。**挑战性行为**（challenging behavior）是**指由儿童表现出来的具有扰乱性、攻击性、危险性和破坏性的动作**。早期教育专业人员必须成为侦探，去断定什么属于挑战性行为。令人不解的是，我们看到一个聪明、发音清晰，又乐观的五岁孩子，是有能力进行深思熟虑的交谈的，但当他输了游戏时他会一气之下赖在地板上。是什么在干扰孩子的机能运动，或者是什么导致了他的社会性和情绪技能落后于其他技能领域的发展？

知识，技能，还是意志？

在处理孩子的行为前，要仔细地观察他的挑战性行为是否反映出了他用某种方式表现**知识**、**技能**，或者意志上的需求。**知识需求**（knowledge need）发生在**儿童不知道也可能不希望知道在既定情形下如何适当地表现行为**时。举例来说，一个三岁大的孩子没有兄弟姐妹，也从来没有参与过某一组的活动，在他开始入学时他可能就不知道等待、合作、轮流和遵循计划。同样地，幼儿园老师可能不知道在图书馆里必须要安静。

发生挑战性行为常见的原因是孩子缺乏一种或多种社会或情绪技能。**技能学习需求**（need for skill building）出现在**孩子明确地知道什么技能是期望的，但是缺乏在情境中一直以适宜的方式表现出来**的时候。举例来说，四岁大的里基知道他应该在故事时间时安静地坐着，可是他**还没有掌握这个能力**去调节他的兴奋状态和控制触碰周围同伴的冲动。六岁大的萨拉知道她应该和同伴分享积木，可是她缺乏认知灵活性去接受她不能使用所有蓝色矩形的现实，而且她必须找到其他的解决方法。

我在临床和早教班级中有多年的经验，因此我编写了一个基本生活技能的清单（表4-2），掌握了这些能大大提高一个人的人际关系和幸福感。孩子甚至成人在社会性和情绪运用中出现的大多数困难，都是因为这些技能中的一个或多个没有发展好。当我们帮助孩子发展这些基本的生活技能时，要避免同伴冲突、班级混乱和看护者施加的压力。如果你能牢记在社会性和情绪技能成熟的过程中，认知与监控技能也在以同样的方式发展时，那么你就可以从教养儿童的过程中排除挫败感，转而关注培养他们需要支持的特定技能。这个清单还很不完整，但它的作用是提醒我们要有意的去培养孩子的这些能力。

表4-1 基本生活技能清单

个人技能	延迟满足	应对他人的愤怒
	处理愤怒	应对窘迫
	应对失败	接受建设性批评
	应对失望	接受否定
	应对挫折	认识自己/他人身体语言
	应对恐惧	超前思维
	承担后果	转移注意力
	识别自我感受	解决矛盾
	承认错误	应对错误谴责
	诚实	集中并持续注意
	乐观	坚持
	应对嘲笑	知道合适的时间地点
	学会忽略	
社会技能	参与	控制音量
	自我介绍	运用幽默
	结交新朋友	说"不"
	维护友谊	坚定自信，不被动不好斗
	开始和结束交谈	道歉
	理解他人感受	请求许可
	己所不欲，勿施于人	表达观点
	说"谢谢"	表达情感
	提供帮助	找出原因
	请求帮助	说服他人
	妥协/谈判	提供信息
	轮流	表达感受
	分享	给予精神支持
	抵抗负面的同伴压力	提出建议
	尊重私人空间/接近	回避流言
	认真倾听	提出建设性批评
	抓住重点	控制语气
	延续话题	不去插嘴
	提出请求	给予赞美
	同意/不同意	接受赞美
	眼神交流	运用正式/非正式语言
	礼貌	有效投诉

要多次阅读这张**基本生活技能**（essential life skills）清单（表4-2）直到你理解为止。随后，在出现教育情境时，你可以在教育中帮助他们进一步发展这些能力，为孩子的个人和社会发展方面不断地制造惊喜。

下面的情境举例说明了教师如何使用基本生活技能清单去处理典型的同伴冲突：

在螺旋滑梯顶部，卡莱布站在威廉后面，卡莱布一边抓着威廉的肩膀让他转过身去，一边喊着"拜托！滑下去啊！"作为即时的回应，威廉快速地踢了卡莱布的小腿。卡莱布尖叫着。幸亏玛吉老师目睹了整个争执的过程，随后说到："男孩们，请到这来。"

玛吉老师："卡莱布，告诉我发生了什么事。"

卡莱布："威廉踢我。"

玛吉老师："威廉，你踢了卡莱布。你能告诉他你为什么这么做吗？"

威廉："因为你抓了我，靠近我的脸，还用特大声音喊叫。那让我很生气！"

玛吉老师："那么，卡莱布抓住你还靠近你喊叫，是不是这样让你很生气，所以你踢了他？"

威廉："是的！"

玛吉老师："卡莱布，是什么促使你去抓威廉，还在他脸旁边大喊的？"

卡莱布："他走得太慢了。他不快点，可我想轮到我去玩。"

玛吉老师："你想让他快点走，所以就能轮到你玩了？这样是不是很没有耐心呢？威廉，下次他想让你快点的时候，你希望让他做些什么不一样的呢？"

威廉："他可以用正常的声调说，'威廉，快点！'但他不要抓着我还大喊大叫。"

玛吉老师："卡莱布，你觉得下次你能这么做吗？叫他名字的时候能做到不去抓他，而是有礼貌地问他吗？"

卡莱布："能，下次。"

玛吉老师："卡莱布，威廉踢你的时候你什么感受？"

卡莱布："好疼啊！我很生气！"

威廉："我也很生气！"

玛吉老师："你希望威廉在下一次对你很生气的时候做出什么不同的反应呢？"

卡莱布："他可以告诉我他不喜欢我那样做，我就会停止。"

玛吉老师："威廉，你可以那样做吗？你可以用语言告诉卡莱布而不是去伤害他吗？"

威廉："我可以试试。"

玛吉老师："好的，现在就用你们刚才说的你们希望的方式去重演这个情境吧。"

通过这个简单的对话和角色扮演，男孩们认识到了他们在处理具有挑战性的情境时要有备选方案。玛吉老师承认卡莱布在耐心等待方面有困难，并鼓励威廉给卡莱布提供一个其他方案，能让别人走得更快。反过来，卡莱布给了威廉一些应对愤怒而不伤害他人的建议。然后，玛吉老师在他们回到游戏之前，给了他们一个机会去实践新技能。

卡莱布需要提高的基本生活技能是尊重私人空间、管住自己的手、使用适宜声调说话，还有耐心等待。威廉需要提高的是管理自己和他人的愤怒。在男孩们回到游戏后，玛吉老师随时准备在耐心等待、愤怒管理和其他技能方面承认他们做出的努力。

幼儿不是很擅长在不服从命令时解释原因。"我想要那个！"意味着这个孩子还没锻炼好应对沮丧或妥协的能力。"我不想去！"暗示着这个孩子还没有锻炼好该如何灵活停止某件他感兴趣的事而做一些必须要做的事。在我们假设这个孩子是故意不听话之前，必须要确定他有表现适宜行为的知识和能力。要记住，孩子的技能发展可能是不均衡的。此外，孩子们在运用前社会或情绪技能时可能是不稳定的，尤其是在这个技能是新学的或者孩子劳累、有压力的情况下。如果假设这个行为是孩子不愿意合作的，在这之前就一定要确定这个行为有解决知识和技能构建的需求。通过年龄段和发展领域来组织的，一个出色的关于技能构建的活动来源，是《年龄和阶段学习活动》（Ages & Stages Learning Activities），这本书由伊丽莎白·通布利（Elizabeth Twombly）和金格·芬克（Ginger Fink）编著（2004）。

如果我们确定这个孩子**知道**什么样的行为是我们期望的，并且他在相关领域的特定情况下已经表现过此技能，但是仍然会出现相反的行为表现，我们就要关注到**意志**（will）的问题，意志是**表现出某一行为的决心、欲望或动机**。意志问题（problem of will）是**孩子不服从期望和权威而做出的主动选择**。这个问题的关键是动机。为什么孩子选择去对抗命令和规定呢？在我们处理这些行为前，我们不得不去理解是什么促使并维持他的行为的。

分析挑战性行为

如果在你认真的探查工作中，发现了孩子主动做出选择的迹象，而且故意决定做出违背规则的行为，那么功能性行为评估将有助于应对。

功能性行为评估（functional behavior assessment，FBA）是**一个有条理的工作过程，去理解孩子问题行为背后的功能，为了找出处理此行为的最佳方法**。功能性行为评估可以通过家长和教师提供有效性信息的评定和访谈增强可靠性。功能性行为评估的另一个组成部分是**功能分析**（functional analysis，FA），它是**一个特定的过程，在多种场合的各种情境中直接观察儿童，使用定义明确的行为标准，反映出包括前情事件、行为表现、结果事件（ABCs）的一套连续数据**（Bijou, Peterson, & Ault, 1968）。在功能分析中，观察者必须看到是什么导致或引起行为的（前情事件），行为的强度和持续时间，以及行为之后发生了什么（结果事件）。功能分析可能会比家长和教师的行为评定耗费更多时间，可是它提供了非常准确而详细的信息。理解孩子行为的最好方式就是结合使用间接的（FBA）和直接的（FA）方法去收集信息（Alter, Conroy, Mancil, & Haydon, 2008）。

对幼儿来说，分析挑战性行为一定是在孩子多领域的感知偏好和发展水平的内容下完成的。这也有助于我们考虑他具备的有关期望行为的知识，和在各种环境不同情景下表现这些行为的能力。基于这些信息，功能分析就从**前情事件**（antecedents）的原因开始，前情事件是**引起或刺激行为发生的事件或触发物**。请参考下框中对行为前情事件的指导性问题。

确定行为前情事件的指导性问题

◎ **什么时候最可能发生这个行为并在哪些情境中发生？**
◎ 发生在每一天的相同时间？
◎ 某些人在场的时候？
◎ 在过渡环节？
◎ 建构物多了还是少了？
◎ **谁是权威人物或照料者？**
◎ 这个成人与孩子的关系类型和这个人的气质是什么？
◎ 孩子的依恋性质以及和这个成人的以往关系（温和还是危险）是什么？
◎ **之前大多发生什么而立即引起这个行为？**
◎ 当有特定的同伴参与的时候？
◎ 当她没有获得她想要的东西的时候？
◎ 当被告知要等待的时候？
◎ **触发行为是内在的吗？**
◎ 她是仅仅想起她的父母在上学前的争吵吗？
◎ 她是饿了还是累了吗？

当一个孩子饿了、累了，或者心烦时，先前获得的那些技能可能就不见了。重要的是要尝试去理解这些行为退化的原理，并支持孩子在困境中的努力。

另一个必不可少的是要非常清晰地定义行为。举例来说，孩子可以主动违背，并通过说"不！"来对抗；他也可以被动违背，通过不理睬要求或者答应了要求但没有去做，只说了"过一会"来对抗。类似地，"攻击行为"应该被清晰定义，是我们所说的打、踢、咬或抓而造成的身体上的伤害呢？还是骂人、羞辱或语言威胁呢？对行为清晰定义，可以提高我们分析的精确度，以及干预的有效性。

外显行为通常是孩子解决问题的方法或者是传达需求的方式。我们要为了孩子们去确定行为的功能，就需要仔细观察并时刻牢记以下问题。

孩子行为的意义

◎当前情况对孩子的意义是什么？

◎孩子通过这个行为想要尝试解决的问题是什么？

◎孩子想要实现或传达的是什么？

◎为什么现在出现这个行为？

我们还必须要考虑到刺激孩子重复挑战性行为的通常后果。通过观察在行为出现后发生了什么，我们可以确定强化行为的环境变量。要想得到这些信息，去询问以下问题是很有必要的。

确定行为结果事件的指导性问题

◎她得到了她想要的了吗？

◎她从其他方式中获得奖励了吗，比如从幼儿园回到家与妈妈一起看电视？

◎这个行为导致的结果引起了他人关注吗？

◎这个行为导致的结果减轻了她的惩罚，比如激怒成人来争辩吗？

◎这个行为导致了平时意见不合的成人联合起来吗？

◎我可以提供什么样的后果，这后果可以处理潜在的问题并减少不良行为的发生？

通过认真分析孩子行为的前情事件和结果事件，我们能更好地确定有效策略以满足孩子的需求。举例来说，如果我们知道无组织的状况对孩子来说是特别困难的，那么我们一定会去提供另外的组织、引导和支持来取代这种消极的回应。当我们发现一个孩子

对成人进行挑衅后会对他有好处，比如同伴的认可或成人的关注，我们可以改变这些行为的结果事件。

> **反思自我……**
>
> 想象一个你了解很深的孩子。使用图4-1思考这个孩子在社会和情绪领域中的优势分布。横穿图表画一条线来表示孩子的实际年龄。比较一下孩子在技能领域中列举出的那些低于实际年龄的发展项，并结合下面样例中呈现的点进行分析：
> ◎在哪些技能领域，孩子表现等于或者高于他的年龄水平？
> ◎在哪些技能领域，孩子表现低于他的年龄水平？
> ◎你可以使用哪些策略来支持孩子表现较弱的技能领域？
> ◎哪些办法可以让你运用孩子的优势来支持他较弱的或者前技能的发展？
> ◎如果他的技能似乎是适当的，或者他的挑战性行为好像是故意的，你需要考虑何种因素来减少他的有害行为？
> ◎你可以运用什么策略来减少孩子的有害行为？

发展适宜性指导需要我们考虑到每个孩子在社会和情绪领域发展的需求，并针对他/她目前的优势和不足来定制我们的方法。有些时候，一个孩子仅仅需要一些在给定环境中的有关适当期望的信息。另一些时候，孩子的行为告诉我们他在一个或多个具体技能领域中需要的支持。并且有时我们还需要了解孩子表现在某一举止中的动机。这种综合分析能够使我们找到一些策略，这些策略能满足每一个孩子的个人需要。幼儿有着相对有限的生活经历，也有着有限的应对技能。最终，最好的效果是运用积极行为支持的方法来重点发展特定技能，并重视行为的前情事件和结果事件（Stoiber, Gettinger, & Fitts, 2007）。

总结

每个孩子都有一套自己独特的发展能力和环境。如果你去探究一些个人因素比如感知偏好、气质类型、家庭动力，以及健康和成长历程，你就可以收集到一些关于如何与每一个孩子相处的有用信息。此外，认识到孩子群体间以及孩子自身发展中的多样性，这样能够使你明确这个孩子是缺乏期望行为的知识，还是需要去发展一些特定的技能。最后，去探测一下导致或者造成挑战性行为发生的周围环境，这样能让你使用一些方法去重新修饰环境,从而提升孩子的社会和情绪能力。

 回顾和应用

1. 使用这一章中出现的概念,来描述那些你必须考虑到的因素,以赋予每一个孩子个性化的社会和情绪学习经历。

2. 孩子们在玩钓鱼的纸牌游戏,托德从戴尔和凯尔那不能再要牌了。"我想要玩!再给我一些牌。"孩子们告诉托德他可以等着下一轮,可是托德还是从抽牌堆里抓了一些牌。

a. 你可以将哪些基本生活技能作为目标去帮助托德,让他与同伴的互动更加有效?

b. 头脑风暴一些策略,可以用于提高托德在这些技能上的发展。

"我是自己的老板!只有当奶奶来学校的时候,她就成了我的老板。"

——雷吉,4岁

第五章

Chapter 5
基于情境的文化适宜性指导

阅读完本章之后,你应该能够:

◎ 描述影响孩子预期的情境因素,并解释这些因素是如何影响孩子行为的。

◎ 描述文化塑造孩子学习和行为预期的方式。

◎ 发现个人主义与集体主义中文化价值观与信仰间的异同,并将其运用在对孩子指导的实践之中。

◎ 运用策略解决由于文化差异导致的家庭冲突。

可以偷窃吗？可以撒谎吗？对于此类道德问题的回答似乎是显而易见的，然而，若提供更多的信息，它就会变得复杂。如果我们所讨论的问题是偷药去挽救一个人的生命会怎么样？如果告知某人真相除了会使他心碎而别无益处呢？我们又该如何进行判断？

正如我们做决策时必须考虑其他信息，儿童也是如此。有着有限生活经验的孩子是如何在给定的情境中做出适宜性反应的？一个行为的适宜与否是由很多因素共同决定的。其中包括**情境**（context），**围绕行为预期的环境**，**文化**（culture），**源于孩子的家庭和社区的一系列价值观念和教导**。当我们在社会情绪领域指导幼儿时，我们必须意识到情境需求的重要影响和文化的重要性。

一、基于情境的指导

大多数孩子经历过前后不一致的预期。孩子们的能力是多种多样的，他们将规则从一个情况推广到另一个情况，这是更加复杂的，因为不同的成人在不同的情绪、不同的环境、不同的时间下会要求孩子们表现出不同的行为方式。当我们提出对幼儿社会和情绪行为的预期时，考虑情境是很重要的。

情境中的预期

对孩子行为的预期取决于很多变量，包括地点、一天中的时间以及特定人的存在。孩子们可以成功分辨他们在日常生活的不同情境中所面临的不同预期，这甚至可称得上是一个奇迹。在我们构建出那些预期并将其传到给幼儿的过程中，需要十分慎重。

"用你身体中的声音。""请放慢脚步，直到我们到达操场。"整天，我们要求孩子们去思考他们行动的情境。我们期望他们在室内和户外表现不同。跑、跳、爬和呼喊在操场上是可取的活动，而在教室内是危险的或者扰乱的。

为了帮助孩子在技能逐渐形成的过程中感到舒适，我们应将教室设置为一个可以有效提供安全感的场所。例如，学习材料应该适合孩子们的年龄和发展水平，其组织摆放便于获取。活动和材料对孩子具有挑战性，但要确保某种水平的成功，这样可以提高其技能和信心。而且最好试着平衡新的和熟悉的材料，这样可以激发孩子的好奇心，他们也感到安全。

当孩子们可以依靠一致性和可预测性时，他们做得更好。当日常惯例被打破，如教室中客人的到来或者一场野外旅行，我们通常期望孩子们能够适应。然而，对一些孩子来说，处理变化是困难的。他们需要来自看护者的额外支持和耐心。

即使在相同的环境里，不同的成人可能有不一样的预期。一些成人更加灵活和宽容，而其他的人更加坚决、更少屈从。这些回应风格没有对错，孩子们可能觉得一种风格比另一种风格要舒适。你的挑战是平衡灵活性和一致性。例如，马克在分享上有困难，他从经验中知道你和孩子们期望他能让别人玩他从家带来的玩具。一个特别的日子，他的祖父送给他一套新的赛车，你知道他不愿分享这些。在自由游戏时间，当马克拿出这些赛车的时候，你决定温和地引导孩子们选择另一个活动。

保持我们对自身情绪状态的意识也是同样重要的，以便我们对孩子的预期不会根据我们的情绪产生变化。如果你昨天感觉慷慨和耐心，你可能忽视了孩子扰乱班级的行为，或者用一个好玩的笑话回绝了孩子的顶嘴。今天，即使你感到压力和烦闷，如果孩子今天又表现出那个行为，他会期望获得与昨天同等的耐心和幽默。日复一日，除非情形对孩子们是清晰的，否则规则和预期是不会改变的。在马克的案例中，你可能认为这些赛车是特别的礼物。作为复杂世界情境中的复杂人类，这种一致性有时是非常难以传递的。

家庭和学校环境的不同最有可能表现在行为的预期和结果方面。典型的幼儿教室是一个材料共享的群体环境，而家庭环境通常有更少的社会需求，如分享和轮流。学校环境通常比家里更结构化，特别的活动有特定的地点和特定的时间。学校和家庭的影响也可能不同，正如下面的案例所示：

> 当杰夫从布林内那里拿球时，她将他推倒，踩了他的手。罗斯曼老师问布林内，如果她以这种方式对待杰夫，她觉得接下来会发生什么。罗斯曼老师希望布林内认识到杰夫有可能会受伤，不想再和她玩了。相反，布林内说："我会被勺子敲打吗？"罗斯曼老师震惊了。她从来不会打孩子，并且学校政策严厉禁止身体惩罚。布林内简单预期的后果是基于她在家的经验。

出于这个原因，了解你的学生的家庭教养方式和惩罚实践是重要的。

生态系统理论

除了项目环境中的情境影响，我们必须牢记，孩子们生活在家庭环境中，家庭生活在邻居和社区环境中。尤里·布朗芬布伦纳（Urie Bronfenbrenner），开端计划的创始人之一，关注一个孩子在所能构成他的环境的关系系统中的成长。布朗芬布伦纳的生态系统理论定义了环境的复杂层次，每种层次都对孩子的发展起作用，包括孩子自身的生理（Urie Bronfenbrenner, 1979），如图5-1所示。

孩子的发展是在孩子正在成熟的生理、他的直系亲属/社区环境，以及社会环境的多重因素的交互作用中被推动和引导的。任何一层的变化都会影响其他层，正如迪伦的故事所表明的：

> 某个深夜，县治安官向迪伦·戈莱刚失业的父母下发了驱逐通知。第二天，迪伦来到学校感到压力和疲惫，导致他对同伴烦躁抱怨并进行侵犯。生态系统理论会指出经济低迷导致戈

莱夫妇的失业。他们的失业影响他们支付租金的能力，反过来，这导致他们被驱逐。随时可能被驱逐是令人感到沮丧和有压力的，当选择有限而这事又突然发生在某个深夜，这种压力就严重了。戈莱家整夜的压力使得迪伦一直无法入睡，并导致了第二天糟糕的应对。

为了明白孩子的发展和行为，我们不仅要看这个孩子和他的直接环境，还要看在更大环境中事件的交互作用。庆幸的是，凯莎老师已经在迪伦和他的父母之间建立了一种充满温馨和信任的关系，所以对她来说收集更多的信息并不困难。

凯莎："迪伦，你今天看起来疲倦而烦恼，是因为你起晚了吗？"

迪伦："我们睡在货车上。妈妈哭了，爸爸疯了。"

凯莎："你们睡在货车上？那一定很艰苦。如果你需要独自待在安静的地方或者需要休息，我们可以给你小床和毯子，好吗？你只需要告诉我一声。"

在接送时间，当戈莱夫人帮迪伦穿外套时，凯莎小心掂量着自己的话。

凯莎："嗨，戈莱夫人，您还好吗？"

戈莱夫人："我已经好多了。"

凯莎："您已经好多了？艰难的一天？"

戈莱夫人："现在事情真的很紧张，我不知道是否是迪伦告诉过你，我们昨晚被驱逐。"

前几章里，我们讨论了你自身的

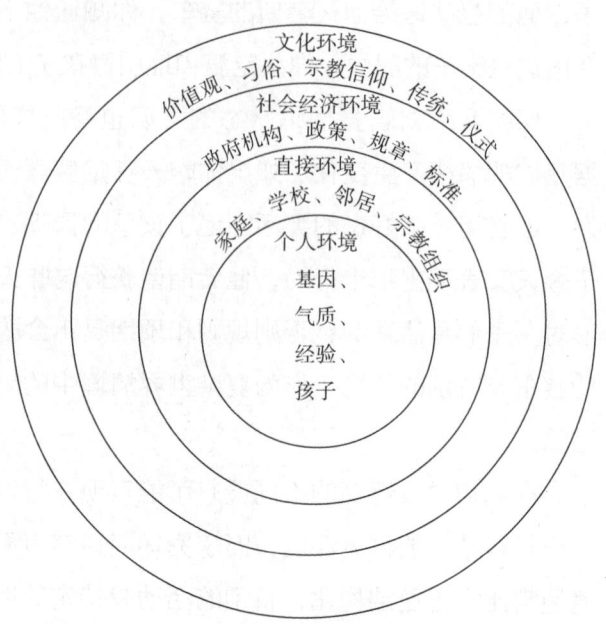

图5-1 生态系统理论

资料来源：引用于 Bronfenbrenner, U.（1979）. The Ecology of Human Development: Experiments by Nature and Design. Cambridge, MA: Harvard University Press.

压力在与孩子们的日常互动中所起的作用和管理压力的可能途径。压力也是孩子们生活中不可或缺的一部分。就像生态系统理论表明的，任何水平的压力都会影响孩子的发展路径。通过保持开放的沟通渠道和温暖的家庭关系，我们通常可以获取孩子行为环境的信息，而这种信息可以帮助我们提供他所需要的支持。

那种环境的一部分是正在养育孩子的文化。最后一个促进社会性和情绪发展的基本原则是**了解、尊重、欣赏、崇敬幼儿环境中多样文化的重要性**。我们称这些反应为**文化能力**（cultural competence）。

二、文化能力的指导

文化（culture）是一个意义的共享系统，包括群体中的个人通过语言、行为、习惯、态度和实践这些明确的模式在日常互动中表达出来的价值观、信仰和假设（Maschinot, 2008; Christiansen, Emde, & Fleming, 2004; Emde, 2006）。文化能力是指能够与来自不同文化和背景的个人，尊重而有效地进行互动的能力。

你是你的文化的产物。复数的文化，反映了你的意义的共享系统，可以用很多变量来定义并描述你：

- 性别
- 种族
- 宗教
- 代际/年龄
- 婚姻状况
- 性取向
- 受教育程度
- 社会经济水平
- 你所居住的国家地区
- 原籍和移民情况

个人、家庭和组织的文化可能在每个或所有方面都有所不同。例如，有个女人，1975年当她还是个孩子的时候，她随她的家庭从危地马拉来到了美国，成为一个公民，上了大学，在旧金山定居下来。她可能存在一个意义的共享系统完全不同于一个来自危地马拉，并在2012年接受较少教育，为了摆脱贫困而在印第安纳州的一个小镇定居下来的女人。同样是来自危地马拉的女人，但是她们在代际、境遇、受教育程度等其他方面都不同。我们不能假设因为她们都是来自危地马拉的女人,所以她们在语言、行为、习惯、态度和实践上都是绝对一样的模式。

虽然种族、宗教或性别可能有鲜明的文化模式,但是对这些采样基础上的所有人,我们必须小心悬置刻板印象。这两个来自危地马拉的女人可能拥有在拉丁女性中经常可见的一些特征,但这些相似之处不能被假设。关键是意识到你自身文化的影响,承认你的偏见,识别并悬置你的刻板印象,开放你的思想,逐渐去了解人作为个人所带来的多种多样的文化影响。不时地,你将会受到各种来自你的文化与那些家庭之间的冲突的影响。本章的最后,我们来讨论应对来自文化冲突的策略。

作为作者,我承认我已经形成了理论和实践的方式,这与我的文化和经验相一致。我是一个受过大学教育的已经中年的中产阶级,是高加索人也是犹太人,来自美国中西部的已婚老师。我认为读者和他或她照料的孩子可能与我有着不同的背景。与我相处的孩子、家庭、教师和学生带来了大量不同的文化,还有多元丰富的祝福。虽然有时我会犯些尴尬的错误,但是通过保持思想开放、仔细倾听,我对文化能力的追求每天都在继续着。

幼儿教室中文化多样性的范围

根据美国2010年的人口普查,约53%的5岁以下幼儿是白种人/非西班牙裔。47%的5岁以下幼儿为黑人/非裔美国人、美国印第安人/阿拉斯加原住民、亚洲人、夏威夷土著人/太平洋岛民、西班牙裔、两种或两种以上的种族(美国人口普查局,2011)。美国大约20%的学龄孩子在家中说除了英语以外的语言。14%~16%的孩子在家中说西班牙语(Espinosa, 2010; Reyes & Moll, 2006)。所以正如作为一名幼教专业人士的你,会与来自不同文化背景的孩子相处,而这些孩子的背景又与你自己的背景不同。由于地理接近、接纳难民、移民工作等,一些社区有大量的来自特定国家的移民。如果你工作在一个与你的文化不同的,且有着主要文化群体的社区,对你来说非常重要的是,学习占主导地位的移民群体的独特文化主题。

美国被称作**熔炉**,暗示了这片土地上的原住民和移民到这的所有人,融合或最终融合成相对同质的煲汤。熔炉象征着同化或集成的观念,移民寻求并适应他们到达这片土地的价值观、信仰、语言和习俗。美国也被称作**沙拉**,表明了各种不同的人保持他们独特的国家或文化风俗。沙拉象征着一种移民者保留他们祖国特征的观念。我们项目中孩子的家庭,在同化和保留之间的统一体随处可见。我们必须小心不要假设任何统一体上的个体或家庭。

> **反思自我……**
>
> 思考你的文化背景：
> ◎你来自哪个民族或国家？
> ◎在什么情况下，你的家庭（或者你自己）来到这个国家？
> ◎如果你知道其他人来自你原来的地方，在信仰和实践上，你与他们有哪些相似和不同？
> ◎你的性别是如何影响你的经历、想法和感受的？
> ◎你的性取向是如何影响你的？
> ◎你的宗教信仰影响了你的决定和实践吗？
> ◎这些宗教影响是怎么与你的朋友、同事或学生不同的？
> ◎你从一个国家的地区迁移到另一个地区过吗，如从南部到中西部或从东部沿海到西部？
> ◎如果有，你注意过人们行为方式的不同吗？
> ◎如果没有，来自其他地区的人们是如何表现的，你有先入为主的想法吗？
>
> 回答这些和相关问题，对理解你的文化在当前互动和活动中扮演的角色是重要的步骤。

在《美国的变脸》（The Changing Face of the United States）中，马斯基诺（Maschinot）提出了七个概念来帮助我们理解在人口日益多样化的背景下与孩子和家庭相处的文化（Maschinot，2008）。马斯基诺的想法经过稍微修改描述如下：

1. **文化是复杂的网络，而不是描述性的列表**：文化敏感性是指一个人愿意真诚地了解另一类人的信仰，而非仅仅掌握与他人所在群体的特点及习俗相关的背景性知识。

2. **文化脚本的概念帮助我们定义文化**：文化脚本（cultural scripts）是**形成一个人看待这个世界、思考和行为的方式的元素组合**。义化脚本通常指导我们如何解决问题和面对挑战，包括我们与孩子和家庭的工作。

3. **文化脚本是行为的强大动机，即使人们并没有意识到他们拥有这些**：由于我们的文化经常在我们的意识之外，所以我们可能表现出"仅仅因为这事就应该这么做"的这些特定方式。

4. **我们极少质疑我们自己的文化脚本**：我们自己的世界观，对我们来说，是一个不可否认的现实；同时，与我们工作的人体验着**他们自己的世界观，这也是一个普遍的**

现实。两种世界观之间的差异可能并经常造成紧张。如果你是主流文化的一部分，你可能很难克服你的认知，即与其他人的世界观相比，你的世界观是现实，更为准确。这种认知在主流文化社区中通常是不可动摇的。

5. **文化是动态的**：个人运用一些文化模型来回应既定的环境，如本章前面所提到的，你反省自身的文化。

6. **文化和种族是两种不同的东西**：这里，**种族（ethnicity）**指家族原来所在的国家。这是一个重要的文化变量，但你还有许多其他的能够影响你的信仰和实践的文化变量。

7. **了解你自己的文化脚本以及确定与你接触的家庭的文化脚本，是理解文化概念的先决条件**：因为文化脚本通常处于意识水平之下，所以我们必须尝试敏感、开放和无偏见地去学习与我们接触的家庭在文化驱动下的信仰和实践。

引用于 Maschinot, B.（2008）. The Changing Face of the United States: The Influence of Culture on Early Child Development. Washington, DC: ZERO TO THREE.

文化塑造行为、预期和实践

在每天与幼儿的互动中，我们必须意识到孩子和家庭受文化影响的行为模式、预期和实践与我们不同。下面的场景能够例证潜在文化驱动的不同：

> 四岁的简腾在爸爸的怀抱中来到幼儿园，开始了第一天的生活。辛格先生询问了午餐常规，这样他能够确保来幼儿园喂他儿子。

> 塞西莉亚坚持让14个月的杰奎琳进行如厕训练。所有的成人需要做的是抓举着婴儿，这样是为了让她感受身体的信号，即该到上厕所的时间了。

> 沃利·米勒的家人不庆祝假期和生日。当班级庆祝生日的时候，米勒夫妇要求你为沃利做出其他的安排。

在大多数美国早期儿童项目中，四岁的孩子被期望能够独立吃饭，孩子直到两岁左右才开始如厕教育，生日是用来庆祝的。所以，谁是对的，谁又是错的呢？当然，答案是没有。在许多案例中，家庭的文化实践不同于专业的文化实践，这源于潜在价值的差异。辛格先生来自注重培育和亲密而非注重独立的文化背景。塞西莉亚的背景是，身体接触是被高度重视的，孩子经常被抱着举着，这样能促进成人和孩子间的交流。米勒一家人信奉的宗教实践不允许庆祝生日和假日。

珍尼特·冈萨雷斯-米娜（Janet Gonzalez-Mena），在她细致严谨的名为《**早期保教的多样性：尊重差异**》（Diversity in Early Care and Education: Honoring

Differences）的调查中发现，文化差异可能在儿童早期的舞台上就展现出来了，并总结了几个主题。尽管这些概念的提出有时是分类的，有非此即彼的区别，冈萨雷斯-米娜谨慎地指出这些区域的真正差异落在连续统一体的某个地方（Gonzalez-Mena, 2008, pp. 67-68）。她还提醒我们，即使在既定的文化中，个人的家庭在既定变量表达上的方式也可能不同。当我们反思自身以及与我们接触的家庭时，这对我们接下来的章节中要考虑的维度是有用的。

个人主义文化和集体主义文化

研究者区分文化，有的强调个人主义，有的强调集体主义。**个人主义文化（individualistic cultures）鼓励孩子们独立思考，让他们解决自己的问题，促进自我照料的独立性，欢迎他们表达自己的想法和感受。自主性和独立性是被高度重视的。**赞扬成就和肯定孩子的独特性在个人主义文化中很常见（Gonzalez-Mena, 2008; Maschinot, 2008; Pena & Mendez-Perez, 2006）。

在**集体主义文化（collectivist cultures）中，孩子首先被看做是团体中的一员，其个性和自治功能被弱化。目标是相互依存，孩子的独特性主要是使团体受益，而不是孩子自己。**因此，财产共享，像乐于助人、合作、团队精神这些品质都是被高度重视的。孩子们的教学和社会化都是成年人的责任。

世界范围内，美国最具个人主义文化。霍夫斯泰德（Hofstede）调查了53个国家中人们的各种社会话题（Hofstede, 1991）。美国在促进个人主义中出现了最高等级。亚洲和拉丁美洲的国家在相互依存中得分最高（Maschinot, 2008）。鉴于许多移民从相互依存被高度重视的国家向美国涌入，专业人士认为这是必不可少的，他们欣赏这两套价值观，因为能够创造一个使独立和相互依存维持平衡的环境。

许多可利用的优秀出版物都描述了有特定民族、种族或宗教团体特征的文化主题（Espinosa, 2010; Gonzalez-Mena, 2008; Hofstede, 1991; Maschinot, 2008; Reyes & Moll, 2006）。例如，琳达·埃斯皮诺萨（Linda Espinosa）描述了在拉丁美洲、亚裔美国和非裔美国家庭中观察到的独特的价值观、信仰和习俗。就我们的目的而言，文化主题提出了不涉及特定人口的通用框架，因为在个人家庭，甚至在人群中，都存在行为模式的多样性。

班级中的文化差异

在接下来的四个章节中，我们将探索主要的社会和情绪技能领域，这对促进幼儿的茁壮成长是重要的。这些讨论都将受到文化价值观的影响。一些家庭和专业人士可能热切支持提出的一些原则和策略，因为他们嘲笑自己的文化价值观。其他人基于他们的文化背景可能不欢迎这些概念。其目标是建立一种固有价值观之间的平衡，既强调**独立**和自主的个人主义文化，又强调**相互依存**和集体的集体主义文化。所有的美国幼儿将在这两种文化领域中受益，因为美国的原住民和大部分移民来自集体主义文化，但是他们必须在以英美为主的个人主义社会中运转（Maschinot，2008）。既定的早期儿童项目的程度往往倾向于光谱的一端或另一端，这取决于决策者和当地社区的方向。

幼儿教室中个人主义文化和集体主义文化之间的差异存在于无数的日常事件中。例如，准备食物和服务可以促进独立，或者阻碍独立，或者两者都有。你所在项目的孩子是被提供食物，还是为团体准备食物呢——即使在很小的年纪？是用个别化的盘子还是用具有家庭风格的盘子呢？

他们重视独立思考和表达观点的程度，在不同的文化中也是有区别的。你是如何看待这样的孩子们，他们拥有可以对自己生活和活动负责的信仰？这里有三位专业人士在最近的一次探讨会上的不同回应：

> 尤金妮娅："我被小贝拉的傲慢震惊到了！她四岁，你可以想象她是宇宙的女王。'尤金妮娅老师，我不想要这个……我想要粉红色的那个！……我不喜欢今天集体活动的选择，我觉得我们应该玩猜谜语的游戏。'这个小女孩认为她拥有这个地盘。但应该是我告诉她做什么她才需要做什么！我负责！我是她的长者！"

> 麦肯齐："我认为你的贝拉听起来真是令人愉快。她能成为一个非常强大的领袖。她知道她想要什么，懂得如何维护自己获得需求的满足。在每件小事上都需要帮助的小孩反而让我烦扰。他们总是寻求方向，需要跟从其他的孩子。他们似乎不能独立思考，不能做任何事情。"

> 伦贝托："我并不介意孩子彼此之间寻求反馈。这有助于他们明白自己成为集体一份子的预期。我们都在一起，如果孩子在寻求帮助和方向时找到安慰，这就意味着他们想要依附比自己更强大的事物。"

这里的每位老师都在表达偏好或者一种预期，期望与他或她的文化价值观相一致。

没有人是错的,但他们之间非常不同。

像尤金妮娅、麦肯齐和伦贝托老师,你的回答将影响你的预期和互动。

> **反思自我……**
> ◎你认为孩子应该有选择吗,是被鼓励按照自己的偏好进行表达和行动,还是应该适应展示给他们的事物?
> ◎在哪种情况下,他们应该被鼓励独立思考和行动?
> ◎在哪种情况下,他们应该被期望去适应?
> ◎和你一起工作的家庭,有没有他们所鼓励的行为与你的价值观不同的?
> ◎如果有,你是如何处理这些差异的?

文化价值观也可以在外部强化,如表扬和奖励上建立可取或不可取的差异。你应该表扬一个掌握自我照料技能的孩子吗(如能够独立喝水、如厕或者拉上外套)?尽管这类反应的目的是鼓励自主,在一些文化中,表扬只出现在团体成员的合作和协作中。在下面的例子中,贝夫老师使用奖励遇到了三个家庭的不同反应。

贝夫坚持认为促进儿童自尊的发展可以通过逐渐培养其独立做事的自信。她知道每一个孩子都有自己独特的发展时间表,所以贝夫老师制订了个性化的学习计划来协助教室内每一个四岁左右的孩子能力的提升。杰克逊、罗伯特和克洛伊是三个表现较为出色的孩子,他们在面对问题(如制作拼贴画、设计图片书)的时候懂得采用多种步骤的解决方案。贝夫老师决定为他们三个设计一个简单的奖励措施。她懂得隐私的重要性,所以每个孩子都将得分表放在自己的储物柜中,并且在解决问题的能力逐渐提升的过程中赢得相应的小星星作为奖赏。而三个孩子的家长对于这些小星星奖励方式的反应有所不同:

杰克逊的家长对于他每周最多可以赢得十颗星的成绩感到骄傲。他们感到杰克逊的未来充满了希望,期待他能够成为一名成功的企业家或商人。每一个星星都使得他们的儿子进一步接近目标。

罗伯特的父母对此却感到震惊。为什么要给孩子应该做的事情奖励呢?如果成人说孩子应该做什么,并提供机会和资源让他去做,那么孩子就应该按照成人期望的去做。没有必要弄这些愚蠢的星星图表。

克洛伊的父母不明白为什么克洛伊独自完成一件事会得到星星,他们更希望她与同龄人一起合作来解决她的问题。他们认为寻求帮助并与其他人一起工作,可以建立一种集体的感觉,帮助孩子们意识到他们的社会联系比他们自己的需求和成功更重要。

杰克逊、罗伯特和克洛伊这三个孩子家长的反应,正好与上文提到的关于幼儿自主中的麦肯齐、尤金妮娅和伦贝托老师相呼应。很多教师不会想到用星星图表，因为他们跟罗伯特和克洛伊父母的观点一致。相反地，他们可能试着用集体主义的策略来提高解决问题的技能，如寻找一个有着更加娴熟技能的工作伙伴，又或者鼓励孩子观察别人来模仿所需的行为。

一些有关游戏和玩具的问题也与文化相关。例如，如果一个孩子从家里带来一个玩具展示给她的同伴，她是期望让整个团体玩这个玩具，像集体财产一样，还是她有权选择分享与否呢？一些老师用展示和讲述，或者共享的方式，为孩子提供一个站在聚光灯下发展信心的机会。相反地，一些文化会发现这种做法是不受欢迎的，因为过分强调实物和财产是个人主义社会经常能看到的。

> **反思自我……**
> 你认为奖励图表对建立孩子的技能是一种有效且可行的途径吗？
> ◎如果是，指定何种孩子学习的课程能有这样的奖励系统？
> ◎如果不是，你反对什么样的奖励系统？
> 你将如何应对对外部强化（如星星图表）的观点与你不同的家长？

在强调消费的美国，一些早期儿童的生活环境中充满了很多刺激学习的物体。沙盘、拼图、书籍、骑行玩具、堆积玩具、美术用品和乐器，可能较易进行感官接触。将这种环境与那些人本文化的班级进行对比，他们强调人的互动和人际关系高于物质对象。孩子被鼓励看着别人的脸来学习面部表情和其他非语言沟通的涵义。正是通过这种强大的人际关系，让孩子们学习到一生中的重要经验教训。

同样地，你认为环境应该充满明亮的色彩、背景音乐和大量的活动吗？或者应该允许有意义的静止状态，即通过安静的冥想来解决问题（Gonzalez-Mena，2008）。在很多社会中，不被安排的时间和不被安置的空间被认为是可取的，因为开放的时间和空间给孩子们提供了探索的机会，如他们对什么感兴趣，发现自己，并建立他们的自我意义。

> **反思自我……**
> ◎你认为幼儿教室中应该有很多玩具和物体供幼儿选择吗？
> 如果是，你怎样看待这些丰富的玩具和物体使孩子受益？
> 如果不是，你怎样看待在早期儿童教育中孩子可以学习重要的技能？
> ◎应该提供多少玩具和学习材料？
> ◎哪种物体和材料对孩子更有益？

文化的不同还体现在文化通过游戏揭示的学习上。许多在美国和欧洲接受培训的幼教工作者被教导孩子通过游戏学习得最好，然而，这不是普遍被接受的幼儿学习的最佳方式。高风险测试带来的压力导致一些美国幼儿园教师使用工作表和抽认卡来教字母和数字概念。世界范围内，很多早教项目的焦点是为下一阶段的学习做准备，而不是享受当下探索发现的乐趣。例如，据世界知名的教育改革专家肯·罗宾逊（Ken Robinson）先生所说，在日本有越来越多的补习学校，那里的孩子1岁开始便准备著名小学的入学考试。人们相信一个潜在的日本高官的未来很大程度上取决于他或她进入小学一年级的时间（Robinson & Aronica, 2009）。

在美国和其他社会强调入学准备的一个结果是，很多家长开始期待孩子从幼儿园生活起就有具体的工作作品。通过单向镜观察她的孩子所在的教室，一个家长问我为什么孩子们"不是在工作。"她说，"我以为他会在这里学习，而老师却在这里和孩子们瞎搅和。"孩子们用木块组装成手机，从经营繁忙餐厅的同学那里"点了炸玉米饼"，还有菜单、服务员和顾客。这个教室有无数真实的机会让孩子探索，不仅有餐厅里的订单，还有记录科学发现的日志，计算错误类型的方格纸，天气状况和有沙鼠不断增加的体重。当我从孩子们精心设计的故事、个性发展、文档和记录中解释深刻的社会技能、丰富的读写技能和丰富的数学和科学技能时，这位妈妈看起来不太确信。这位妈妈真的希望在她孩子的早期学习经验中有更多的纸笔工作，因为她的文化背景强调可观察到的工作作品。

游戏和交谈应该是孩子主导的还是成人引导的呢？在一些文化中，不提供让孩子们一直玩耍的玩具，而是要帮助成人经营他们的生意。孩子们被期望去学，而不是去做，但可以观察成人（Mistry, 1995）。文化在成人和儿童之间的谈话的性质也是不同的。在美国的学校，教师和学生之间进行反复的对话，成人积极征求孩子的想法、关注点和偏好，这是不寻常的事情。事实上，这是这本书非常强烈推荐的对话形式。已有研究表明，父母的教养方式鼓励与幼儿的这种平等对话的方式，可能会为孩子在正规教育环境的成功做出更好的准备（Mann, Steward, Eggbeer & Norton, 2007）。孩子和成人间相互反复的对话是社会化目标的基本表现，即鼓励自主和探索。这些目标在跨文化中并不是通用的。社会化目标如合作和顺从，往往会引起成人发出更多的指令（Mann, et. al., 2007; Pena & Mendez-Perez, 2006）。

> **反思自我……**
>
> ◎ 从你的文化角度看，你认为成人应该与孩子有着相对平等的对话，这样对孩子的观点和想法给予平等是有效性的吗？
> ◎ 或者你认为成人的角色应该是告知孩子，指导孩子的想法和行为吗？
> ◎ 你相信孩子在与人和物的互动中学习得最好吗？
> ◎ 或者你认为孩子通过观察成人的交流和活动学习得最好？

儿童指导策略的文化差异

儿童如何学习是非？他们应该如何处理复杂的情绪？他们应该如何解决冲突？儿童指导策略往往受文化的影响。例如，在幼儿保教环境中对暂停活动的使用是有争议的，有若干原因，其中有基于文化因素的。在个人主义文化中，暂停活动意味着从团体中分离，这样不受欢迎的行为不会得到关注。这也用来给孩子时间和空间，从团体中分离使自己冷静下来，并思考可取的行为方式（也许应该用"冷静下来"来代替"暂停活动"）。这种方式表明孩子对行为负责，并能做出选择。在一些文化中，孩子没被给予对行为做出选择的信息。此外，从团体中分离对在集体主义为导向、成为团体中的一员被高度重视的家庭中长大的孩子来说，是毁灭性的（Gonzalez-Mena, 2008）。

应该鼓励孩子们在处理冲突和复杂心情时用语言直接表达出来吗？或者应该间接地通过含沙射影和微妙的沟通来处理冲突和情绪？在很多美国早期儿童项目中，情绪调节的方法始于成人的外部支持，目的是使孩子发展一种内化的能控制他或她的行为。但是在一些文化中，集体才是应该控制行为的外在因素（Gonzalez-Mena, 2008, pp. 134-135）。通过这些抚养孩子的相反方式，我们很容易看出冲突在幼儿保教环境中是怎么发生的。

处理文化冲突

在早期儿童项目中，家庭文化有时不可避免地与项目的实践和价值观相冲突。考虑到有多少个文化维度和多少套信仰的存在，我们会惊讶于文化冲突并没有如想象中那么频繁地出现。

有很多种可能途径来解决受文化影响的冲突（Mangione, 1995; Keyser, 2006; Gonzalez-Mena, 2008）。有效的方法应该首先是反思。反思要求我们先反观自己，了解基本的信仰、价值观和潜藏在我们行动背后的原因。然后我们必须思想开明地反映在家庭的观念、信仰和价值观上。它要求我们尊敬地聆听，对他们的关注点、想法和感受不做出任何判断。通常，我们必须观察非语言的沟通，也要考虑家长没有说出来的意思。在很多文化中，直接口头表达观点是不被接受的，所以我们必须调整成更加微妙的表达（如向下看，目光扫过听众，转动肩膀，用第三人称说话，使用隐喻）。在你表达你的观点之前重申你从家长那听到的，是有帮助的。有的家庭可能与你的基本信仰是不共享的，所以你要为分歧做好准备。基于不同的观点，而未必是正确或错误的答案，这样简单构建起来的任何分歧框架都是有用的。试图通过探索你和这些家庭共享的目标来发现共同点。然后，你和这些家庭可以集思广益地去寻找你们都可接受的、能够达到共享目标的策略。最后，一定要确保为后续和进一步的讨论敞开大门。

在这章的前面部分，贝夫老师用星星图表来提高孩子们在分步的问题解决中的技能。罗伯特的家庭对她使用这种奖励系统感到不安。贝夫老师使用下面的方法来解决与罗伯特父母之间受文化影响的冲突。

贝夫老师："林德夫妇，感谢你们今天来与我谈话。我知道你们对我们的星星图表有些顾虑。你们不介意的话，可以与我分享一下你们的想法吗？"

林德先生："罗伯特应该去做他被告知的事情。我们不希望让他觉得他将得到东西仅仅是因为他做了他想做的事情。你是权威人士，如果你告诉他去做某事，他是有义务去做的。"

贝夫老师："你强烈地认为罗伯特应该去做我告诉他的事情，因为我是权威人士，而我奖励了他，给了他不同的信息。你担心奖励会导致他为了得到奖励去做事情，而不是简单地因为他必须做这些。这是你要表达的意思吗？"

林德先生："是的。奖励他是没有必要的。"

贝夫老师："好的，我明白。我的想法是，当他成功地得到一颗小星星，他会更有动力去锻炼技能且感觉良好。"

林德先生："他需要去做告诉他的事情。他有怎样的感受并不重要。"

贝夫老师："对你来说他做被期望的事情是重要的，而他的感受并不重要，是这样的吗？"

林德先生："对的。"

贝夫老师："我想我明白了你的观点。我该如何激励罗伯特去做那些坚持更久更复杂的项目呢？你对此有一些建议吗？"

林德先生："你应该更坚定地告诉他你希望他去做的。"

贝夫老师："好的，我可以这么做。当他完成了一项新技能，我也许会表扬性地轻拍他的后背，或者竖大拇指，我这样做你会觉得舒服吗？"

林德先生："挺好的。"

贝夫老师："如果你愿意，我很乐意在最近几周你方便的时候与你再次见面，看看事情进展如何。"

在这个场景中，贝夫老师以开放的心态仔细聆听林德夫妇的担忧，这里完全由林德先生发话，可能反映了一种由男性负责的文化倾向。虽然贝夫老师在某些案例中仍然重视外部奖励的使用，但她尊重了罗伯特家庭的意愿。她提出了一个无形的社会强化，即轻拍后背和竖大拇指。这个家庭同意了这种妥协和前进。进入冲突解决的对话可能引发焦虑，但是它们在加强你与家庭的关系和防止未来的冲突上，可以帮助你走得更远。

反思自我……

◎你的文化背景倾向于支持集体主义、个人主义，还是两者的结合？

◎在你的合作者、同事和父母中，你遇到过对惩罚的看法与你的不一致的吗？

◎你的惩罚方法强调的基本价值观是什么？

◎你的合作者、同事或父母的惩罚方式强调的价值观又是什么？

◎你怎样接近这个人去讨论冲突并去解决？

总结

当我们支持幼儿的社会性和情绪发展的时候，必须意识到环境需求和文化作用的影响。孩子们生活在家庭、社区和社会环境中，他们像我们其他人一样备受压力和挑战。我们需要包容和灵活地平衡可预测性和一致性，也应该试着平衡新奇和熟悉，平衡结构化的和非结构化的经历，平衡全身运动和安静放松的活动。

我们必须牢记文化无处不在地影响着我们每天的决定。我们应该考虑我们的民族、宗教、性别、代际和其他文化变量的作用。一些文化倾向于个人主义，强调独立和自主，另一些文化则是集体主义的，强调相互依存和集体。大多数人兼具个人主义和集体主义的文化，我们可以帮助孩子们在整个统一体上发展能力。作为教育工作者，我们可能发现，我们文化主导的价值观和实践，和与我们一起共事的家庭的价值观和实践不相容。在这种时候，反思我们自己的文化价值观，以开放的心态接受这些家庭的想法和实践背后隐藏的文化价值观是有帮助的。通过这种反思过程，可以提高我们的重要工作的有效性。

 回顾和应用

1. 描述环境和文化影响孩子行为的预期、幼儿保教的优先权和指导方法的途径。

2. 你项目中的一位新报到的孩子的父母向你表达，她对在教室中看到的（奖励）图表和游戏时间感到不舒服。

a. 你会采取哪些步骤来更好地理解她担忧的原因？

b. 运用本章提到的关于预期和方法中文化差异的概念，你将如何回应这种父母的担忧？

 本部分小结：指导原则

在幼儿保教中促进社会性和情绪的发展，可以说是幼教专业人士最重要的责任。这个任务并不简单，需要反思和考虑几个基本指导原则。这个过程应该是基于关系的，要求专业人士把重点放在与孩子和父母之间建立一种温暖、相互尊重的关系。这个过程也必须个性化地配合每个孩子独特的需求、偏好、技能和挑战。此外，这个过程必须识别并适应孩子们的发展差异和每个孩子的发展变化。专业人士也必须认识到情境变量在孩子的社会与情绪功能和发展中的重要性。最后，这个过程必须欣赏孩子和家庭的独特文化。

第三部分
Part 3

建立情绪能力

第一部分聚焦于促进社会性和情绪发展的重要性，描述了平行和反思性过程，并探讨了我们自身的特质，这些特质会对身为早教工作者的我们的教学实践产生影响。第二部分考查了早教工作者在支持幼儿社会性和情绪发展时必须始终牢记的五项指导原则。在第三部分，我们要考虑的是儿童在成长与发展过程中所需要掌握的基本情绪能力。

长久以来，自我监控和自主性都是与学业成就和个人成功紧密联系的重要品质。这些个人能力素养在儿童成长和学习的过程中相互作用、彼此滋养。每项技能都有着复杂的发展路径，而这些技能的发展同时还取决于儿童的内在天性以及外界环境中的支持性要素。

"有时会有条喷火的龙从我体内跑出来,它把一切搞得一团糟,可是我没办法把它赶回洞里。"

——戴尔,5岁

第六章 Chapter 6
支持自我监控技能

阅读完本章后,你应该能够:

◎定义自我监控并描述其组成部分。

◎解释感觉加工对儿童外在行为的影响。

◎识别由注意监控困难所引发的行为。

◎阐释提高儿童的情绪意识、情绪管理和情绪表达技能如何能够引发儿童更好的身心机能和外显行为。

◎描述由气质、脑发育和依恋关系的不同所导致的自我监控能力发展的个体差异。

◎鉴别能在班级中促进自我监控的实践方法与策略。

在1968~1974年间，沃尔特·米歇尔（Walter Mischel）和他的同事们在斯坦福大学做了一系列研究。在研究中，他们用美味的棉花糖诱惑653名学前儿童。每名儿童被告知他可以立刻在研究者面前享用一颗棉花糖，或者等研究者离开并再次回到房间后得到两颗棉花糖。美食当前，孩子们坐立难安。为了获得更大的奖励，他们得努力抵御诱惑长达15分钟之久。有些孩子难以抵挡诱惑，他们对棉花糖或舔或咬，有的甚至直接将棉花糖吃干抹尽。其他孩子则能做到延迟满足，并在十几分钟后获得双倍的奖品（Mischel, Ebbesen, & Zeiss, 1972; Mischel, 1996）。

十年后，研究者在后续研究中发现，那些学前儿童的等待时长与其成为青少年后形成的学业能力和社交能力存在相关。研究结果显示，与不能等待的学前儿童相比，那些成功做到延迟满足以获得更大奖赏的学前儿童在成为青少年后口头表达技能更佳，做事也更加理性和专注，并能更好地处理挫折和压力（Mischel, Shoda, & Peake, 1988; Mischel, 1996）。那些能想出等待策略的学前儿童在成为青少年后往往具备明显更高水平的认知、自我监控和应对能力，以及更高的学术能力评估测试（SAT）成绩（Shoda, Mischel, & Peake, 1990）。

斯坦福的棉花糖实验有力地证实了自我监控的重要性，自我监控能预测随着儿童成长而形成的社会成就和学业成就。延迟满足的能力是自我监控的组成要素之一。那么，自我监控到底是什么呢？

一、自我监控的概念

自我监控（self-regulation）是监督和管理一个人的思维、注意、感觉和行为以实现目标的能力（Thompson, 2009）。自我监控的发展使儿童越来越有能力控制身体机能、管理强烈的情绪并保持专注力（Shonkoff & Phillips, 2000）。自我监控的例子有很多，比如一个心烦的孩子使自己平静下来，孩子们轮流玩受欢迎的玩具，一个充满活力的孩子从操场返回后安静地坐下来阅读等。狭义上，自我监控是人们控制其功能和内部状态的诸多过程。广义上，"自我监控是个体由其行为受动物本能支配的原始状态向文明人状态转化过程中的根本要素"（Vohs & Baumeister, 2004）。

自我监控不等同于自我控制。对于具有某种特定气质类型的孩子来说，对冲动与情绪的控制显得更为困难。为了实现自我监控，情绪激动或者高度活跃的儿童必须比性情稳健的同龄人付出更多努力。但是有些儿童却又表现出对冲动与情绪的过分控制。那些害羞或者沉默的儿童因气质或者早期经验的限制而很少体验新事物，他们可能不愿意通过探索进行学习。由于这种行为不具备破坏性，所以这种儿童很容易遭到忽视。另外，儿童可能会对变化或者不熟悉的人和情境表现出强烈的恐惧。那么，满足这些儿童自我监控的需要就显得尤为重要。研究表明，害羞且自控能力高的学步儿比同龄人表现出更多的社交退缩性行为和更少的社交能力。而那些高自控且性情活跃的儿童则被认为更具社交能力。据此，研究者推断，良好的自我监控意味着清楚何时施加控制以及何时放松（Tarullo, Obradovic, & Gunnar, 2009）。

儿童是通过什么来进行自我监控的呢？科学家描述了自我监控发展所必需的一系列复杂而相互关联的执行功能。**执行功能**（executive functions）是指**适应的和目标导向的行为所必需的，对基本的感觉、注意、情绪和行为过程施加控制的高阶认知活动**（Raaijmakers, et al., 2008）。执行功能包括反应抑制、注意控制、计划、思维变通和问题解决。这些过程涉及整个大脑功能的集成，但主要发生在一片到成年早期才发育完全的脑区——前额皮质。

本章将聚焦于自我监控的组成部分、自我监控的发展过程以及各组成部分对其发展产生的影响。通过自我反思以及讨论有针对性的策略，我们将探究如何促进儿童执行功能的发展，这对自我监控来说至关重要。

二、自我监控的组成部分

感觉监控、注意监控、情绪监控和行为监控是健康发展所必需的自我监控四大要素。

感觉监控

感觉监控（sensory regulation）是指**接收、调节和组织感觉参与手头任务的能力**（Williamson & Anzalone, 2001）。婴儿所知道的一切都是通过他们的七个感官接收到的（见表6-1）。他们看到的图像、听到的声音、对物体的感觉和身体的运动结合起来共同创造出一幅感官体验的拼贴画。婴儿把这些感觉信息纳入到他们理解世界的原始体系中。随着年龄的增长，儿童发展出能同时处理来自于感官环境和心理结构的、日益复杂的信息处理能力。就这点而言，当我们观察一名儿童的外显行为时，我们正在见证他感觉加工的实效。为了理解其行为，考虑早先我们在有关气质的讨论中所涉及的**敏感性**和**反应性**是非常有帮助的（Williamson & Anzalone, 2001）。

一整天，我们都受到眼睛看到的东西、耳朵听到的东西以及其他感觉输入的轰炸。**敏感性**（sensitivity）是指**一个人接收和处理感觉输入的能力**。怎样的感觉刺激强度是恰到好处的？怎样的强度又是超负荷的？我们在多大的刺激强度下最为安心？多大的刺激强度又会使我们难以忍受？

表6-1 七种感觉

	感觉	感觉器官	体验	实例
外部感觉	听觉	耳朵	听	当凯尔听到他最喜欢的歌时,他感觉放松
	视觉	眼睛	看	辛迪不喜欢黑暗
	触觉	皮肤	触	马利无法忍受令人发痒的衣物
	嗅觉	鼻子	闻	强烈的气味令卡心烦
	味觉	舌头	尝	罗宾喜欢吃刺激性食物
内部感觉	前庭觉	内耳	平衡,与重力关联的身体,均衡	鲍比喜欢旋转的感觉,旋转后他还会尝试走动
	本体觉	肌肉和关节	运动,身体空间方位,运动速率和时间	在上自动扶梯时,贝利一时没踩稳,险些摔倒

资料来源:摘自 Williamson, G., & Anzalone, M. (2001). Sensory Integration and Self-Regulation in Infants and Toddlers: Helping very young children interact with their environment. Washington, DC, USA: ZERO TO THREE: National Center for Infants, Toddlers, and Families.

感觉阈限(sensory threshold)是指**个体在某个时刻所能觉察到感觉刺激的最小临界值**(Williamson & Anzalone, 2001)。音乐要放多大声,你才能听清楚?房间要多明亮,你才能看清楚一张照片上的细节?如果你需要的音乐音量比你的朋友还要高,那么就说明你具有高感觉阈限和低敏感性的听觉模式。你所照顾的儿童也会在感觉水平上表现出差异。当你设定预期以及与儿童进行互动时,你有必要认识到这种差异性,就如在接下来的三个例子中所看到的:

杰克逊的听力正常,但是你喊了三次他的名字,他才慢慢地转过头来看着你。在一次艺术活动中,杰克逊脸上沾到的胶水比他的纸上还要多,但是他似乎没有注意到这件事。在人来人往的操场上,一个孩子无意中撞到了杰克逊,但这似乎没有惊扰到杰克逊。杰克逊在触觉、听觉和本体觉上的感觉阈限较高或者说其敏感性较低。

与杰克逊不同,当玛茜进入拥挤的大游戏室时,她倚靠着你并用双手捂住耳朵、小声呜咽道:"太吵了。"游戏室里,孩子们有的在抛球,有的骑着脚踏三轮车在玩恐龙追逐丛林动物的游戏。玛茜则将她的头埋在你的膝上,因为她对听觉刺激非常敏感。

与杰克逊和玛茜相反,杰瑞德喜欢荡秋千,越高越好。他跳下秋千并在空中旋转,他转啊转啊直到头晕跌坐在地上为止。整个过程中,他一直在笑。因为杰瑞德前庭觉和本体觉的感觉阈限较高，所以他要寻求越来越多的刺激以使自己获得满足。

反应性（reactivity）**是指一个人对感觉输入做出反应的水平**。它是指个体在面对刺激时会做什么来回应。孩子对刺激的回应方式千差万别。当刺激超过低反应性儿童的舒适水平时，他可能会蜷缩在角落里，把自己带入白日梦中与外界隔绝，或者直接进入梦乡；但若是高反应性的儿童面对同样的情况，他可能会咬、打、尖叫、哭泣或者跑出房间。像玛茜（前面提到的）一样的儿童，以退为进，他们也许会安静地闭上眼睛或者转头。其他像下面例子中所提到的戴尔一样敏感的儿童，他们的反应则非常强烈或者会表现出夸张的动作：

> 每天早上10：15，戴尔就会开始抱怨。他知道10：20的时候，他们班要去大游戏室。在那里，其他孩子尽情地奔跑、攀爬、喊叫、扔球和扮演怪兽。但这些没一样是戴尔想干的。当你终于哄着戴尔走过大厅、进入游戏室后，他对离他太近的同学又是打又是推，并试图跑出游戏室。戴尔就属于高敏感性和高反应性的儿童。

如上文提到过的杰瑞德，一些拥有高感觉阈限的儿童寻求刺激只是为了达到舒适水平。他们爬上柜台、戳小朋友、摇摆扭动身体、发出噪声或者喋喋不休。这种寻求感觉舒适的行为可能在任何一种或者七种感觉系统中都表现得很明显。下面这个真实的故事讲述了一对姐弟在其敏感性与反应性方面所表现出的显著差异：

> 卡利尼是四岁的莫莉和两岁的大卫的母亲，她对她的孩子进行了如下描述："莫莉最喜欢真空吸尘器的声音，尤其是当她可以握着振动的手柄时。她喜欢穿灯芯绒布料做的衣服、吃辣椒酱和在我膝盖上玩骑马的游戏。在她还是婴儿时，她从爬行到跑步、攀登，没一刻是闲着的。相反，大卫在我们开风扇的时候躲在衣橱里。他只吃表面光滑的意大利细面条，他从不吃任何会发出声响或者表面粗糙的食物。他拒绝靠近秋千。任何新的或者稍有不同的事物都能使他发狂。"卡利尼对其两个孩子在敏感性和反应性上存在的差异感到困惑。莫莉需要大量的感觉刺激以使自己感到舒服，因此她设法从各种不同的地方寻找刺激。而大卫则容易遭受过度的刺激并胆怯地从感觉刺激中退出。

莫莉具有较高的感觉阈限，因此，她更愿意在活动中寻求更多的刺激。大卫具有很低的感觉阈限，这意味着他的敏感性很高，为此，他采用了感觉回避策略。

有效的**感觉加工**（sensory processing）需要**一种统和源于身体内部及外界环境的不同感觉刺激并以恰当的方式使用的能力**（Ayres，1979）。当我们试图了解儿童挑战性行为的根源时，我们可以从他们的敏感性、反应性及感觉加工的有效性三个方面收集到大量的信息。

幼儿通常不能自由选择与他们的敏感性和反应性水平相适应的场景和活动，而他们生活中的成人（比如父母和教师）却往往决定了幼儿所处的环境和所进行的活动。当我们了解了每个孩子的感觉加工属性时，我们就能以提升其感觉加工效能的方式调整他们的经验。这种经验调整包括为高度敏感性的儿童提供安静的空间和休整的时间，以及为低敏感性的儿童创造感觉刺激和大肌肉运动的机会。我们可以引导高反应性儿童寻找有效途径以应对感官的超负荷。

敏感性和反应性的多样性解释了在游乐场之所以有些人喜欢坐和缓、可预期的旋转木马，而其他人更喜欢坐过山车的原因。作为成年人，我们的兴趣、爱好和职业选择通常受到我们自身敏感性和反应性的影响。蹦极跳选手、越野赛车手、消防员和电视录像制作人或许具有很高的感觉阈限（低敏感性）和很高的反应性，具有寻求刺激的特质。而另外一些人更倾向于选择柔和的活动和诸如图书管理员或记账员这种职业，这可能反映出他们具有较高的敏感性和较低的反应性。你已经选择教导幼儿，所以请始终牢记，你的敏感性和反应性同样会影响你对待儿童和与其互动的方式。

反思自我……

为了更好地理解儿童的感觉监控，我们需要反思自己的感觉经验：
◎你的敏感性和反应性如何？
　◎你喜欢轻柔的还是喧闹的音乐？
　◎你喜欢昏暗的还是明亮的灯光，亦或是闪光灯？
　◎你喜欢清淡的还是辛辣的食物？
　◎你喜欢羊毛还是棉织物的手感？
◎当感觉超过你的舒适水平，你的反应水平是高（你想要大喊或是跑出房间）还是低（你尽量避免刺激以获得安宁或暂时的隔绝）？

注意监控

注意（attention）是一个通用术语，它是指**一个人的警觉水平和有选择地关注特定感觉刺激的能力**。**注意监控**（attention regulation）是**有选择地关注手头的任务、抵抗干扰和维持注意直到完成任务的过程**（Williamson & Anzalone, 2001）。在儿童早期教育阶段，对注意监控的需求日益增多。儿童注意监控技能随着儿童其他领域的发展进步而逐步形成。

出生时，婴儿就能注意选择刺激。研究显示，婴儿天生倾向于看人脸，实际上，他们很早就显示出对母亲音容笑貌的偏爱（Walton, Armstrong, & Bower,

1998）。婴儿的注意也会受到新奇事物的吸引，这是一种显然与学习有关联的倾向。婴儿是如何学习的，以及如何测量婴儿的兴趣，请参见下面方框中的内容。

测量婴儿的学习与兴趣

发展学家利用婴儿偏爱新奇事物的特点来研究婴儿的学习情况。这种方法包括一种名为习惯化或去习惯化的偏向性测查技术（Kaplan & Wemer, 1986）。在一个**习惯化或去习惯化的程序**（habituation/dishabituation procedure）中，研究者向婴儿呈现一个物体并观察婴儿关注的焦点和若干反映生理机能的数值（心率、脑电波等）。当婴儿将视线从物体身上移开时，就产生了习惯化，这是因为婴儿已经熟悉刺激而对它不再感兴趣。当呈现第二件物体时，去习惯化就发生了，因为此时婴儿正看着物体并发生相应的生理激活（心率和大脑活动增加）。例如，研究者向婴儿出示一张小狗的图片。起初，婴儿专注地看着小狗，并且心率和大脑活动都增加了。在重复观察小狗后，婴儿移开了视线，并且生理反应减弱，这表明习惯化已经发生。研究者推测小狗因不再是新异刺激而对婴儿来说变得不再有趣。当一个不同的形象出现在婴儿面前时，比如一张小猫的图片，他将会再次看向图片，并且引发生理激活或者去习惯化。通过这种范式，我们能够弄清什么是婴儿所发现的值得关注的事物。这一过程意义深远，因为婴儿在此表现出根据其需要（人类共性）和兴趣（新奇）监控注意的能力。

注意监控发展的一个重要里程碑是**共同注意**（joint attention）——**由两个或两个以上的个体同时发起的对一个共同对象或者目标的注意**（Grossberg & Vladusich, 2010）。当你在一名婴儿或者学步儿身边坐下并热情地指向一个对象，就好像在说"看看这个！"时，大多数的婴儿都会看向你所指的对象，这就是共同注意在起作用。共同注意对发展的许多方面都很重要，这其中就包括心理理论的发展。**心理理论**（theory of mind）**是基于对他人心理状态的理解而产生的对他人知识、信念与行为进行描述、解释及预测的一组信念**（Boyd & Bee, 2010）。心理理论一直与认知、社会性和情绪领域的能力相关联（Carlson, Moses, & Claxton, 2004; Van Hecke, et. al., 2007）。研究发现，自闭症儿童在婴儿期的共同注意和学前期的心理理论上都存在缺陷（Toth, Munson, Meltzoff, & Dawson, 2006; Baron-Cohen, 2001）。

在学步儿试图掌握语言、认知、自理和社会性发展等方面的重要任务的同时，他们对注意监控的需要也随之增加。在第二至第三年间，当儿童意识到物体和行动可以由文字代表时，他们将关注物体和相应文字之间的联系。这时，一个文字命名的大爆炸时代就此开始。通过与更有经验的语言使用者进行互动，学步儿注意到可以将词汇进行组合来表达完整的想法，并学习使用社会所认可的句型结构进行语言表达。

学步儿的注意需求也同认知发展的其他方面相关联。新形成的叙事记忆、符号加工和时序推理都是认知技能，它们能使3岁以下的儿童回想和叙述过去发生的事情并创造出简单的戏剧故事。刚开始形成的空间-数学技能使他们能够搭积木、嵌套物体、按形状分类和拼拼图。学习类似如厕、穿衣和洗漱的自理任务，有助于幼儿形成自我意识和能力意识。埃里克·埃里克森（Erik Erikson）称此阶段为"自主性对抗羞愧和怀疑"，在这一阶段中，成功掌握上文中所提到的认知、个体与社会性方面的技能是确保儿童健康心理发展的关键（Erikson, 1993）。由此可见，在这样一个忙碌又充实的阶段中，这些任务将成为儿童注意的焦点。虽然新颖性一直是吸引注意的"磁石"，但是儿童越来越能保持专注力并坚持从事他们感兴趣的活动，并建立他们的自主性。

对于三岁以下的儿童来说，让他们在故事时间或圆圈时间一直静坐并集中注意是件非常困难的事。这种有组织的集体时间为儿童提供了重要的机会，使他们能够学习如何成为具有共同目标的团体的一份子。但是，重要的是，请记住在集体中静坐和专注于单一任务是违背年幼儿童天性的，因为他们更愿意不停地活动。一般来说，几分钟的圆圈时间对于不足三岁的幼儿来说也是相当漫长的。

学前班（preschool, 3~5岁）和幼儿园（kindergarten, 5~6岁）的任务需要越来越长时间的注意力维持。成人期望这一年龄段的儿童能参加多种项目，一些项目会持续数天（如研究植物的生长）。他们的游戏需要他们对任务的相关方面投入更集中、更有针对性的注意。在接下来的案例中，我们可以看到四岁的格雷戈尔在玩捡棒子游戏的时候遭遇了选择性注意的挑战：

> 二十根五颜六色的小棒堆叠在一起。格雷戈尔、梅根和利亚姆在捡每根小棒的时候都希望不会碰到其他的小棒。当利亚姆触动一根占据有利地形的红棒时，格雷戈尔感到沮丧。尽管那些红棒被摆放在比较难取得的地方，但是他想要成为第一个捡起红棒的人。他一直在关注与任务无关的方面——小棒的颜色。在轮到梅根捡棒时，格雷戈尔捡起装小棒的筒子并假装自己是一名佩戴潜望镜的海盗。他在房间里走来走去并向他的同学大喊："呜啊，伙计"，这使他错过了下一轮捡棒游戏。

> 格雷戈尔在安静的阅读时间也很难不分心。他捡起一本破烂的百科全书，并把一条已经松动的装订线拉了出来，这使得装订处与书页分离。在去拿胶布的半途中，他停下来欣赏早晨刚做好的、现在还放在架子上风干的艺术作品。然后，他想起自己做的蓝色火花，于是他从他的艺术盒里找出了蓝色火花并向老师展示他的作品。在他的艺术盒里，他看到了他的新剪刀……

在学前班阶段，格雷戈尔的困难并不少见。但随着学校要求的日益严苛，这一问题正在逐渐减少。像格雷戈尔这样的儿童通常需要努力集中注意力并将其保持在与任务相关的方面。

作为成人，我们在面对干扰时所具备的保持和集中注意力的能力也各有不同。在任何给定的时间，可能有几项任务同时在争夺我们的注意力，尤其是在儿童早教机构工作时，这一现象则更为明显。每一个孩子都会对我们有所需求，同时我们还有计划表需要遵循，有文书工作需要完成，有课程需要规划。而当我们在做这一切的时候，我们还可能同时在考虑自己家庭的需要。

我们能长时间地专注于任何任务直到完成它为止，这可真是个奇迹。但也并非总是如此。多年以来，大多数人没能给予重要的任务以合适的注意水平，从而导致了诸如透支的存款户头、较低的分数和错过的约会等后果。要记住的重要的一点是，注意监控是一种技能，一些人比其他人更难掌握这种本领。作为早教专业人士，我们能体会到那些挑战所带来的困难，因此我们必须耐心培养儿童的注意监控技能。

情绪监控

每天，我们都能听到一些人因嫉妒或遭拒而施暴的新闻报道。我们时常会看到因交通堵塞而暴怒的司机，以及心情沮丧的顾客的喋喋不休。尽管每个人都在努力使自己成为快乐的人，但是有时却不得不忍受失望、痛苦、悲伤和绝望。以有效的或者至少是无害的方式处理负面情绪是具有挑战性的。**情绪监控**（emotional regulation）是指一**个人抑制、增强、维持和调节情绪唤醒以达成自己目标的能力**（Eisenberg, et al., 1997）。研究显示，情绪监控具有多达八项的基本情绪技能：

◎能意识到自己的情绪状态

◎能识别他人情绪

◎能使用情绪性词汇

◎能移情和同情

◎能区分内部感受和外在表现

◎能采用自我监控策略进行适应性处理

◎能意识到情绪在人际关系中所发挥的作用

◎情绪自我效能感，或者说个体有能力应对情绪问题的感觉（Saarni, 1999）

这些情绪监控技能往往集中在三个方面：情绪意识、情绪管理和情绪表达。每种技能都是情绪监控能力中所不可或缺的成分，并且伴随着我们的成熟而表现出更大的复杂性与个体差异性。例如,学步儿对其情绪状态和相关情绪性词汇的认识通常始于"高兴的""难过的""生气的"和"害怕的"等词(用一种更有意思的方法来说就是"喜、怒、悲、惧")。随着生活经验日渐丰富,儿童会发现那些情绪的各种变体。高兴可以是傻乎乎的、愉快的或是激动的。难过可以是失望的、受伤的、遭拒的、羞愧的或是孤独的。生气可以包括受挫的、嫉妒的、受辱的、烦闷的和恼怒的。最后,害怕可以包括焦虑的、紧张的、受惊的和恐惧的。三岁的儿童就已经开始意识到情绪的差异以及形容这些情绪的词汇的差异,因此成人在儿童与复杂情绪做斗争时提供这些词汇是很有必要的。在下面所说的这个班级里,四岁的儿童获得了识别和交流丰富情绪的工具:

> 达拉老师跪坐在泪流满面的曼蒂身旁,询问她为什么要哭泣。
>
> 曼蒂:"塔拉说她不是我的朋友,因为她是娄娜和劳拉的朋友。"
>
> 达拉老师:"听起来像是你感到受冷落了。"
>
> 曼蒂:"没人愿意和我玩。"
>
> 达拉老师:"我猜这使你感到孤独。"
>
> 曼蒂:"她说我不能去参加她的生日派对。"
>
> 达拉老师:"你对此感到失望,对吗?"

> 理查德将他的拼图扔在地上并使劲地跺脚。
>
> 理查德:"我不可能完成它!我讨厌拼图!"
>
> 达拉老师:"理查德,那是个很难的拼图游戏。你似乎对此感到沮丧!"
>
> 理查德:"拼图是愚蠢的游戏。"
>
> 达拉老师:"当我们没能正确完成它时,有时我们会想要放弃。当我们感到气馁时,就很难继续努力。"

达拉老师使用了一种反思性方法——通过她自己在相似感受下可能会使用的词汇帮助孩子与其自身的情绪建立联系。在达拉老师的班级里,在她长期的示范下,孩子们逐渐学会了识别自己和他人的情绪。

对复杂情绪的管理涉及生理和认知策略的使用,这些策略随着大脑的发育而日见成效。情绪在中脑的边缘系统区域接受加工,并且还包含来自交感神经系统的刺激。**交感神经系统(sympathetic nervous system,SNS)是自主神经系统的一部分,它能在压力之下调动身体的资源。交感神经系统支配着战斗或者逃跑反应,并以心率增加、**

心脏收缩加强、瞳孔扩张、消化液分泌减少和其他生理变化为特征（Silverthorn, Garrison, Silverthorn, & Johnson, 2009）。在人类进化早期，交感神经系统使我们能从危险的生物身旁逃开或者让我们为生存而战。今天，在我们察觉到威胁或者接收到高强刺激时，它同样会在促使我们发起行动上发挥重要作用。当我们乱发脾气、焦虑或者是嚎啕大哭时，它就会成为神经系统中异常活跃的一部分。此时，战斗或者逃跑反应就会像电灯开关一样立即开启。

相反，**副交感神经系统**（parasympathetic nervous system, PNS）**能使我们冷静、放松和休息**。在自我监控中，副交感神经系统和交感神经系统正好互为补充。有时，副交感神经系统的活动也可称作**舒张反应**（relaxation response）（Benson & Klipper, 2000），当我们缓慢地深呼吸、放松肌肉、沉思或是想些平静的画面时，它就得以激活。相对于战斗或者逃跑反应的触发开关，副交感神经系统工作起来更像缓慢渐变的变光开关。通过接受儿童的情绪并温柔地鼓励他们做几个深呼吸、收缩拳头、喝一杯水以及从一数到十，我们就能帮助心烦的儿童冷静下来。

为了理解如何帮助一名儿童冷静下来，你可以回想当你感到沮丧、他人尝试安慰你时的情境。在下面的例子中，请想象如果你是简，那么你会有何感受：

> 简一直想成为一所托幼中心的主任。她刚开始是班上的副班老师，后来她经过努力获得了学士学位和忠诚尽责员工的殊荣，成为了主班老师。当弗朗辛主任离开中心后，简承担起越来越复杂的管理任务。当弗朗辛宣布退休时，简和其他员工申请了主任的职位。凭借着她的文凭和工作经历，简知道自己是最佳人选。
>
> 两星期后的周一早上，弗朗辛走进简的班级并向简介绍玛尔塔——刚搬到镇上并被聘为新主任的女人。简感到很震惊。她的心脏砰砰直跳，她的手在发抖，她觉得就快吐出来了。她跑出房间并开始在员工休息室里抽泣。
>
> 另一名教师佩吉听到了简的啜泣声，于是她走进休息室来安慰简。简向佩吉倾诉衷肠并表达了她的失望之情。佩吉回应道："哦，不要为此烦扰。这没什么大不了的。玛尔塔看起来真的不错。因为她有业务经验，所以她的选择符合逻辑。这样的决定听起来也是合理的。"简使出全身气力才克制住自己想要将咖啡杯砸向佩吉的冲动。

当你感到沮丧时，你还尝试用逻辑思维去看待问题吗？逻辑思维的过程依赖于前额皮质的激活，大脑中的这个区域可以帮助我们抑制本能性反应并且基于问题进行推理。简砰砰直跳的心脏和其他身体症状清楚地表明她的交感神经系统得到了激活，这导致她此刻的逻辑能力下降。佩吉的意见使一切变得更糟，她否定了简的情绪、忽视了以上破坏性事件的重要影响。

与佩吉和简类似，有时我们下意识的回应反而会提高儿童情绪唤醒的强度：

> 瑞奇想和其他孩子一起去外面玩，但是他的妈妈忘了给他送靴子和棒球手套。其他几个四岁的孩子也是因同样的原因待在室内。止不住的泪水从瑞奇失望的脸庞滑落。马洛里老师为了给瑞奇打气，就对他说："别哭了，瑞奇，其他日子也可以在外面玩的。瞧，好多孩子都待在屋里呢。"

虽然马洛里老师试图为瑞奇打气，但是实际上，她正在削减对瑞奇来说极其重要的事情的意义。就像简一样，瑞奇需要听到的是他的感受是正当的。他需要知道马洛里老师同情他的不幸。如果马洛里老师和佩吉能承认瑞奇和简受挫经历的意义和强度，并在此基础上提供另一种观点或解决方案，那么他们的安慰会更有效。

这种情感联结的重要性甚至在婴儿期也是显而易见的。婴儿监控情绪状态的能力主要受抚养者应对情绪状态的水平的影响。发展学家通过冷面范式证明抚养者在情绪监控协调中所发挥的重要作用（Tronick, et al., 1975）。在冷面范式中，母亲与婴儿面对面坐着。在第一阶段中，母亲与婴儿同步、来回地交换目光、微笑和互动。婴儿和母亲就像镜子一样反映着对方的情绪状态。接着，母亲移开目光，然后又返回来看着婴儿，但是这次母亲的脸毫无表情，而且不对婴儿的互动要求做出任何反应。研究发现，当母亲那一方不与儿童进行同步协调时，婴儿会尝试多种策略以引起母亲的注意。在短暂尝试未果之后，就像是放弃了一般，婴儿变得情绪低落，并且表现出越来越多的负面情绪——紧张不安、来回扭动和拒绝对视（Mesman, van IJzendoorn, & Bakermans-Kranenburg, 2009; Adamson & Frick, 2003）。当母亲再次和婴儿进行同步互动时，婴儿很快就恢复到平静和积极的状态了。

冷面范式提醒我们，自出生起，人们就需要感到情绪上的理解以获得满足感。因此，若希望帮助一个人更好地监控自己的情绪，那么我们首先得使用合适的语言和手势来告诉他们，他们的情绪是合理的、是能够被人理解的。

行为（冲动）监控

早教工作者表示其最常关心的是儿童的外显行为。其中，**挑战性行为（challenging behavior）是具有破坏性的、危险的行为，或是阻碍儿童机能、学习或人际关系发展的行为**。为了应对挑战性行为，一个行业由此产生。如前所述，自我监控需要最优的感觉加工、持续和集中的注意力以及情绪管理。挑战性行为可以由任意或所有这些环节上出现的困难所引发，但是有些技能与行为监控有着特别的关联。

其中的一种技能是**冲动控制（impulse control）——一种抑制在不考虑其他行为

选择或者可能后果的情况下即时行动的倾向的能力**。它是指对做某事的冲动的抑制，停下来思考什么是最合适的或最需要的行为（Thompson，2009）。

冲动可以是生理的、攻击性的或者是言语的，正如在以下场景中所看到的：

> 五岁的盖尔自豪地走进她的小房间，她要去拿易碎的陶瓷玩偶，这只玩偶由盖尔的妈妈小心地放置在一个用于展示和讲故事的装有软垫的盒子里。德兰尼忍不住要去触碰玩偶天鹅绒质地的裙子。德兰尼在冲动的驱使下伸手触碰并感受那柔软的面料，这使得玩偶摔碎在地上。

> 罗比和丹正在用大纸箱建造一座城市。他们俩各自在搭不同的塔楼，可是罗比的塔倒了并撞翻了丹的塔。丹打了罗比，却未考虑其攻击性冲动可能造成的后果或者塔楼倒坍本是罗比无心之失的事实。

> 多恩老师正向一年级的学生解释如何使用新的显微镜。科尔插话说他的哥哥有一架用来观察细菌的显微镜。罗纳德表示他曾因细菌引发了咽喉痛，这引得科尔告诉全班他也曾得过咽喉痛。科尔和罗纳德因为言语冲动扰乱了课堂，但是他们并未考虑后果和他人的需求。

这些行为是儿童表达自己需要的方式，我们可以将其解读为，我们需要为孩子提供更多的支持来帮助他们学习如何控制这些来自于生理的、攻击性的或言语上的冲动。

行为监控方面的一项相关技能是**满足延迟**（delay of gratification）或者称为**延迟满足**（deferred gratification）——**出于对未来结果的考虑而推迟即时满足的能力**（Shoda，Mischel，& Peake，1990）。请回想斯坦福棉花糖实验的四岁儿童，更大奖赏的承诺足以使一些儿童抵御眼前唯一的诱惑物。但是，许多儿童未能成功完成等待的任务，最终屈服于诱惑。延迟满足是掌握许多重要人际交往技能（如分享、协商和让步）所必需的能力。轮流进行的活动和在就餐前等待每个人都得到配餐，这些同样需要延迟满足的能力。一名儿童为了完成工作而推迟有趣活动的行为也是延迟满足的一种表现。米歇尔实验中的幼儿所表现出的延迟满足的技能在很大程度上确保了他们在进入青年期后会有更好的学业及社会性表现。

应当注意的是，自我监控的组成部分不是在孤立状态下发生作用的，而是以复杂的方式相互作用以使儿童能成功地管理内、外部刺激和回应。例如，强大的注意监控似乎能防止具有易怒倾向的儿童在童年中期发展出行为及情绪问题（Kim & Deater-Deckard，2011）。研究发现，作为行为监控重要方面的延迟满足，与处理挫折和压力的情绪监控技能存在显著相关（Shoda，Mischel，& Peake，1990）。类似地，行为抑制性控制往往与心理理论的发展相关（Carlson，Moses，& Claxton，2004）。

三、解释自我监控能力的差异

由于自我监控涉及许多成分,因此不难理解在这一能力发展的过程中个体间存在相当大的差异。这种差异性可以解释为先天因素(如气质和脑成熟度)和经验因素(如早期关系和指导策略)共同影响所致。

气质

研究表明,气质的某些特质在出生前就很明显地表现出来了。非常活跃的胎儿往往会成长为非常活跃的儿童,而且家长和教师极有可能为他们贴上过度活跃的标签(Accardo, et al., 1997)。由于气质这么早就在生命中表现得非常明显,所以我们可以假设它会在一定程度上受到遗传的影响。的确,在考虑我们所照料的儿童的气质时,我们常能在他们父母的一方或双方身上看到相似之处。对我们自己来说也是如此。我们常能在自己父母或孩子身上看到我们自身的特质。下面的故事说明了气质特征的继承对代际间自我监控的影响:

> 四岁的哈雷自从在他母亲肚子里的第六个月起,就一刻也没有闲着,这一点我们从他母亲疲惫的状态上就可以看出。他爱爬上任何东西。在他两岁生日聚会上,他猛地从公园的旋转木马上俯冲下来,摔断了一只胳膊。他不断地说话、抓东西、到处摸,用遥控器将电视的音量调到最大,并且跟着自己的节奏挥舞着四肢。
>
> 哈雷的母亲过去常常做些针线活、写些诗,但是现在却终日以泪洗面。他的父亲既是军队的试飞员,也是摩托车爱好者。哈雷的父亲认为妻子夸大了儿子的问题。哈雷具有高度活跃和高度反应性的气质,他的听觉、前庭觉、本体觉和触觉的阈限都很高。这很可能是继承了他父亲的气质,而他的父亲显然已经找到社会认可的方式表现那些特质:开喷气机和骑摩托车。

哈雷身边的成人可以指导他多参与契合其特质的活动(如体操和足球),并支持他努力在其气质可能产生不良影响的环境中表现良好。尽管我们不能改变一名儿童的先天气质,但是我们能引导他有效地应对环境的要求,并为他表现内在天性提供机会。

脑发育

你可能很难记得你曾经难以集中并保持注意力、控制情绪或冲动以及延迟满足的经历,但这一定发生过。当我们还是婴幼儿的时候,我们有些原始的自我监控技能,但多数情况下还是需要依赖于抚养者帮助我们监控感觉输入、情绪和行为。脑发育始于妊娠第二周并会历经很漫长的过程,对于自我监控能力来说,相应的脑发育要持续到成年期。

理解发育中的脑的一种途径是用我们的手做一个简单的模型。握拳,将你的大拇指插入手掌,把其他手指叠放在大拇指上(Siegel & Hartzell, 2003)。中间两根手指代表你的双眼右后方的区域，手背相当与你的后脑勺。手腕中心代表脊髓顶部。手掌中心代表脑干。**脑干（brainstem）是最先发育起来的脑区，它监控着睡眠-觉醒周期和战斗或逃跑反应**。塞进你手掌的拇指象征着**调节情绪和动机的边缘**（limbic）结构。拇指的顶端代表着**前扣带回**（anterior cingulate），前扣带回**帮助分配注意力并协调我们思维所想的和身体所做的**。

前额皮质（prefrontal cortex）对自我监控来说是一个极为关键的脑区，它对应着你手指前部到指甲的部分（Thompson, 2009; Tarullo, Obradovic, & Gunnar, 2009）。这一重要脑区要等到二十五六岁的成年期才能发育完全，所以也难怪，幼儿（尤其是气质活跃的幼儿）难以控制自己的冲动。该结构中的**眶额**（orbitofrontal）皮质——这个由你中间两个指甲所代表的部分——**几乎连接了所有参与自我监控的重要脑部活动：脑干（觉醒和注意）、边缘系统（情绪和动机）、前额皮质（推理和逻辑）**（Siegel & Hartzell, 2003; Tierney & Nelson, 2009）。

同龄儿童间在大脑发育的成熟度和自我监控的发展程度上存在巨大的变化性，这些变化在整个童年期里都是相当稳定的。表现出良好情绪监控能力的学前儿童很可能成为具有良好情绪监控能力的高中生。但这并不意味着儿童的脑发育过程不受环境影响。排除营养不良或毒素干扰，胎儿在子宫内的脑发育主要受遗传控制，不过，普通人大部分的脑发育是在出生后形成的，它依赖于经验并由基因和环境的交互作用所决定（Tierney & Nelson, 2009）。它也取决于成人的看护是否能确保环境足以支持幼儿大脑的健康发育。

脑发育包含着一个**神经元**（neurons）或**神经细胞**经由**突触**（synapse）即**神经元间的空隙**，与其他神经元建立起联结的过程。当某人成为任意经验的受体，尤其是多次重复发生的经验，突触联系得以建立，学习就发生了。这些经验的性质决定了联结的属性和学习的内容。重复的创伤性或不利性经验使边缘系统得到更大的发展，同时也削弱了参与有效问题解决的前额叶脑区的发展（Perry, 1997; Zeanah, Nelson, Fox, Smyke, Parker, & Koga, 2003）。相反，以安全型依恋关系为典型特征的积极经验能促进负责执行功能的脑区的健康发展，并能将觉醒、注意及情绪进行良性整合（Tierney & Nelson, 2009）。请永远记住，在幼儿脑结构和脑功能发育的过程中，我们所提供的积极经验和消极经验都起着至关重要的作用。

依恋和支持性人际关系

儿童主要依恋关系的质量是其自我监控发展过程中的一个关键变量。婴儿完全依赖于他的父母调节温度、维持舒适度以及避免过度的刺激。当形成安全型依恋时,儿童及其抚养者共同承担对其感觉和情绪状态的监控工作。随着**共同监控(co-regulation)或者共享情绪监控**重复地发生,儿童逐渐能够监控自己的内部状态。但是,当依恋关系尚未建立、不稳定或质量低劣时,儿童自我监控能力的发展就会受到阻碍(Colle & Del Giudice, 2011; Calkins, 2011)。

当儿童的社交圈从抚养者扩展至包括老师和其他人的时候,新增人际关系因素会促进儿童对自我监控能力的掌握。当我们对儿童的需要保持敏感并尽量避免以轻视、批评和惩罚性的方式作出回应时,我们就是在促进儿童自我意识和自我效能的发展。其中,**自我效能(self-efficacy)**是**个体认为自己的行动具有意义并相信自身能影响世界的观念**。同时,家庭和班级的情绪氛围(具有可达到的要求,而且成人与儿童之间会进行关于情绪管理的建设性对话)也有助于儿童自我监控技能的发展(Thompson, 2009)。

四、促进儿童早期自我监控能力发展的实践

如前所述,自我监控能力的发展取决于是否建立起了支持性人际关系。可预见的、安全的一日常规和班级环境能促进自我监控的发展。除了这些基本的方法之外,利用日常经验所提供的机会培养技能也是十分有益的。为幼儿提供帮助其学习自我监控的经验、支持和鼓励是优质保教的一个关键要素(Gillespie & Seibel, 2006)。

创设支持性的教室

虽然新奇和惊喜可以激发儿童的兴趣并使之兴奋,但知道将会发生什么会使个体感到放松与安心。儿童的成长也取决于新颖性和可预见性之间的合理平衡。正是可预见的常规中所固有的确定性使得儿童能够监控自身的内部状态并处理新的经验。以下例子中所描述的四岁幼儿知道该期待什么,所以他们能有效地管理自己的冲动。

安吉真的想要唐尼正在组装的动物地板拼图。她知道自由游戏时间将持续二十多分钟，而且她有自信在唐尼完成后还有充裕的时间玩拼图。

美味的通心粉和奶酪在尤兰达面前冒着热气，但是她等待着。尤兰达知道所有孩子必须首先在餐桌旁坐好并齐声朗诵一首诗，接着再做个深呼吸，然后才能用餐。

对还不具备阅读能力的儿童来说，一张图示日程表是帮助儿童了解日常安排的有效手段。许多商品都能用于制作图示日程表。这很有趣，也需要我们购买更多的物品，然而，若将儿童参与各种活动的样子拍下来，帮助他们创造出属于自己的图示日程表也是不错的选择。

使用具体的材料和具有象征性的符号作为提醒物对促进幼儿的自我监控也是十分有益的。对幼儿来说，管住自己的手脚并非易事。例如，如果孩子们需要在圆圈时间内待在特定的区域，那么可以让他们每人用一张方毯来划定空间界限。为了提醒孩子们排队时站在固定的地方，地板上可以压印或画上脚印或形状。常见的象征性提醒是使用**内部声音**和**外部声音**促进幼儿对自身音量的监控。**放慢脚步**是提醒孩子们在走路时注意监控自己的身体。向孩子们展示把一只手指放在嘴唇上而另一手放在臀部（**唇和臀**），这样就为孩子们创造出一种简单的方法来记住在必要时管好双手并保持安静。

一种有趣的尝试是和孩子一起想象她的肚子里有一个变光开关。当他表现出过高的觉醒、情绪或活动水平时，我们通过逆时针旋转开关的动作提醒他关掉开关。这种变光开关的手势可以用于提醒孩子保持冷静。当然，在高唤醒水平合时宜的时候，他们可以调整开光把光线调亮。

采用有针对性的自我监控活动

自我意识是自我监控最重要的成分之一。通过分享我们对他们内心状态的推论，我们能帮助儿童成为其内心状态的观察者。例如，当你看到儿童间发生冲突时，你可以帮助他们进行协商，并引导他们用语言表述自己以及对方的内心体验。"杰克，你看起来很沮丧，因为萝宾最先到了画架旁。我知道耐心等待比较困难。你能对萝宾说些什么，让她知道你也想用画架吗？"或者"萝宾，我知道你正在享受画架给你带来的快乐，但是请记住，杰克也很想用画架。"通过对其情绪的准确表述，他们可以逐渐认识自己所经历过的各种情绪状态和自己所能用于应对这种情绪变化的管理方法。有意地拓展情绪性词汇，以及在日常的交流中注重对情绪进行监控是非常重要的。

有意识地创造机会，向儿童示范我们自己的应对经验也是十分有用的，就像卡尔老师所做的这样：

> 午餐时间，卡尔老师和四名儿童正在分享故事。特伦顿谈到他在可怕的巨浪里玩的事。卡尔老师接过特伦顿的话茬，开始讲起他小时候在海浪里嬉戏并失足的故事。他解释当时他有多害怕、他有多担心可能回不到岸上。结尾，他描述当他得知其父就在身旁帮忙时，着实松了一口气。

通过分享往事，卡尔老师不仅使孩子们了解到负面情绪是普遍存在的，而且让他们知道这种情绪状态是可以被管理的。

> 当天晚些时候，吉莉安告诉卡尔老师，她要把画画完才会放好蜡笔，尽管当时孩子们正排队去外面，但是卡尔老师跪坐在吉莉安身旁，对她说："我明白画完这张画对你来说很重要，我也希望我们能有更多的时间。但是你看，对小朋友们来说出去玩也很重要。瞧，他们都迫不及待地想要出去，而同时他们也因为等着我们解决问题而变得越来越沮丧。不管怎样，总有人会感到失望。"

卡尔先生分别表达了自己的、吉莉安的以及其他孩子的感受。通过这样的方式，他帮助吉莉安意识到她的行为选择对他人产生的影响，而那可能是吉莉安未曾考虑的。同时，所有孩子都听到了**兴奋的、对你很重要、沮丧的**和**失望的**字眼，这使他们将来更有可能使用那些表达方式去描述自身的情绪。

日常会话也能用于引导儿童学会如何处理负面情绪。孩子们喜欢讲述自己的生活或听别人的故事。当我们参与故事分享时，我们可以指出那些经历中与情绪相关的部分以及故事中的人物是如何处理那些情绪的。

圆圈时间为探索自我监控概念提供了又一个绝佳的机会。教师可以围绕自我监控问题选择特定的书籍或是设计独特的木偶戏，就像卡尔老师在以下例子中所做的一样：

> 马特的母亲告诉卡尔老师："今天真是雪上加霜。我们早上起晚了，马特又找不到他要带去学校的书。光是找书就几乎让我们迟到，所以我们没有时间做他想要的煎饼，他不得不将就着吃麦片粥。然后他听到我和他父亲的争论，他还没和他父亲拥抱我们就离开了。我们来到

学校，可是他的朋友乔希却不在。多糟的一天！"

卡尔老师为故事时间选取了一本绝好的书，这本书是朱迪思·凡尔斯特（Judith Viorst）创作于1972年的《亚历山大和糟糕的、可怕的、没好事的、尽坏事的一天》（Alexander and the Terrible, Horrible, No Good, Very Bad Day）。每次讲到故事中亚历山大遭遇灾难的地方时，他都会停下来，和孩子们交流他们遇到过的类似的经历，以及他们可能会想到的、帮助亚历山大应对其不幸的方案。在讲故事时，马特开始分享他当天所遭遇的倒霉事。同学们的同情与理解帮助他缓解了情绪。

常见的儿童游戏和材料中就有促进儿童自我监控的工具。许多游戏都需要儿童具有注意监控和冲动控制的能力。比如"我是间谍"的游戏非常简单，任何时间、任何地点都可以玩。它需要儿童有选择地在一种属性上集中注意力，比如说颜色、形状或字母并猜测间谍心里头想的是什么。要想在一种视觉注意卡片配对游戏"记忆"中取胜，儿童必须关注其他游戏者的举动，并抵制翻开任意一张牌的冲动。"跟随领袖"游戏需要儿童仔细观察领袖以便精准地模仿他的行为。

诸如"鸭鸭鹅""西蒙说"和"红绿灯"等大肌肉运动的游戏需要倾听、等待和抵制提前做下一个动作的冲动，这些都是为了更好地采取合适的行动。棋类游戏同样有助于发展冲动控制、挫折耐受和情绪监控能力。在一些流行的儿童游戏中，玩家可能在非常接近目标时又回到原点。这些失望的经历确实使一些儿童难以接受，他们需要额外的支持以努力应对这些挫折。随着儿童年龄的增长，像跳棋和国际象棋这样的游戏有助于儿童建立战略性思考和规划技能。

儿童在从休息室返回或有客人来访等情境中很容易恼怒不安，这时，一首耳语歌能降低儿童的生理唤醒水平并为教室带来更多安宁。你可以用此时室内的音量起头唱一首大家熟悉的歌。当孩子们听到自己喜欢的歌时，他们必然会加入进来。然后你告诉孩子们，我们要低声唱下一段，渐渐地，到最后，大家只做口型不发声。这种简单的策略有效地使室内的音量和能量降至一个可控的水平。

你可以教孩子们做深呼吸放松练习。首先让他们平躺，在他们的肚子上放上毛绒玩具，接着请他们深吸一口气并看着动物上升、上升、再上升，然后让他们缓慢地呼气并看着动物渐渐地下沉。另一种令人愉快的方法是交给每名学生一个假想的气球并说："好的，非常安静地，慢慢地，我们要用三大口气将气球吹得尽可能的大。准备好了吗？"在示范三次深深吸气并慢慢将气体吹进气球的同时，你还需要监控并指导儿童的技巧。

将挑战性行为视为促进自我监控的机会

就算尽我们所能，我们也无法帮助孩子与所有痛苦的感受绝缘，诸如超负荷的刺激、被拒绝、沮丧或是失望的感受总是不可避免地发生。同样，我们也不可能阻止儿童的每一个冲动性或攻击性行为，亦或是乱发脾气。而这就是生活。但是当这些事件发生时，为了促进持久、积极的改变，我们必须仔细考虑如何帮助儿童应对。

当我们反思自己作为早教工作者所承担的责任时，我们会发现促进幼儿自我监控能力的发展无疑是其中最重要的。那么，为什么当儿童的行为暗示缺乏自我监控技能时我们常常感到恼火？而我们并不会为尚未发展起来的读写或算术技能感到生气。难道我们只是将这种无法控制情绪的行为表现视为偶然会发生的麻烦问题吗？也许，我们应该以不同的眼光去看待情绪爆发和冲动或攻击性行为。这样的不当行为恰好是教授基本生活技能的机会。这只不过是有关儿童自我监控能力的一条信息。在之前有关个性化指导的章节中就已经引入了这一观点。这里，我们将着眼于以挑战性行为为契机，并以此促进自我监控的发展。

当我们将挑战性行为重新定位成反映一名儿童某一领域发展水平的信息时，我们就开始解决如何最好地促进儿童潜在技能发展的难题。我们首先得承认这个孩子的感受和想法，以此来提高他的自我意识。然后我们可以和他一同探讨其行为选择的后果，这当中也包括对他人的影响。这样的对话能使孩子承认，他人的需求和渴望可能会和他自己的相冲突，这是心理理论的一个重要方面。这种洞察力经常促使三岁以上的儿童去考虑协商与让步。关于选择和后果的对话能帮助三岁以下的儿童建立冲动控制和移情技能，但是这么小的孩子还不具备做出妥协的认知能力。

在支持性的环境下，当儿童表现出导致不当行为的感受、想法或动机时，你就可以把这视为一个需要解决的问题，并对儿童进行引导，正如下面的例子所示：

> 五岁的泰莎从戴尔手中抢走了一块拼图，因为她认为那块拼图很可能与她正在拼的那部分契合。戴尔尖叫着弄乱了泰莎已完成的作品。玛拉老师观察了那混乱的一幕并意识到需要对孩子们的自我监控做些指导。
>
> 泰莎："戴尔弄乱了我的拼图！"
>
> 戴尔："泰莎抢了我的那块拼图！"
>
> 玛拉老师："泰莎，你真的很想要戴尔刚握着的那块拼图完成你的部分。戴尔，当她从你手中拿走拼图时，你有什么感觉？"
>
> 戴尔："我简直疯了！"

玛拉老师："戴尔，你想要泰莎怎么做？"

戴尔："她应该问我要那块拼图。"

玛拉老师："泰莎，你能做到吗？下次你能问他要而不是直接抢吗？"

泰莎："我能。"

玛拉老师："泰莎，当他弄乱你的拼图时，你有什么感觉？"

泰莎："生气和难过，因为那是我辛苦做的。"

玛拉老师："当他决定毁掉你努力的成果时，你很生气和难过。那么你想要他怎么做或怎么说呢？"

泰莎："他可以向我要回那块拼图，没必要搞乱它！"

玛拉老师："戴尔，你感到愤怒是可以的。但是如果你再像这次一样感到很愤怒时，你觉得你能做到泰莎所说的吗？能开口把它要回来吗？"

戴尔："我能。"

在童年早期，类似这样的机会一天内会出现很多次。玛拉老师在了解了孩子们的内心状态后，便引导儿童进行解决问题的反思。她鼓励他们发现可替代的解决方案或行为选择。当我们将问题解决步骤作为独立清晰的决策点来呈现时，儿童开始逐渐意识到他们是自己行为的主人，而不必听凭他们冲动的摆布。问题解决的步骤请参看表6-2。

表6-2 问题解决步骤

问题解决步骤	描述	实例
鉴别问题	将情况确定为有待解决的问题	艾拉想要红球，但是唐先拿到了它
形成解决方案	引导儿童进行头脑风暴，想出可能用来解决问题或实现目标的方法。同时，不要评价解决方案的好与坏	艾拉说："我可以抢；我可以叫唐的名字；我可以请唐在玩完后给我玩；我可以告诉老师……"
预期这些解决方案的潜在后果	在预期目标的导向下评估潜在后果	"如果你抢了它，那么将会发生什么？是的，唐可能会感到沮丧。他会让你拿球吗？不会？如果……那么将会发生什么？"
选择最佳方案	选择最有可能减少不良后果和实现预期目标的方案	"听起来如果在他玩完后向他要会更可取，而且没有人会为此惹上麻烦。"
评价方案实效并调整选择	如果方案不能达到目标，那么回顾其他选择	"结果他说不？你的其他方案是什么？"

情绪监控的另一个重要方面是对触发器的意识。**触发器**（trigger）是**一个能刺激情绪唤起的物体或事件**。触发器可以是内部的，例如有一个想法、感到饿了或是想起了某人刻薄的话语。在前面的例子中，泰莎看到戴尔手中有那么一块拼图，于是她就有了

它会适合的想法，这是一种内部触发器。当然，触发器也可以是外部的，如遭受戏弄、被打或是被拒。对于戴尔来说，泰莎抢走那块拼图就是一个触发器。而对于泰莎来说，戴尔搞乱了她的拼图则是第二个触发器。像玛拉老师那样，我们可以帮助儿童识别他们的触发器。

> **反思自我……**
>
> 我们都有使自己烦恼的事，与我们自身的触发器相协调是有益的。抱怨、发怒和反抗是常能引发教师不良情绪的儿童行为。
> ◎儿童的哪些行为使你泄气或是引发其他负面情绪？
> ◎家长的哪些行为对你来说是触发器？
> ◎是否有工作要求、规定或政策是令你沮丧或厌烦的触发器？
> ◎你采用什么策略处理那些儿童行为、家长行为或者程序性麻烦？
> 有关触发器的自我意识能使我们有意地去处理问题。

有关问题解决的一个概念涉及了反应和回应之间的区别（见本书第一章）。一个**反应**（reaction）是**触发性事件后立即采取的行动**。戴尔的即时反应是弄乱拼图。一个**回应**（response）也是**触发性事件后的行动**，所不同的是**这一行动源自于对可能的选择和潜在的后果的深思熟虑**。在玛拉老师的帮助下，戴尔和泰莎能够想出更有效地解决问题的回应。当提及戴尔的行为时，玛拉老师十分慎重地使用了**决定**一词。**决定**和**选择**是表明一个人能控制他将要做什么来解决问题的词语。当我们考虑自己作为专业人士的行为时，**反应和回应**之间的区别也同样重要。当我们觉察到自己的触发器并意识到我们能选择如何回应而非冲动地反应时，我们会更有目的性。

四岁以下的儿童可能因缺乏相应的认知和语言能力，而无法从这种多级问题解决方法中完全受益。然而，使用诸如**选择、决定和发生**这样的词永远不会嫌早。在指导下，即使很小的孩子也能了解其行为对他人产生的影响，正如我们在下面这个学步儿身上所看到的一样：

> 在杰克把美格咬哭了以后，他的老师说："看看你把美格的胳膊咬成什么样了。她的胳膊都红了。因为她的胳膊受伤了，所以她感到很难过。让我们给美格的胳膊敷些冰块来让她好受些。"

量化情绪

我们还可以帮助儿童理解并非所有愤怒都是一样的。有时我们只是有点不高兴，而有时我们都快气炸了。图6-1 的愤怒量表是帮助儿童测量他们情绪感知水平的有用工具。三岁的幼儿已经能意识到,相对于水平5,当愤怒在水平2上时,他们能更好地控制自己的行为。第一步是在儿童平静的情况下为他们讲解愤怒量表,

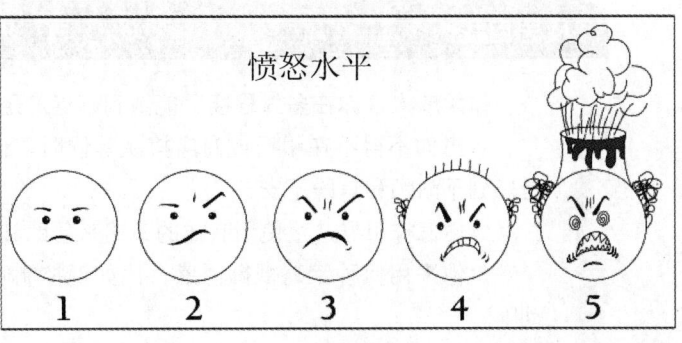

图6-1 愤怒量表

为了帮助其理解,你可以举些自己或者儿童生活中的实例。你可以让儿童告诉你,他们会在哪些情况下感受到不同水平的愤怒。在小组讨论或个别谈话中,儿童可以通过头脑风暴的方式探讨如何处理愤怒水平在水平3(包括水平3)之上的情绪。那么,当儿童面对怒气爆发的痛苦时,你就可以使用通用语引导他们做出有效的回应,就如下面例子中卡尔老师所做的一样:

> 在圆圈时间,卡尔老师讲了他小时候的故事,他当时想要一个玩具,但是妈妈却不给他。他说他当时很生气,并举起了愤怒量表,指向了像火山爆发一样的小人——水平5。他请孩子们分享他们在怒气值达到水平5时的故事,于是孩子们轮流描述了他们生气时所表现出的行为并探讨了随后发生的事件。他们集思广益,讨论了其他能带来更好结果的选择。小组决定当怒气值达到水平4和5时,最该做的就是让自己冷静下来,可以深呼吸、喝杯水、绷紧然后放松肌肉,也可以从一数到十,或者是去安静的地方。当怒气值处于较低水平时,孩子们认为他们可以尝试其他策略,比如谈论自己的感受或是去画画。
>
> 当天晚些时候,罗杰因为杰伊不从消防车上下来而感到沮丧。卡尔老师请罗杰在量表上指出他有多生气并问他需要做些什么来处理自己的情绪。

愤怒量表同样适用于其他情绪。焦虑量表或悲伤量表能帮助孩子理解情绪是可测的,他们可以主动选择行为回应。

提供情绪疏导方法

人们选择发泄情绪的方式千差万别。有些人认为把自己的经历和感受说出来或者写出来会感觉好受些;有些人更喜欢采用类似于舞蹈或跑步的体育活动;还有些人更愿意用诸如素描、涂色、雕刻或是制作音乐的艺术表现形式。对儿童来说,拥有许多适宜且有效的情绪疏导方法是十分重要的,这样一来,当他们的情绪被唤起时,他们就有办法进行自我监控。情绪表达与情绪监控有着紧密的联系。在后面的章节中,我们将探讨适合于不同处理风格和偏好的情绪表达策略。

> **反思自我……**
>
> 作为成人，你在多大程度上能做到延迟满足？
> ◎当你不得不在银行或商店排队等候时，你是满足于自娱自乐，还是感到不耐烦和焦躁不安？
> ◎你怎样引导儿童使用有效的策略来帮助其等待？
> ◎你采用何种策略抵御诱惑，比如说控制咬指甲或是暴饮暴食的冲动？
> ◎你如何引导儿童使用策略控制其冲动？
> ◎当你对一名儿童的表现感到心烦，你会采用何种策略监控自己的情绪？
> ◎你如何引导儿童使用策略监控其情绪？

总结

当我们反思自身自我监控发展的历程时，我们开始懂得这一终身过程的复杂性与挑战性。幼儿在努力监控自身的唤醒水平、感觉输入、注意、情绪和行为时面对着各种困难，而反思能使我们对此产生移情。由于每个儿童的气质、脑发育和人际关系经历不同，他们的自我监控能力也各不相同。在这样的背景下，我们可以把他们的挑战性行为重新定位为发展特定自我监控技能的契机。本章描述的策略只作为建议或指南。我们每个人带入班级的各种策略都来源于我们自己的经历和反思，那些经历和反思使得我们能够创设出培养儿童自我监控能力的环境、人际关系和活动。

1 回顾和应用

1. 描述自我监控的组成部分，并解释气质、脑发育和依恋关系如何支持或阻碍自我监控能力的发展。

2. 幼儿园大班的卡伊和妮基大声争吵，两人都声称自己先拿到木琴。她们开始互相推搡并且上演了木琴拔河比赛。

   a. 案例中的女孩儿在哪些潜在技能上需要获得更多支持？

   b. 如果使用本章讨论的这些策略，你会如何帮助她们解决冲突？

"我是个孩子，尽管我知道的不多，但是我想我对每件事都充满好奇。"

——蒂雷尔，6岁

第七章

Chapter 7
自主性：求知欲、自信心与动机

阅读完本章后，你应该能够：

◎解释自主性对儿童发展过程的重要影响。

◎鉴别自主性的三个组成部分并能够描述三者之间的相互作用。

◎说明自主性如何促使个体在学校与生活中获得成功。

◎描述特定的气质维度、人际关系与其他经验如何对自主性产生影响。

◎开发能够促进儿童早期自主性及其组成部分发展的策略和实践方法。

"我来做！"这是杰西卡学会的第一句话。在操场上的枯枝烂叶里乱翻一通挖完虫子之后，两岁的杰西卡跑去厨房为自己拿了一根香蕉。而她的父母只是待在离她不远的地方，在确保她安全的情况下支持着她这种冒险的行为。现在，在幼儿园里，她为班级"展示"，戏剧性地描述着一些图片并添加了许多她想象中的细节。

这样看，杰西卡是具有**自主性**（autonomy）的——这是**一种独立思考、为自己做出决策或确定方向的能力**。她具备三个与自主性相关的基础性特质：求知欲、自信心与动机。正如杰西卡一样，有一些孩子天生具备蓬勃的求知欲、充分的自信和强烈的动机。对于这些孩子来说，我们的工作就是帮助他们将这种与生俱来的自主性引导到安全且积极的方向上。然而，另一些孩子由于种种原因而不太热衷于潜心探索，并且缺少这种自我掌控的意愿。对于这些孩子来说，我们要做的就是鼓励并协助他们提升自己的求知欲、自信心与动机，以此来支持他们发展自主性。在下面的案例中，凯莎老师正在帮助杰文提升他刚刚形成的自主意识。

当班级中的孩子们一起拆开显微镜的包装，迫不及待地将一个又一个准备好的载玻片放在镜头下并争先恐后地喊着"让我看看，让我看看！"的时候，杰文只是在一旁静静地注视着他们。

凯莎老师："杰文，你想看看切片上的东西吗？"

杰文（低头看着自己的鞋子）："我不愿意，那里人太多了。"

凯莎老师："是啊，那里确实有很多人。我好奇的是他们为什么会那么兴奋，我们一起看看好吗？"

杰文："我想可以。"

凯莎老师："好的，让我们排在布兰德后面，一会儿就可以看到了。你觉得布兰德会在显微镜里看到些什么？它会是什么样子的呢？"

杰文："我不知道。"

凯莎老师："我也不知道，但你觉得它会是怎样的呢？你猜那张切片上会有什么？"

杰文："也许是个虫子，我不确定，或许是只黑色的虫子。"

凯莎老师："很有可能，可能会是只黑色的虫子，我也不能确定，不过我们等一会儿就能看到了。好了，轮到我们了！"

杰文："哇！是一只苍蝇的翅膀！我之前都不知道苍蝇的翅膀上竟然有这些小长方形。"

凯莎老师："我在想是不是每一只苍蝇的翅膀上都有这样的小长方形……我们怎么才能

知道呢？"

凯莎意识到杰文缺乏寻求新信息以及表现出自己潜在求知欲的自信心和动机。于是，她通过表现出自己的求知欲并展示出满足其求知欲的途径来促进杰文自主性的发展。

一、自主性的重要性

发展心理学家埃里克·埃里克森（1902~1994）毕生都致力于对儿童与成人社会性和情绪发展过程的研究。埃里克森在他的社会心理发展阶段理论中对自主性及其主要成分做了大篇幅论述。埃里克森提出：人的一生要经历八大危机，或者说要完成八项社会任务，而化解那些危机的方式对健康人格的发展具有重要意义（Erikson，1993）。表7-1中呈现的就是埃里克森的社会心理发展阶段。其中，前四个阶段与我们要讨论的自主性最为相关。

表7-1 埃里克森的心理社会性发展阶段

年龄	阶段	培养品质	举例
出生~1岁	信任对不信任	希望	麦琪知道当自己生气时，妈妈会来安慰她
1~3岁	自主性对羞愧与怀疑	独立	比利从架子上拿下一本书并坐下来阅读
3~6岁	主动性对内疚	目的	比利骄傲地完成了一个有挑战性的拼图游戏
6~12岁	勤奋对自卑	能力	麦琪为她和她的小伙伴们创作了一部小剧，他们可以为家长演出
12~18岁	自我同一性对角色混乱	忠诚	热爱数学的比利成为了会计事务所的实习生
18~30岁	亲密对孤独	爱	比利与麦琪相爱并步入婚姻
30~青年后期	生殖对停滞	关心	比利与麦琪各自在事业与养育孩子间找到了平衡
中、老年期	完美无憾对悲观失望	智慧	比利与麦琪退休后为社区创立了一项公益基金

资料来源：基于Erikson, E.（1993）. Childhood and Society（2nd ed.）. New York: W. W. Norton, Inc.

根据埃里克森的理论，在第一年中，婴儿认识到世界是安全的，他们世界中的成人可以像预期的那样满足他们的需要。这样的认识基于婴儿与他们的主要抚养者之间已形成的安全依恋关系。顺利度过信任对不信任阶段的危机后，孩子会认为自己可以影响世界并相信自己的需要可以得到满足。在第二、第三年中，孩子新的认知能力促使他们去追求目标，直接地表达其需要和观点，以及做出选择。儿童现有身体技能的发展使得他们可以自如地探索周围的环境，并掌握自理技能（例如如厕）。成功度过自主性对羞愧与怀疑的阶段后，孩子的独立与自主性便得到了发展。

埃里克森所提出的心理社会性发展的第三阶段是主动性对内疚，这种冲突出现在3~6岁儿童身上，在这一阶段，儿童将获得自我肯定以及围绕某个目标组织多级步骤活动的新能力。完成这一阶段的任务可以增强儿童的目的感。而在第四阶段中所要解决的冲突是指表现在6~12岁儿童身上的勤奋与自卑之间的对立状态。在这一阶段中，儿童会在自己所感兴趣的领域中掌握更加复杂的技能，而成功度过这一阶段后，儿童会获得胜任感。研究发现，尽管不同文化对成长过程的描述方式存在一定差异，但世界各地的孩子或多或少都会经历上述几个成长阶段，与此同时，好奇心、自信心与动机这些基本要素会在整个过程中协同起来促进自主性的发展。

文化因素的影响

需要指出的是，在一些文化中，自主性并不像在美国文化中这样得到重视。事实上，在这些文化中，孩子们的自主性可能受到压制。美国是一个建立在个体自由和责任原则之上的国家。《独立宣言》明确提出：

> 我们坚信以下真理是不证自明的——所有人生而平等，造物主赋予每一个个体以同等的权利，其中包括生存、自由及追求幸福的权利。

我们国家的法律赋予了我们追寻幸福的自由并敦促我们这样去做。然而，在许多文化中，与自主性相比，诸如集体责任感、成员间依存感等品质被赋予了更高的价值。我们必须理解一些家庭可能并不鼓励孩子自主性与独立性的发展，早期教育机构必须尊重这些家庭价值观。在这样的前提下，我们对自主性及其三个基本要素的发展进行进一步探索。

二、自主性的成分：求知欲、自信心与动机

你对什么感到好奇？你对事物的运行方式感到好奇吗？你对人们如何从事他们的工作感到好奇吗？你对生命的意义感到好奇吗？正是这些问题成就了杰出的工程业绩、哲学理论、宗教信仰以及大量的艺术作品。**求知欲**（wonder）是**一种由一些意料之外的、不熟悉或令人费解的事物所引发的惊奇与敬畏感**。当我们对事物感到好奇时，我们被驱使着去探索以便能更好地了解世界。求知欲就好比一种带有少许惊奇的好奇心。

好奇是一种在人类中普遍存在的经验，你甚至可以在刚刚出生的婴儿身上感受到它

的存在。新生儿会被视野中出现的物体所吸引,尤其对人脸特别敏感。当他的身体可以自由行动后,他会想要触碰这些物体来了解它们的形状与材质。他会围绕着障碍物爬上爬下以了解事物之间的关系,最终,他将通过爬和跑来探索更多的新鲜事物。

自主性的第二个重要组成部分是自信心。**自信心**(confidence)是指**对自己以及自己能力和力量的信念**。对于一个想要探索世界或是独立完成一些工作的孩子来说,他必须相信他的行动可以产生积极的影响。有证据表明儿童的**自我理论**(self-theory),**或是个体对自己的信念**会在很大程度上决定他是否愿意尝试新鲜事物或坚持完成困难的任务(Dweck,2000)。倾向于选择具有挑战性任务的孩子通常是**掌握性导向**(mastery-oriented)的——也就是说,**当他们认为某件事的结果是可控的,并且可以通过努力而获得成功时,他们的能力就会提升**。掌握性导向的儿童相信智力不是固定不变的,他们可以提升它。相反,另一些孩子处于**无助性导向**(helpless)的状态中,他们**认为个人先天的智力决定了一项任务的成败,每个人的智力都是固定不变的,无论他们怎么做都无法改变这一事实**。与个人必须付出更多努力的说法相反,错误与挫折被视为一种失败,且这种失败是由个体的智力不足所导致的(Dweck,2000)。5岁的杰瑞德与朱莉的不同反应向我们展示了两种导向的差别。

> 杰瑞德、朱莉与麦克在用一套40张的动物卡片玩"记忆"游戏。孩子们轮流翻开两张卡片并看它们是否匹配。在游戏的最后,朱莉与杰瑞德各有三套匹配的卡片,而麦克则以发现了十四套匹配卡片的战绩在游戏中大获全胜。
>
> 杰瑞德双手交叉、眉头紧锁并跺着脚说:"我太笨了,我恨这个游戏!我玩不好它!"
>
> 与之相反的是,朱莉看着自己刚刚赢得的一小摞卡片说:"我要更加注意了。也许当你们翻开卡片的时候我应该更认真地看一看。我需要继续研究这个游戏。"

麦克赢得了游戏是因为他比朱莉和杰拉德更加聪明吗?或许是他只是更专注地进行手上的任务并付出了更多努力而已。杰拉德的无助感是由他对于游戏结果原因的解释所带来的——他认为这是由于他先天智力不足所导致的。朱莉则认为失败是由于自己的努力与专注度不够所致,因此她可以通过在别人翻牌时进行更有效的观察来提高自己的游戏能力。朱莉很有信心地知道,她的行动是有用的,她可以做得更好。而杰瑞德的失败之所以会挫伤他的信心,是因为他认为付出怎样的努力都无法改善自己的表现。

有趣的是,表扬孩子的智力或作品会阻碍孩子自信心的养成。有研究表明,与表扬孩子的聪明或最终工作成果相比,对他们的努力或策略性思维进行赞扬更加有助于帮助孩子建立起良好的自信心与动机(Dweck,2000;Dweck,1999;Bronson &

Merryman, 2009）。

这些发现使我们注意到影响儿童自主性发展的第三个重要因素——动机。**动机**（motivation），也叫做**掌握性动机**（mastery motivation），它指的是**一种促使个体以一种专注、坚持的方式，独立地尝试完成对他来说挑战性适中的问题解决、技能学习或任务操作活动的心理动力**（Morgan, Harmon, & Maslin-Cole, 1990; Hauser-Cram & Mitchell, 2009）。与求知欲相似，孩子天生就具有探索世界与掌握新技能的动机。**当个体的动机完全来源于获得学习或工作本身的乐趣时**——就像很多孩子在最初所具有的动机类型——我们称之为**内部动机**（intrinsic motivation）。与之相反，**外部动机**（extrinsic motivation）指的是**一个人仅为了获得外部奖赏的许诺或预期而从事某项工作的意愿**。我们如何对儿童所专注的任务进行回应会促进或阻碍他们内部动机的形成（Dweck, 1999）。

卡罗尔·德维克（Carol Dweck）和她的同事做了一系列实验，在实验中，要求儿童执行特定的任务，而主试或者对其智力水平进行夸奖（"你正确地求出了方程的解，你真聪明！"）；或者对其努力进行夸奖（"你求出了方程的解，你一定付出了很多努力！"）；再或者仅仅是对结果本身进行夸奖而不涉及智力和努力的因素。结果显示，由于努力而得到表扬的孩子在之后的任务中明显倾向于挑战难度更高的任务。而那些由于聪明而受到表扬的孩子则不愿意接受更难的挑战，这或许是因为在他们看来，若在随后的任务中遭遇挫折或失败，则会被认为是由他们个人因素所致，而这样的失败的结果会反映他们的智力水平。换句话说，如果他们表现糟糕，那一定是由于他们很笨。因此，只有当孩子因为自己所付出的努力而受到表扬时，他们才有动机去追求更加有挑战性的任务（Dweck, 1999）。

在下面的案例中，丹尼斯老师的表现证明她已充分理解了认可孩子的努力以及其所运用的策略，而非认可那些明显难以改变的特征（如智力）的好处：

> 6岁的巴里把一个精致的鸟笼带到了班里，这是他用工艺棒和牙签座手工制作而成的。显然，他在这个作品上花费了大量的时间。丹尼斯老师和班上的孩子都非常喜欢这个作品。丹尼斯老师并没有告诉巴里他是一个很棒的木匠或他的鸟笼看上去是多么的漂亮，而是说："哇，巴里！可以看出你付出了大量的时间来处理鸟笼的细节，你是怎么知道该如何制作它的？"巴里自豪地笑了，并向大家介绍了自己的制作技巧——在制作时需要先将内部做好，再用木棒把四周围好。在丹尼斯老师一连串问题的启发下，孩子们轮流向巴里提出与他的设计及制作相关的问题。由于丹尼斯老师将重点放在巴里所运用的策略与付出的努力上，孩子们纷纷明白了思考、计划以及努力且用心地工作是会获得高度认可的。

在过去的几十年中,有大量发表在著名杂志上的文章都主张家长和老师要多运用表扬、贴画及其他的奖赏方式对孩子进行鼓励。在小学阶段,奖励日通常会持续好几个小时,因为每个孩子都会因一些事情而受到奖励。很多班级都设有五角星排行榜或评分表,孩子们靠这些积分来兑换一些小奖品。教师鼓励孩子们积累外部奖励。但不可避免的是,几乎每个班级中都有几个任性或烦人的孩子因无法完成任务而不能获得足够的奖励分数。由于评分表通常是公开的,他们往往会由于较低的得分而感到羞愧。有时,这些孩子会因为一些很普通的行为而获得安慰奖,如"好朋友"奖。

一名有深刻见解的8岁儿童向我们描述了他们学校的"代币制度"。在这种代币制中,二年级的学生会由于自身的成就或被认可的行为表现而赢得玩具币,他们可以用这些玩具币换购奖品。他们同样也会"由于表现不好而失去玩具币"。而当被问到班级中是否有"坏孩子"时,他为我们列举出了4个"坏孩子",这几个孩子往往难以赢得或积攒到足够的玩具币以换取奖品。在二年级时,老师和同学们就已经为这些同学贴上了"坏孩子"的标签,这可能会在很大程度上决定这些孩子对自己的看法。最好的情况是这种奖励制度将孩子的内部动机转化为外部动机;而最糟的情况则是它可能会对孩子的内、外部动机同时造成伤害。在《思维模式》(Mindset)(Dweck, 2006)与《教养大震撼》(Nurture Shock)(Bronson & Merryman, 2009)两本著作中,作者对有效的动机策略以及由"阳光普照"奖和外部奖赏所导致的负面影响进行了生动的阐述。

求知欲、自信心以及动机之间的交互作用

求知欲、自信心及动机是如何共同促进自主性发展的?如前所述,求知欲是一种普遍存在的、与生俱来的特质。对于一个由求知欲驱使着探索和追求知识的孩子来说,他必须相信自己有能力从事相应的探索任务。当一个人对事物产生疑惑并且不相信自己有能力去学习它时,他就不会做出尝试。这种无助感会削弱他的动机。也就是说,"如果我相信我探索事物的努力什么也不会改变,那么我为什么还要去做呢?而如果我认为自己具备探索和掌控事物的能力,那么我才会

有动力去寻找满足自己好奇的方法。"不幸的是，很多孩子早在进入小学之前就失去了他们的自主性——天生的好奇心、自信心与内部动机。你可以数数一名幼儿每天不尝试解决问题就说出"我不行"、"我不知道"的次数。在这一章，我们将讨论鼓励自主性及其三个组成部分发展的途径。

三、学业与生活的成功取决于自主性

自主性的所有要素——求知欲、自信心与动机——对孩子在学校与生活中的成功都至关重要。研究学校成功的知名专家帕姆·席勒（Pam Schiller）说过，儿童在学校中获得成功的两个关键性因素分别是自信心与好奇心（这里与求知欲同义）。自信心使孩子们能战胜困难并找到解决问题的方法。好奇心增进智慧并鼓励探索、试验和更多求知过程（Schiller, 2009）。儿童心理健康专家布鲁斯·佩里（Bruce Perry）描述了一种帮助孩子将其最初的好奇经由探索和发现的过程转化为掌握新技能的喜悦的路径，这一过程建立了孩子的自信心，并最终会带来更强烈的好奇和更多探索（Perry, 2001）。这条路径上的每一步都在提升孩子的自主性。

即使是在入小学前，孩子在学习新知识或完成一项任务时都需要一定的自我导向与自我管理能力。例如，在玩一个简单的拼图游戏时，孩子也需要有足够的信心去运用已知的诸如形状、颜色等概念来解决手头的任务。孩子必须相信其行为会产生影响，这样才值得为此付出努力。为了完成多个步骤，孩子必须相信这样做就可以实现其所希望达到的目标。对任何新技能的掌握与学习都需要一定的自信与动机，特别是当这个任务对于孩子来说不是那么有趣的时候。

在学校里获得成功也需要具有一定的**创造力**（creativity），即**产生新想法或将各种观念组合起来解决问题或开发新形式的能力**。创造力需要冒险，而冒险需要以自信心为前提。从这个层面来说，孩子必须对新观念的价值充满信心，同时还要知道尝试可能会带来失败，但即使失败了，她也有办法解决问题或想出新的办法。而这种尝试新想法和在想法未能成功时重新考虑的能力被视为认知灵活性，这也是构成自主性的一个非常重要的方面。正如罗伯特·F·肯尼迪（Robert F. Kennedy）1966年6月6日在南非的一次演讲中所提到的，"只有那些敢于面对巨大失败的人才有可能取得巨大的成功"。

自主性在职场也同样重要。一个组织或公司的成功依赖于员工的动机、积极性、自主思考以及独立做出明智决策的能力（Pink, 2009）。这些品质并不会在一个人进入工作岗位时凭空出现，而是必须经过整个童年期的培养和支持才能逐渐形成的。

健康的人际关系同样有赖于自主性的组成部分。正是对彼此的好奇促使人们愿意

互相认识和了解。当人们真正对彼此充满兴趣，进而观察和询问彼此的思想、感受、偏好、兴趣、天赋、需要与愿望时，人与人之间的关系就得到了加深。四岁的克莱夫和朗为我们提供了一个很好的例证，说明了求知欲、自信心与动机是如何影响他们成为朋友的行动的。

>朗是这个学前班新来的学生，而克莱夫还是学步儿时就在这里了。
>
>克莱夫："你好，我叫克莱夫。你是新来的，你叫什么名字？"
>
>朗："我叫朗，我们刚刚搬来附近住。"
>
>克莱夫："你之前住在哪里？"
>
>朗："昆西，离这里很远。你一直都住在这里吗？"
>
>克莱夫："是的，我在这所学校已经待了很久了。你喜欢那些玩战争游戏的孩子吗？"
>
>朗："是的，你呢？"
>
>克莱夫："是啊，想要和他们一起玩吗？"
>
>朗："好啊，我们走！"

假如没有求知欲、自信心和动机，那么上面这段对话永远都不会发生。克莱夫自发的行动源于他对新同学的好奇。他和朗都对在彼此间建立友谊充满自信，并由此被驱使着去发现一些共同之处以展开他们的关系。

四、自主性能力差异的影响因素

并不是每个孩子都能像克莱夫和朗那样明显地展现出他们的自主性。儿童接受新经验、建立新人际关系的能力和意愿千差万别。儿童自主性水平的差异主要是由气质、依恋/人际关系经历，以及经验三个因素所导致的。

气质类型

如果你有幸在一段时间与很多婴儿相处，那么你就可以证明气质类型如何促进自主性的形成。比如，一个婴儿去触碰任何移动的物体，而另一个婴儿却只是毫无反应地在一边观看；一个婴儿对客人充满好奇，而另一个婴儿却在一旁啼哭。气质中的三个维度对自主性的发展尤为重要，它们分别是，对新情境的初始反应（接近或退缩）、适应性和坚持性（Thomas & Chess, 1977）。

孩子对某个新的、不熟悉的情境的初始反应主要表现为其接近或回避刺激的倾向。一般来说，有10%~20%的孩子会有回避不熟悉情境的气质性倾向。研究者称之为"陌生-约束型"。相反,有30%~40%的孩子表现出接近新异刺激的偏好,研究者称之为"无约束型"(Kagan,2005)。有证据表明,行为抑制就其本质而言,通常被认定为对不确定性的无法容忍,而不是害怕事物本身(Kagan & Snidman,2004)。所以,当你观察到约束性行为时,你可以考虑通过为孩子提供可预期的信息及形象化的线索来减少新情境所带来的不确定性,以渐进的方式引发接近行为。例如,你可以对一个抵触参加户外旅行的孩子说:"首先,我们会像往常那样带上外套,然后你和你的朋友将排队去乘坐那辆黄色的大巴车。在上车时,我会拉着你的手。随后,你会与克里奥坐在一起,因为克里奥是你的同伴。接下来,你、克里奥,还有其他人一起下车并走进博物馆,当我们在博物馆内四处参观时,还会有个非常好的人一直和我们待在一起。"这样的描述会帮助孩子在头脑中形成起一幅可视化图像,进而使他能够对不熟悉的情境进行预期。

在气质中与初始反应相似的维度是适应性(adaptability),也就是**一名儿童适应新异的或已改变的情境的速度与容易度**。儿童可能会抗拒改变或者很容易适应新的常规。虽然改变是生命中不可避免的一部分,但只有40%的孩子在适应性相关测量中可以取得较高的分数(Thomas & Chess,1977)。对于很多人来说,改变是困难的,以至于产生自助行业来帮助人们应对改变。那些适应困难的成人可能喜欢读一本叫作《谁动了我的奶酪?》(Who Moved My Cheese?)的畅销书,书中提供了帮助人们有效应对改变的策略(Johnson,1998)。需要再次强调的是,你可以通过向孩子提供与适应陌生情境及活动相关的信息和策略来帮助那些适应性较差的孩子缓解抵触情绪。

坚持性(persistence)是气质促进自主性的第三个维度,它指的是**维持注意于手头任务直至完成目标的能力**。儿童维持努力以及专注于目标实现的时间长度各有不同。早教工作者几乎每天都可以观察到这些差别。一个孩子可以一遍、一遍、又一遍地做同一个拼图游戏直到完成为止,而他的同学则可能会将拼图扔到地板上、找一些新的游戏来玩或沮丧地走开。一个孩子可能费力地拼读故事中的生词,而另一个可能会抱怨:"我不会读这个。"

我们可以通过许多方式来调整环境以帮助那些由于先天气质而导致自主性较低的孩子。我们会在如何在班级中提高儿童自主性那一节来讨论改变环境的可行措施。

依恋及其他人际关系

一个建立起安全型依恋关系的孩子可以逐渐离开抚养者去探索自己的环境。抚养者被视为孩子外出探索的安全基地，也是孩子在遇到不确定性时返回寻求安慰的安全港（Powell, et al., 2009）。同时，当正在冒险靠近新鲜而有趣的发现时，安全型依恋的孩子会时不时回头看看自己的抚养者。**这种回头看依恋对象以寻求安慰与赞许的行为被称作社会参照**（social referencing）（Walden，1991）。

许多幼儿与他们的主要抚养者之间已经建立起安全的依恋关系。几种不安全的依恋类型源自于抚养者前后矛盾或反应迟钝的照看方式，具体细节在本书中不加以论述。我们要说的是，儿童与其主要抚养者之间依恋关系的质量会在很大程度上影响他与其他成人抚养者的关系以及其在探索中所表现出的信心。

年幼的儿童可以与多个抚养者建立起依恋关系，如他们的祖父母以及儿童中心的保育员。在上述关系的诸多要素中，情绪回应是安全依恋最重要的影响因素。当婴儿哭泣时，他是在用这种方式表达自己未被满足的需求。回应性照料指的是尽可能快速地识别并以温暖的方式满足婴儿的需求。当孩子长大一些后，抚养者应当在安慰他前给他自我冷静机会。并不像一些人所认为的那样——总在第一时间满足孩子的需求会惯坏孩子。实际上，在孩子不断体验到自己发出的需求信号得以满足之后，他们会由于自己有能力通过沟通影响到他人而感到安全，这种安全感会促进他们自主性的提升。

经验在自主性提升中的作用

在本章节开头，杰西卡向我们展示了一个具有较强自主性的儿童形象。很明显，她天生具有高水平的趋近性、适应性、坚持性与活跃性的气质。由此可以推测她与自己的主要抚养者和其他抚养者之间均建立起了积极的依恋关系。在这种依恋关系的支持下，她发展出求知探索的信心。而下面的片段描述了另外一个孩子——蒂莉，她拥有与杰西卡相似的先天气质类型，但是她的成长环境不利于其自主性的提升。

在蒂莉五个月大时，她就表现出很强的好奇心，她常常会去探索周围的物品并且把它们放进嘴里去感受它们的材质和形状。她的妈妈则对物品上的细菌非常敏感，总是迅速把蒂莉手上的东西拿开并且告诉她："讨厌！不要碰这个！"当蒂莉2岁时，她被送到6个街区外的托幼中心，走在路上的蒂莉时常停下来去拔路旁的小草或者蹒跚地走向附近的花圃去闻花朵的味道。而她的妈妈却总是把她拉回到自己身旁，提醒她应当注意时间已经不早了或者是别把衣服弄脏了。蒂莉对于托幼中心存放的图书非常感兴趣，但老师担心孩子们会不小心把图书撕坏，就把书籍存放在很高的架子上，只有在老师有时间给孩子们讲故事时才会把它们拿下来。而在4岁时，蒂莉则总是由于把花朵涂成黑色、把小猫涂成紫色而受到老师的批评，毕竟，老师从未见过蒂莉想象中的黑花和紫猫。

这样的早期经历所导致的结果在蒂莉进入幼儿园后清晰地展现出来。蒂莉的老师喜欢带孩子们去学校后面的森林里抓虫子，但5岁的蒂莉已经确信那些虫子"脏脏又恶心"。幼儿园中有很多孩子们轻易就可以拿到的介绍虫子以及其他主题的书籍，但蒂莉对这些书籍并不再表现出任何兴趣。

抚养者长期以来对蒂莉的回应方式消减了她对自主性与生俱来的追求。在幼儿的探索活动中，一些简单的限制与要求并不足以削减幼儿自主性发展的渴望，而事实上，它们对保证幼儿的安全是很有必要的。然而，一种过渡制止和约束的教养方式会限制孩子自主性的发展。孩子的生活经历会强化或抑制他们的求知欲、自信心及动机。

学习理论专家艾尔伯特·班杜拉（Albert Bandura）创造出**交互决定论**（reciprocal determinism）来解释**个体成分（认知与情感因素）、环境作用以及行为对人格发展所起的交互作用**。在班杜拉看来，交互决定论在人格发展过程中起到重要的作用，特别是在胜任感和自主性的意识开始出现之后（Bandura，1989）。因为杰西卡和蒂莉具有相似的气质类型和基本相同的智力，所以他们应该有着相近的**个体成分**。杰西卡在成长环境中主要获得的是鼓励与认同，这促使她不断地进行探索；而蒂莉在成长过程中则更多地受到限制与责备，这无疑打压了她继续探索和发现的积极性。因而，她们行为方式以及自主性的发展轨迹自5岁起就表现出明显的差异。

儿童的自主性水平还会受到相关探索机会多寡的影响。一个适合婴儿或儿童的安全环境应该是在可触及或可视的范围内没有隐含危险、易碎或其他与其年龄不合的物品的场所。当安全、发展适宜性的物品伸手可得时，婴儿可以不受抚养者焦虑的热忱的阻碍而自由探索。当环境不太可控时，例如在道路两侧或邻居家里，这时，抚养者则需要对儿童探索提出必要的限制、指导和支持，正如下面的例子所示：

> 在一个明媚的春日里，一群2岁大的孩子在小区里散步。一场大雨过后，鲜花盛开、花香四溢，路边的小水坑召唤着孩子们前去嬉戏和玩耍。对于3位老师来说，确保15位小朋友的安全和干爽是一件具有挑战性的工作。孩子们两两牵手前行，还有三名需要额外保护的孩子由老师牵着。拉蒙纳老师和吉米带着队伍以"你好，你好，我们下班回家了"的曲调唱"你好，你好，我们绕过了水坑"。当可以停下来闻闻路边的小花时，歌词变成"你好，你好，我喜欢闻这朵玫瑰（或矮牵牛或百合）"，然后孩子们轮流来闻这些花香。

通过将路边的诱惑转化为愉快的探索机会，孩子们确信他们可以在不受惩罚的情况下满足自己的好奇心。早教工作者可以通过设计和创设一些符合儿童自主性的环境和常规活动来保持孩子的内在动机。

第三部分　建立情绪能力
第七章　自主性：求知欲、自信心与动机

> **反思自我……**
>
> ◎当你还是个孩子时，你独立的探索性行为曾受到过鼓励吗？
> ◎你的家人与老师曾问过你对什么充满好奇吗？
> ◎在你日常的工作中，你被鼓励独立思考还是被要求遵循精确的工作规范和既定的标准？
> ◎在你的同辈中，你总能想出新活动、冒险或主意吗？
> ◎在你的同辈中，你是否更愿意按照熟悉的方式、与你熟悉的人呆在熟悉的地方呢？
> ◎你是更愿意接受还是回避改变？
> ◎当一个孩子不愿意探索并尝试新事物时，你会采用怎样的策略来鼓励他？
>
> 对这些问题的回答并不存在对错、好坏之分。但是，反思你在这些问题上所做的回答会帮你规划支持孩子提升自主性的方式。如果你对新颖性与多变性充满兴趣，你可能会认为激励一个对尝试新事物没有兴致的孩子是一件困难的事。同样的，如果你本身不愿意面对改变或尝试新的事物，你会发现自己很难理解那些总是渴望探索新颖事物的孩子。请记住，孩子与你在自主性上所存在的差异对你和孩子来说都是一种挑战。同样的道理，当然你也可能成为少数的几个能与和自己自主性相匹配的孩子有效工作的人之一。

你对什么充满激情？在《让天赋自由：如何用激情改变你的世界》（The Element: How Finding Your Passion Changes Everything）这篇具有开创性的文章中，肯·罗宾逊（Ken Robinson）先生描述了大量具有先天热情和天赋的人在正规的学校教育中非但没有得到认可还经常受阻的案例（Robinson & Aronica, 2009）。例如，披头士乐队中的保罗·麦卡尼（Paul McCartney）在学期间从未发现自己有任何音乐天赋，事实上，利物浦乐团还因其歌唱得不好而将他拒之门外（p.11）。然而，在摆脱正规学校的束缚之后，他竟成为了可以影响几代人的历史上最成功的音乐家之一。正规的学校教育对数学、语言、科学方面的教育日益重视，而代价则是忽略艺术等需要创造性的课程。那么，作为一名成人和一位专业人士，你也许需要和孩子们深入交流并反思自我，由此寻找自己内在的热情。

> **反思自我……**
> ◎ 作为一个成人，你对什么充满激情？
> ◎ 你有哪些天赋是你的同事从来没有看到或从未听到过的？
> ◎ 当你还是个孩子时，你的热情与天赋受到支持和鼓励了吗？
> ◎ 如今你的热情与天赋得到鼓励了吗？
> ◎ 你如何鼓励你所照顾的孩子表现出的其特有的热情与天赋？

成人在特定的情境下所体会到的舒适程度各有差异。例如，在早期教育领域，教师通常会在与幼儿交流时感到全身心的放松。然而，在家长会临近或是必须与家长谈论重要话题时，一些教育者就会感到非常焦虑。一位年轻且很有天赋的老师告诉作者："我做这份工作因为我喜欢与孩子待在一起，而且我很擅长与他们相处。我只不过对成年人并不怎么感兴趣。"无论喜欢与否，所有的孩子都至少会与一个成年人同来幼儿园。一些教师能与家长融洽相处，但另一些则对此表示怀疑。一些教师喜欢在一群成人面前讲话，而另一些则对这样的场景感到恐惧。

> **反思自我……**
> 请反思你对自己感到怀疑和自信的方面，我们可以用这种内省方式引导我们与孩子之间的互动：
> ◎ 什么事情使你充满自信？
> ◎ 当你还是个孩子的时候，你的抚养者如何处理你的错误？
> ◎ 那些犯过的错误是被视为提升的机会还是被定义为人格上的缺陷？
> ◎ 当你犯错时，你是受到自我完善挑战的鼓舞，还是会因害怕重复犯错而倾向于放弃？
> ◎ 你的父母和老师做了哪些可以帮助你提升自主性的行为？又做了哪些降低你自主性的行为？
> ◎ 你如何运用你的这些经历促进儿童求知欲、自信心及动机的发展？

五、促进儿童早期自主性发展的实践

正如我们在上文中所介绍过的，通过自我反思的方式，我们有机会去整理我们在儿童期所体验过的最好的经历，同时抛弃那些无效的、阻碍自主性发展的教养方式。我们可以通过强调每个孩子的特质、创设益于自主性发展的环境与经验以及示范求知欲、自信心与动机的方式来促进儿童自主性的发展。

了解每一个孩子

每个人生来都在很多领域中具有无限的潜能。我们经常会听说一个4岁的钢琴演奏家、一个五年级的超强记忆者，或是一个在18岁就拿到博士学位的天才。但多数人既有优势又有不足，一般都在同龄人的平均水平上浮动。事实上，我们往往并不了解每个孩子在许多领域上的潜力，因为那些领域在我们的早期教育机构中并没有得到应有的重视。

随着我们对测评的日益重视，越来越多的教师依据学生测试和学校评估的标准来安排教学。许多早期教育机构将游戏和探索的经验替换成诸如学习单、教师主导的艺术活动等缺乏创造性的相对机械的练习。例如，由于国家的课程标准建议幼儿园春天开设与昆虫相关的课程，所以某个学前班就以瓢虫为主要内容进行教学活动。在阅读了有关瓢虫的一本书籍后，教师分给每个孩子一个大的红色圆片，四个小的黑色圆片和两个会被用作眼睛的纽扣。老师给每个孩子的红色圆片涂上胶水，并指导孩子们如何将黑色圆片和纽扣粘贴在红色圆片上涂抹过胶水的地方。当孩子们的作品被挂在墙上展示的时候，我们会发现所有的瓢虫看上去都是一模一样的。问题在于孩子们对瓢虫还是一无所知。老师对孩子们的兴趣、天赋与爱好也同样没有任何了解。假如她可以在阅读瓢虫故事的时候邀请孩子们加入关于瓢虫的讨论，并且允许他们自由地运用纸张、棉花、纽扣、胶水、剪刀及其他各种材料来制作瓢虫，她会发现孩子们所呈现出的瓢虫各具特色，孩子们在这样的过程中所获得的学习经验也会更加丰富。她也许还会在这群孩子中发现昆虫学家、外科医生、艺术家或自然学家等。

早期教育应当充分迎合每一个孩子特殊的兴趣（好奇心）。这种适应性建立在教育者对孩子进行大量观察的基础之上。但是需要注意的是，你的观察基于你已有的信念、期待和偏好。我经常以行为咨询师的身份去帮助家长和老师处理孩子"不听话"的问题。而这种"不听话"，通常被定义为"不听从成人的指令"。但在讨论一个孩子不做什么事之前，我会先问孩子实际上在做什么。下面所呈现的是一些常见的回答，括号中是咨询师观察到的内容。

"他在圆圈时间解开了一张地毯。"（他在试图了解纤维是如何被编织成地毯的。）

"他把胶水倒了出来弄得到处都是。"（他在学习有关量、重力与粘度相关的知识。）

"他毫无目的地在房间里闲逛。"（他通过四处游走的方式进行思考和探索。）

"他在积木区玩耍，但是那里并没有被[老师]选作开放活动的区域。"（他希望创造一些东西。）

"他在讲故事的时间说话。"（他在谈论故事中令他感兴趣的事情。）

每一个孩子都会自然而然地做一些事情，也许与顺应成年人的要求相比，去做那些事情更符合他们的天性。不可否认的是，孩子们也需要学习遵守一些规定，但是也许对他们来说，教师选择的活动或圆圈时间的主题活动既没有趣味性也没有启发性。如果你用心去倾听和观察孩子，你会发现孩子们真正热爱的、好奇的以及渴望了解的是什么，什么事物能够激发他们的动机。如果你将他的"破坏性"或"不配合"重新定义为"一条关于什么驱使孩子行动的信息"，你也许就能制订出可以最大限度发挥儿童潜能的学习计划。如果儿童的行为是破坏性的，那么你应该认可行为本身的意义并且帮助他找到一种更适宜的方式去满足他的好奇心或者做他更愿意从事的活动。

提供促进自主性发展的经验

在每个年龄段和发展水平，我们都可以为孩子创设支持其自信地进行探索的氛围和活动。婴儿通过把东西放在嘴里以及摇动、击打、扔开或移动物品的方式了解物体的属性。学步儿则喜欢搬运和推动物体。他们喜欢爬进、爬上、爬下或穿过障碍物。学前儿童则对物品或概念是如何组合在一起的充满好奇。所以对每一年龄阶段的儿童，我们都需要为他们提供安全、卫生和发展适宜性的材料以便其进行自主性的探索活动。

早期教育的教室中应该充满各种激发儿童求知欲的活动机会。例如，对于婴儿来说，躲猫猫是最奇妙的经历。皮亚杰告诉我们躲猫猫能帮助婴儿建立**客体永存性**（object permanence）——**即知道一个不在视线中的物体仍旧存在的能力**（Piaget, 1972）。对年幼的婴儿来说，当一个物体从他的视线中离开后，他会认为这个物体不再存在了。到7个月左右大时，当一个物体被隐藏起来，比如当你用手把脸遮住时，他会对脸孔的消失感到好奇。而当你将双手从脸前面移开并且说"躲猫猫"的时候，孩子会表现出高兴的样子。婴儿与学步儿似乎始终对这种躲猫猫的游戏充满兴趣，所以我们可以发明一系列隐藏和发现的游戏来支持这种普遍存在的好奇心。

幼儿同样需要以安全的方式遭遇混乱，这样他们才会知道在面对诱惑时，有哪些是可以做的而哪些是不能做的。只有尝试过把沙子放进嘴里的感觉，他们才会知道沙子是不能吃的。很多幼儿老师为了避免大量的清洁工作或材料的浪费，会亲自将胶水、颜料等材料倒出来（分配给大家）。这样的做法是可以理解的，但是应当注意的是，帮助孩子学习适度概念的更好的方式是随他使用过量的材料，如此一来他之后不得不面对杂乱无章、清理和下次材料不够用的情况。

我们可以通过为孩子提供一些可自由支配的时间选择来提升他们的自主性。但这种选择不应该是无限制的，因为多数孩子还没有能力应对。在接下来的案例中，玛西娅老师和一群四岁大的孩子正在决定他们想要选择的活动：

玛西娅老师："孩子们，现在距午餐还有45分钟。你们希望做些什么？道格举手了，你是怎么想的？"

道格："我们要完成我们的村庄，所以我们需要砖块和铁轨。"

几个同学点头表示同意。

玛西娅老师："好的，你们已经持续做那件事很久了，还有什么其他想做的吗？"

埃文："我们需要一个厨房区域，因为我们有一家披萨店。"

玛西娅老师："哦，好的，披萨！其他方面呢？"

保罗："我想要画画。"

玛西娅老师："我猜还有些人也想要画画对吗？听上去不错！你们还有什么想做的吗？还是这些事情已经足够多了。"

多米："那边的沙盘怎么样？我们好久没有玩沙盘了。"

玛西娅老师："孩子们，想要玩沙盘吗？"

大家都点头认可。

玛西娅老师："好的，那我们现在有砖块、铁轨、厨房、绘画和沙盘。是这些吗？这些太多了还是我们还需要更多？"

几个孩子回应道："足够多了。"

玛西娅老师："好的，那现在我们一起去玩吧！"

孩子们分散开来纷纷奔向自己喜欢的活动区。有八个孩子同时跑向了沙盘并开始争论是谁先到那里的。

当你让孩子自主选择时，冲突现象往往会有所增加。这些挑战为孩子们提供了冲突和问题解决的绝好机会。一个对于提升自主性很有意义的策略是制造或充分利用协商和解决真实问题的机会。在前面的例子中，孩子们发现八个孩子一起玩沙盘人太多了，而这正是玛西娅老师所希望看到的结果：

玛西娅老师："嗯，我发现你们八个都想要玩这个沙盘游戏，这能行吗？"

孩子们："不行，人太多了。"

玛西娅老师："所以说，虽然你们每个人都想在这里玩，但是八个人一起又太多了。那你们认为几个人玩这个游戏比较合适？"

兰迪："我们通常都是四个人一起玩，那样还挺不错。"孩子们纷纷点头。

玛西娅老师："那应该让你们八人中的哪四个先一起玩呢？"

多米："我应该先玩因为这最早是我的主意。"

玛西娅老师："孩子们，大家觉得这样是公平的吗？"

孩子们纷纷说："我也应该先玩！"

玛西娅老师："所以说，大部分人都想要第一个玩，这样的话，问题得到解决了吗？"

孩子们："没有。"

玛西娅老师："那么有一个轮流的方式，就是说你们中的一些人先玩，一些人之后再玩，你们觉得这种轮流的方式可以么？"

孩子们："可以。"

玛西娅老师："那我们如何决定？"孩子们耸耸肩。玛西娅老师认为在这里应当给他们一些指导。"有的时候我们可以这样决定：愿意第二轮玩的孩子可以玩相对较长的时间，这样可以吗？"每个人都认为这是个不错的主意。

几个孩子说他们愿意先去别的地方稍后再回来玩，而剩下的三个孩子决定先在沙盘旁进行游戏。

在玛西娅的班级中，有很多地方都在提升着儿童的自主性。第一，孩子们可以按照自己的意愿选择想要从事的活动。第二，孩子们为他们自己创造了真实的问题，这正是玛西娅老师所期待的，但她并没有直接帮助孩子们解决这个问题，而是引导他们自行解决问题。第三，她为他们提供了做决定的机会，但这可能并不起作用，所以她又引导孩子推断不可行的原因以及应该做些什么来应对眼下的困境。

最后，玛西娅班上的孩子显然拥有很多机会去做长期项目，比如设计并修缮一个精致的村庄、修建一家披萨餐厅。随着时间的推移，在其他许多活动中也会发生复杂、多样的学习过程。类似的活动还有种子发芽生长成植物或者观察毛毛虫破茧成蝶（或蝌蚪长成青蛙）等。一个持续数天或数周的项目会提升孩子们在学习过程中的投入水平（Hyson, 2008; Helm & Katz, 2011）。

示范自主性的语言

当我们在幼儿面前使用反思性语言时，我们是在示范一种基本技能，它能对孩子一生中与世界的互动进行指导。在本章节前面的内容中，我们介绍过凯莎老师通过示范表达求知欲的语言范例来鼓励杰文探索显微镜。起初，杰文并不愿意接触这一任务，但是凯莎老师的热情与好奇心激励着他去尝试。他总是说，"我不知道"。但凯莎老师没有因此而停止对他的鼓励，而是说"我也不知道，那你觉得可能会是什么样的？"即使他并不知道问题的答案，但杰文还是可以感受到他的想法是有意义的和有效的。而这又提高了他的自信心与参与任务的动机。

当你对一个问题出声进行思考的时候，你展现的是处理生活起落的各种方式，人们通常可以从这些方式中任意进行选择。而对于一个老师来说，对一些小问题出声地进行思考是可以的，甚至是我们所推荐的，正如多纳老师在下面的小片段中表现出的：

> "我们刚刚从蝴蝶公园回来，所以阅读一些与蝴蝶有关的书籍一定很有趣。我们有三本这样的书，但是距离午餐时间只剩五分钟了。孩子们读过一遍又一遍、喜欢的不得了的那本书太长了，5分钟根本不够。我们可以先读那本书中的一部分，剩下一部分可以稍后再读。或者我们可以先读完一本短一些的书。你们是怎么想的？"

课堂管理与自主性的提升

一个以孩子为导向的班级应该是可以促进其自主性和独立思考能力发展的。对于一个认为孩子应该在自己的控制下活动、学习和行动的老师来说，这样的经历可能会是可怕的或是令人不安的。这可能会导致混乱并具有很高的不可预知性。儿童需要选择，但是在一定程度上限制选项的数量可以有效帮助你减少这种不适感。有时老师会为孩子提供一些独立解决自己遇到的问题或面临的冲突的机会，但结果却可能很不成功。例如，在上文中所提到的沙盘游戏中，孩子们撅嘴、强求甚至发生肢体冲突。在这样的时刻，教师通常更愿意控制住局面并直接告诉孩子解决问题的办法来平息冲突。相反，将问题解决的进程放慢会更有成效，要把问题拆解成数个操作性更强的部分，并为孩子提供更有针对性的脚手架来支持他们刚刚萌发的协商技能。随着类似经验的积累，孩子们很快就可以学会独立、有效地管理自我。这样的处理方式对于我们多数人来说并非易事，这需要老师付出像孩子一样的努力来不断练习。

总结

自主性是影响学生在学校、人际关系与人生中获得成功的重要因素。自主性的三个组成部分——求知欲、自信心与动机——不断相互作用以帮助孩子越来越独立地投入日渐复杂的经历。每个孩子天生具有好奇心与探索欲。作为早教工作者，我们有责任为他们提供探索的机会而不是通过指导、控制以及制定准则的方式阻碍他们的好奇心与探索欲的发展。通过为孩子提供以其自己的意愿体验世界、做出决定、解决问题和犯错的机会，我们正在提升他们的自主性。当我们在此过程中遇到问题时，这意味着我们必须及时反思引起不适的原因，并且采用一种更慢、更细致、更有针对性的支持方式，以便使孩子能成功地管理自我。

回顾和应用

1. 描述生物性因素和经验性因素如何影响自主性三个组成部分的发展。
2. 泰勒既不愿意玩沙盘游戏，也不愿意滑滑梯，她在操场上像影子一样跟着你。
   a. 你从泰勒沉默的行为中发现了什么样的信息？
   b. 你能运用哪些策略帮助泰勒提升她的自主性以及求知欲、动机与自信心？

本部分小结：建立情绪能力

孩子们需要带着一种最佳的唤醒水平与热情投入游戏之中以更好地成长和生活。而自我监控与自主性都是情绪能力的重要组成部分。为了更加有效地与世界互动，孩子必须能够处理感觉输入、充分地集中注意力来处理重要的工作、以适当的情绪来面对生活中的起起伏伏并且能够在不干扰别人的情况下以合理的方式满足自己的需要。在实现这些自我监控目标时，一些孩子比其他孩子需要更多的支持，这源自于他们特殊的气质类型、大脑的成熟程度与独特的经历。通过认识到自我监控技能的发展与其他技能的发展一样是一个渐进的过程，我们就可以为孩子提供特殊的经验来支持这些关键能力的萌发，并且通过针对性的活动对这些能力加以强化。

自我监控只是情绪发展的一部分。孩子们还需要求知欲、动机与自信心去支持他们探索外面的世界，这些都是自主性的重要组成部分。婴儿天性好奇并乐于发现新事物。我们的任务是创造安全、真实的探索与发现的机会，以此来鼓励这种自然倾向性的发展。我们必须克制代替他们解决问题的冲动，也不能以机械教学法限制他们的求知欲。正是以上两组情绪技能中的能力推动着儿童在他们的人生中更好地发展。

第四部分
Part 4

社会性技能的反思性支持

"没有人像一座孤岛那样可以自全。每个人都是陆地的一片,是整体的一部分。"

——约翰·邓恩(John Donne) 冥想17章(1839)

在关于文化的讨论中,我们探讨了个人主义和集体主义生活方式之间的区别。事实上,这些维度或多或少根据不同文化背景所强调的不同内容而定。在第三部分,我们重点探讨了基本情绪技能,在第四部分,我们将探讨重要的社会性技能,包括移情和沟通。但是,情绪能力和社会性技能并不是截然不同的。社会性技能和情绪技能是相互依存的。在缺乏支持性社会关系时,孩子是没有办法获得自我监控能力或自主性的,他们对情绪技能的掌握在一定程度上会增强或阻碍其社会性能力。

"你可以做我的小伙伴,这样我可以告诉你我知道的一切,你就知道怎么去做了。这样,你在这会有很多乐趣。我会做你坚强的后盾。"

——加尔文,5岁,致新同学

第八章
Chapter 8
促进移情和集体意识

阅读完本章后,你应该能够:

◎ 定义移情和集体意识并描述二者之间的关系。

◎ 解释为什么移情对现实生活有着重要的意义。

◎ 描述生物、成熟、经验等因素对移情和集体意识发展的影响。

◎ 提出促进儿童早期移情和集体意识的策略和实践方法。

米娅和莉亚是表姐妹，她们在六周大的时候进入绿树林儿童发展中心。当姐妹俩在一起的时候，她们会觉得更自在，与单独玩相比，她们更喜欢在彼此身边玩。蹒跚学步的她们，分享着彼此的欢乐和幽默，一如她们分享着彼此的痛苦一样。如果米娅在过渡环节哭了，莉亚的哭声在下一秒就会响起。如果莉亚磕磕绊绊地撞到她的胳膊，米娅会立刻表现出很痛苦的样子。如果一个孩子得到了安慰，另一个也会停止哭泣。但是米娅和莉亚并不是唯一的能够感知彼此情绪的幼儿。实际上，在日常生活中，很多实例表明学步儿会给不开心的小伙伴玩他们的小兔子，或者模仿同学傻里傻气的样子、痛苦的表情或蔑视的神态。

在米娅、莉亚以及她们的同学五岁的时候，她们会互相帮助扣扣子，会描述一个新同学受到惊吓的表情，还会耐心地帮助阅读能力差的同伴提高阅读技巧。

到了二年级，这个班的孩子开辟了一个社区花园，并在里面种了辣椒、西红柿和许多其他作物，在秋季收成的时候，他们就把这些作物出售给家人和朋友。最后，他们一致同意把出售作物所得的收益捐献给当地的食物银行，以帮助他们社区中贫困的人。

是绿树林儿童发展中心的儿童有什么特别之处让他们成为相互关心、相互支持的公民吗？是家庭教育中的某些特别因素使他们做出这样温暖的举动吗？还是绿树林儿童中心的某些做法让他们表现出善良的行为？所有这三个问题的答案都是"是"。孩子的先天素质、家庭的教养方式以及学校/教学中心的理念、政策和实践，都是提升孩子移情能力和集体意识的重要因素。

一、移情和集体意识的概念

移情（empathy）是指一个人的情绪反应，这种情绪反应源于对他人情绪状态的理解，与他人的感受相似（Lapsley，2011；Eisenber&Fabes，1990）。**它还可以被定义为对他人处境而非自身处境的一种情绪回应**（Hoffman，2000）。根据丹尼尔·西格尔的观点，移情是指能够形成"心灵之眼"看到别人头脑中的形象，或者通过"心灵地图"从他人的角度看问题的能力（Siegel，2011）。例如，某天你的同事心情低落地走进办公室，原因是她心爱的小狗已经走失两天了。尽管你从来没有养过狗，但是看到她极度痛苦的样子，你几乎也要动情地落泪，并深切地感受到了她的担心和忧虑。你的情绪能够反应出她的情绪，而这种情绪是在无意识层面体验到的，这种情感体验就是移情。

同样的，米娅和莉亚，还有她们的同班同学表现出很强的移情能力，这种能力随着时间推移会发生质的发展和改变。学步儿时期，儿童移情的表现形式相对不受控制，反映的基本是他们同龄人表现出的情感。到了幼儿园，他们的移情会引导他们以一种减少他人痛苦的方式行事。到孩子们八岁的时候，他们的移情激发他们用行动来改善他们的班集体和他们的社区。

与移情相关的一个概念是集体意识。**集体意识**（sense of community）**是指一种归属感，成员对彼此以及对集体来说极为重要，所有成员拥有共同的信念，那就是成员的需求可以通过大家紧密团结在一起的承诺得到满足**（McMillan & Chavis，1986）。**群体**这个词有时用来区分不同的地理区域，例如一个城市的东侧住宅区。有时意味着人与人之间的共性，如犹太人或者穆斯林团体或绿树林学校社区。

麦克米兰和查维斯（McMillan & Chavis，1986）提出"集体意识"有四个基本要素。第一个要素是**成员资格**（membership），**一种某人处于某个组织范围之内的感知**。成员资格意味着某些人是在集体之内的，而其他人是集体之外的。这一要素是幼儿强大的动力和焦虑的来源，我们常见的一种儿童之间的威胁就是很好的证明，例如"你不能来参加我的生日派对！"。当成员对某个集体投入很多时，他们会对这个集体有很高的忠诚度。更高水平的忠诚度则会导致更强的凝聚力，这种凝聚力又会反过来提高成员实现团体期望的动机（McMillan & Chavis，1986，p. 10）。

集体意识的第二个要素是影响力。**影响力**（influence）**反映一个人的信念，即他对集体活动或集体成功有影响，而集体又对他的行为或福祉产生影响**。换句话说，每个成员对集体来说都非常重要，而集体对每个成员也同样重要。这也意味着，符合集体的期望是非常重要的，这会加强一个人在集体中的地位。在一组四岁的孩子中，影响力的元素可以从熟悉的控诉中听到，例如"他插队！"和"她没有放好积木！"。即使是4岁的孩子也会感觉到一个成员的行为会影响其他成员的生活。成员对集体的影响和集体对成员的影响是同时发生、双向（两个方向都有）进行的。

第三个要素是**需求满足**（fulfillment of needs），指的是**了解到与集体密切联系将满足其成员的需要**。成员以与组织一致的方式将其需求按照优先级别排序。组织通过这种排序建立共同的价值体系。在幼儿班级中，需求的满足转化为被强化的行为，这些行为可以导致不同的班级氛围，是支持和尊重的，侵略和竞争的，或是介于两者之间的，这取决于哪些行为是被集体所强化的。

共同的情感联系（shared emotional connection）是促进集体意识的第四个必要元素，它涉及**与集体互动的强度，频率，重要性和合意性**。一个人投入时间、精力和其他资源越多，他与集体的情感联系就越强，相应的，这也使集体变得更强大（McMillan & Chavis，1986，pp. 10-14）。当集体成员一起参与一些有意义的项目时，他们共同的情感联系会增强他们的集体意识（Katz，1994；Helm & Katz，

2011）。

要了解集体意识中这些基本要素是如何协同工作的，我们可以来看看两个幼儿园班级里的场景：

> 每天早晨，凯莎会用充满爱心的笑容和温暖的谈话去迎接每一个孩子。孩子们在凯莎面前兴奋地谈着他们生活中的趣事，他们很确信凯莎是他们的忠实听众。有时候，他们会打断彼此的谈话，这对孩子来说是再正常不过的。每当这时，凯莎老师就会说："你的想法很重要，我们很想听，但比利想告诉我们他新养的小狗的故事。让我们来听听比利的故事。"每一个孩子都知道他是班集体中重要的一员。如果他们为了一个玩具争吵了，凯莎就会把孩子们聚到一起，让孩子们一起讨论应该如何协商并解决问题。每个孩子都知道他在班级的长期活动项目（比如操场壁画创作或班级乐团）中发挥着重要作用。

> 每天早晨，当孩子们挤进教室时，保琳都在忙着摆弄她准备好的上课材料。她抬起头跟偶尔靠近她的父母们打招呼，但大多数父母更愿意通过递纸条的方式跟她沟通，他们会把纸条塞到保琳特意放置在门口的意见箱里。这种方式比特意接近保琳更让人舒服一些。孩子们会为玩具争吵，当这种争吵打扰到保琳，她就开始干预，她会问："出什么问题了，谁先拿到玩具的？"孩子们唧唧喳喳说他们的情况，每个人都有不同的理由，保琳会把玩具拿走，直到有目击者过来告诉她自己看到了什么。在圆圈时间，保琳会问孩子天气和字母发音的问题，如果他们回答不正确，保琳会说："不，不对，有其他人知道正确答案吗？"过了几天，总是那两三个孩子举手回答问题，而其他孩子则忙着自己的事情，还经常打扰其他同学。他们已经学会如何去引起注意，即使这种注意是消极的。

凯莎和保琳班级中的集体意识有极为明显的不同。凯莎通过对孩子们故事的兴趣、对孩子们想法和观点的尊重以及集体活动的创新，激发了每个孩子的自我价值感。她会使用"**我们**""**让我们**"这样的词语，并为班级成员创造解决问题的机会。相比之下，保琳营造的是一种让孩子和父母都感觉在情感上有距离的氛围。她设置的意见箱就好像是在尖叫："不要跟我说话！"她会直接解决孩子们的问题，而不是通过指导他们去谈判和协商解决，她减少了他们共同面对并解决冲突的机会。事实上，孩子们相互告发的行为被强化了。她不鼓励孩子尝试讨论问题，并且只会奖励那些正确的回答。结果，许多的孩子只能通过其他方式进行互动，并采用扰乱课堂和互相打扰的方式寻求教师的关注。

移情和集体意识之间的联系

具备移情能力的孩子集体意识是否会更强？乍看之下，似乎一个人能与他人的情绪状态保持一致就自然会成为团体中忠诚的一员。但仔细想来，移情似乎是集体意识的必要不充分条件。戈尔曼（Goleman，1995）在谈到"情商"时提到，具备解读他人情绪和思想天赋的人是很好的团队合作者、可靠的配偶、好朋友或商业伙伴，而所有这些又都是集体意识的表现。然而加德纳（Gardner，1999）更喜欢用**情绪敏感**一词来描述具有极强的移情技能并可以使用这种技能为他人造福的一类人。但是如果一个人很擅长解读别人的思想，却滥用这种能力或以反社会的方式使用这些技能，这种品质就不是移情，它是一种自私的操纵行为。移情是与他人内在经历的情感联系，它让人感觉和他人息息相关。因此，移情是集体意识的必要部分，但必须伴随着亲社会动机，并致力于对他人或团体的改善（Gardner，1999，pp. 118-119；Goleman，1995，pp. 206-207）。

二、移情为什么重要

移情能力是一个人在生活中取得成功所需要的最重要的技能之一（Goleman，1995；Siegel，2001；Siegel&Hartzell，2003）。大量的移情和道德的相关研究都证实，共情性悲伤能够激发亲社会行为（Hoffman，2007；Lapsley，2011；Kochanska，Forman，Aksan，&Dunbar，2005）。**亲社会行为（prosocial behaviors）是旨在帮助他人的自愿行为**，包括帮助、轮流、分享和安慰别人（Eisenberg，et al，1997）。**反社会行为（antisocial behaviors）是表现出无视和侵犯他人的权利的行为**（美国精神病学协会，2000），包括盗窃、恐吓、欺诈、不负责任、好战、缺乏悔恨以及漠视他人的安全等。早期的反社会倾向已被证实会持续到成年，常常为个人和社会发展带来严重的消极后果（Caspi, et al., 1996；Moffitt, et al., 2002）。同样，在人生早期出现的亲社会倾向也会持续到青春期及以后，并对今后生活带来积极的影响（Hyson & Taylor, 2011）。由于亲社会行为会对人生产生重要影响，因此对于早期教育专业人士来说，支持幼儿移情发展，使年幼的孩子走上亲社会的道路是极其重要的。

三、移情和集体意识的发展

和绝大多数情绪和社会性技能一样，生物和环境变量会交互影响移情和集体意识的发展。

生物和成熟的影响

人类富有移情是由先天基因决定的，这种天生的品质有几种表现形式，这些表现形式在人生最初几年中不断发展着（Schore，1994；Hoffman，2000；Goleman，1995；Siegel，2001）。在前面的例子中，当莉亚和米娅是小婴儿的时候，一个宝宝不高兴，另一个也会伤心。当一个被安抚时，另一个也变得平静。婴儿可以利用他人的情绪性表情和信号来调节自己的情绪。到一岁时，婴儿意识到"情感是可以连接的"，换言之，她可以"在心里想着别人的想法"或体会到别人的内心状态（Lapsley，2011）。她可以体察到抚养者脸上的恐惧或者不满，因而改变自己的情绪状态。抚养者一个皱眉或警示的眼神就足以阻止婴儿的不良行为。到20个月时，学步儿可以给他人的一些情绪状态贴上标签，如"爸爸伤心了"。2岁的时候，孩子甚至可以对另一个人的情绪进行因果关系的表述（Lapsley，2011）。有时我们会听到一位年仅2岁的儿童说："他摔倒了，他很难过。"

纽约大学发展心理学家马丁·霍夫曼（Martin Hoffman）提出了唤起移情的五种不同模式。前三种是前言语阶段的、无意识的行为，这表明人类生来就具有感知他人情绪体验的能力，有时，这种对情绪的感知还很强烈（Hoffman，2007）。第一种模式是**运动神经模仿**（motor mimicry），它是**孩子自发地模仿其他难过的人的面部表情、声音或肢体动作，这一行为导致了儿童自身的悲伤情绪**。在米娅和莉亚的案例中我们就可以发现这种自发的变化，一个人的痛苦会让另一人感同身受。最近发现的**镜像神经元**（mirror neurons）可以解释这种运动神经模仿行为，镜像神经元指的是，**观察者大脑中神经活动（神经细胞间的信号）所发生的脑区和速率与情绪真实体验者的相同**（Hoffman，2007；Siegel，2011）。想象一下你在安慰你失去心爱宠物的同事。如果我们用电极来测量你和你朋友的神经活动，应该可以在你们两个的大脑中都看到类似的脑活动。一些自闭症儿童显示出镜像神经系统的功能障碍，他们同样会在移情和心理理论方面表现较弱，这突出了这些过程之间的联系。关于镜像神经元的进一步讨论，请参阅下面方框中的内容。

镜像神经元

在20世纪90年代中期，意大利神经学家们使用电极研究了猴子的大脑。科学家们发现当一只猴子看着另一只猴子吃花生时，可以观测到这个猴子跟吃花生的猴子的前运动皮层在同样的位置以完全相同的方式运动（显示电活动）。他们确定**镜像神经元**使猴子无形中进入其他猴子的头脑。随后的研究证实了镜像神经元系统对人类也同样起作用。例如，当你观察另一人伸手去握门把手时，你的头脑也会完成转动门把手开门的动作。同样的，当你看到一个人撞到他的手肘，你会感受到他的痛苦。当你观察一个人被羞辱时，你也会感受到她痛苦的情绪。镜像神经元系统如今被认为是移情产生的根源。

资料来源：基于Siegel, D. J.（2011）. *Mindsight: The new science of personal transformation.* New York: Bantam Books. 59-61.

移情唤起的第二种模式是**经典条件作用**（classical conditioning），**儿童观察诸**

如抚养者等人痛苦的表现，并将自身的痛苦情绪与抚养者的相联结。例如，当抚养者感到焦虑或害怕，她的身体可能会僵硬，这种变化会转移到儿童身上。成人的面部表情和姿势就成为了条件刺激。日后，简单的面部表情或姿势就足以导致孩子的痛苦。

第三种模式是**直接联想**（direct association），**某人看到他人身处困境之中，这一场景激起其自身类似的生活回忆，并使其为那个人感到难过**。如果一个孩子之前为转学到新学校感到过焦虑，那么他就能体会到刚转到他班里那位同学焦虑的心情，从这里我们就能看到直接联想。如霍夫曼所述，这前三种模式经常发生在潜意识的层面，并且在幼儿身上体现得最为明显（Hoffman, 2007）。

后面两种高阶模式需要象征性思维和语言。**间接联想**（mediated association）**是更有经验的人指出他人的情绪体验，并说出这种情绪的名字**，例如，"看查尔斯感到多么的孤独"。霍夫曼提出的最后的模式是**角色或观点采择**（role- or perspective- taking），**一种对他人的思想、感觉和需求产生心理概念的能力**（Hoffman, 2000）。例如，当我们问："如果查尔斯告诉你他不喜欢你，你会有什么感觉？"，这通常就是由这种模式唤起的移情。

霍夫曼认为，孩子移情发展所经历的五个阶段与他们的神经和认知发展是一致的。开始时，婴儿只能够在极小的程度上区分自己和他人的情绪。到三岁的时候，他们能够很好地察觉到别人内心状态与他们自己的不同。这个年龄的孩子往往能用安慰当事者的行为来减轻当事者的痛苦，而不是简单地安慰自己。霍夫曼将这种变化描述为从共情性悲伤到同情性悲伤的转变，前者由儿童自身强烈的情绪所控制，而后者则更关注与儿童自身有别的当事者的悲伤情绪（见表8-1）。

人生来就有对社会联系的基本需求（Schore, 1994; Cassidy&Shaver, 1999; Siegel, 2001）。发展心理学家发现，婴儿典型的对母亲面孔的迷恋与早期依恋有关，并对儿童的社会性交往有着后续影响（Walton, Armstrong, & Bower, 1998）。对社会联系和集体意识的需求不仅仅是儿童的特质。在我们的社会中，核心家庭仍是主流，虽然人们经常远离他们的家乡，但是这种社会联系的驱力依然存在。人们找到其他方法相互联系，社交网站的极度流行可以证明这一点。在撰写本文时，世界各地的Facebook用户达到8.45亿，有一半的人每天登录，平均每个用户有80个社区页面和130个好友（Facebook, 2011）。这个数字仍在不断上升。大约一半的美国人经常使用社交媒体网站，是三年前的两倍（AGBeat News, 2011）。人们加入俱乐部，健身房，服务团体，仅仅是想成为集体的一部分。我们对彼此交往有着基本的内驱力。

表8-1 霍夫曼移情发展的阶段

阶段	开始时间	描述	示例
普遍性共情性悲伤 新生儿反应性哭泣	出生	婴儿在听到别人的哭声后也会以同样的反应强度跟着哭起来，显得就像自己也在遭遇不幸一样	米娅本来安静地在她的婴儿床边玩耍，但是当莉亚因为母亲的离开开始哭了起来后，米娅也跟着哭起来
自我中心共情性悲伤	11个月	当其他人表现出痛苦时，婴儿也会显得难过，但他的行为主要是为了减少自己的痛苦	莉亚哭的时候，米娅也会表现得难过，并会去寻求抚养者对自己的安慰
类自我中心共情性悲伤	1~2岁	孩子会向当事者提供帮助，但他们认为对自己有用的方法也能帮到当事者	当米娅看到莉亚心烦的时候，米娅拿来了她自己的毛毯安慰莉亚
对他人悲伤的真正移情	2~3岁	开始认识到自己和他人各有自己的内心状态，儿童能更准确地表现出与他人的共鸣，并能进行更有效的安慰行为，尽管这些行为的动机仍是为了来缓解自己的痛苦	当米娅的同学罗谢尔把米娅正在画的画撕坏了时，米娅哭了起来，3岁的莉亚赶紧把米娅的小毯子拿给米娅
同情性悲伤	3岁	儿童开始理解当事者跟自己是无关的，但是他们也关心当事者，这不仅仅是为了自己，而是想要缓解当事者的痛苦	当米娅因为罗谢尔把画撕掉哭泣的时候，莉亚会温柔地、轻声地跟米娅说话，并会给她放一些磁带听

资料来源：Hoffman, M. L.（2007）. "The Origins of Empathic Morality in Toddlerhood". In Socioemotional development in the toddler years transitions and transformations, edited by C. Brownell & C. Kopp, 132-149. New York：Guilford.

经验的影响

人类来到这个世界时，基因就已经设定好了我们与他人息息相关并存在情感上的联结，这些能力可以通过经验进一步得到发展或者被抑制。在前面的章节中，我们研究了安全型依恋在自我监控、自主性和其他技能的发展中的重要作用。移情发展的一个重要因素是健康依恋关系的形成，这种依恋关系的特点是抚养者和儿童之间的协调与同步。健康依恋的缺失与一系列不良认知和人际交往后果相关联（Zeanah, et al., 2003）。

举例来说，在前面的章节中我们介绍了冷面范式。当母亲和婴儿进行相互的、同步的交流互动时，他们在感情上就好像变成了一个人。当母亲表现出冷冰冰的、无动于衷的面部表情时，母婴之间缺乏感情交流的状态会立刻干扰到宝宝的情绪状态，宝宝看起来几乎就要崩溃了。冷面范式只是一个实验，但其结果可以推广到与孩子相关的其他人际关系中。移情的发展取决于规律的、相互的情感互动，我们可以来看看下面的事例：

> 三岁的李满面笑意地、兴奋地把他完成的拼图给朱莉老师看，朱莉看了一眼不屑一顾地说："把它拿开，李。我们正在打扫卫生。"听到老师这么说，李那颗小小的心瞬间沉了下去，随后他收起了拼图。

把李在玛吉老师面前的经历和在朱莉老师面前的经历相比较:

三岁的李满面笑意地、兴奋地把他完成的拼图给玛吉老师看,玛吉老师弯腰去看了看,说:"哇!李!这是你拼的拼图吗?我敢打赌你肯定很努力地去完成它!谢谢你把它拿给我看。"五秒钟后,玛吉说:"我知道你很享受你在做的事情,但是时间差不多了,应该把拼图收起来了,这样我们才可以到外面去。"听到老师这么说,李顿时有很大的成就感,他欣喜不已,很快就收拾好了。

在玛吉老师面前,李感觉自己的心情被体会到了(Siegel, 2011)。他们好像彼此心意相通,李知道玛吉老师对他的心情就像他自己对自己的心情一样,但是在朱莉老师面前,两人没有任何情感上的共鸣。对李来说至关重要的东西,对朱莉来说是毫不相干的。他们之间没有建立任何联结。朱莉和李之间的情感联结就像母亲摆出无动于衷的表情时,婴儿所感觉到的那样。如果一个孩子反复经历这样一个缺乏共情的状况,他不仅会感觉自己很糟糕,其移情发展也会受到阻碍。他会逐渐认为,他的情感世界和他人的情绪状况是毫不相关的。

科学家们研究了早期关系经验对大脑发育的影响。婴儿生来就具有数十亿个神经元(神经细胞)。每次孩子有不同的经验,无论是好还是坏,大脑中的化学物质都会流动形成神经元之间的连接。这些神经连接是儿童学习的基础(Tierney & Nelson, 2009; Siegel, 2011)。当儿童的早期经验大部分是积极的和支持性的,儿童的学习就会在有安全感的基础上进行。如果缺乏了这样的积极经验,儿童的大脑发育就会受到阻碍,学习潜力也会受到影响。

布加勒斯特早期干预项目(The Bucharest Early Intervention Project)探究了抚养者与儿童之间不同类型情感互动方式对成长于社会福利机构中的孤儿或弃儿发展的影响。一组儿童在早年阶段便被送往福利机构收容,另一组儿童也是被送往福利机构,但最开始的一段时间被寄养或收养在家庭中,第三组儿童则从未被送往福利机构。研究发现,跟那些没有被送往福利机构的儿童相比,早年阶段被送到福利机构的儿童人脑活动受损,精神失调的比例更高,身体、情绪和认知发展不良。早期被寄养或收养的儿童与送到福利机构的儿童相比则显示出更高的智商和更好的发展。在收养组中,24个月之内被收养的儿童表现最好(Zeanah, et al., 2003; Marshall, et al., 2004; Zeanah C., 2009; Nelson, Furtado, Fox, &Zeanah, 2009; Fox, et al., 2011)。通过观察布加勒斯特项目中被收养的儿童可以发现,对于有害的早期经验,大脑有非凡的补偿和修复能力。然而,随着消极经历的频率、时间周期和强度的增加,这样的神经可塑性所起到的作用会变得越来越有限(Bos, Zeanah, Fox, Drury,

McLaughlin, &Nelson, 2011）。

依恋在很大程度上影响移情和集体意识的发展，但明尼苏达大学的研究人员表示，除了早期依恋外，移情和其他亲社会技能的发展之间也有密切的联系。这些研究者发现气质、早期依恋经验以及童年早期和青春期获得的持续的个人经验及人际交往经验之间存在复杂的相互作用（Sroufe, et al., 2005; Sroufe, Coffino, & Carlson, 2010）。这一发现预示着矫正性经验可能会起到良好的作用（Siegel & Hartzell, 2003），并突出了高质量的、基于关系的早期教育项目的重要性，尤其是当儿童的早期依恋存在问题时。

除了与儿童关系的性质，由父母和抚养者提供的关于移情和集体重要性的信息也影响着这些原则如何被良好地纳入儿童不断形成的价值体系中。家庭和班级对集体意识和归属感的强调在某种程度上是不同的。一些家庭或班级对所有成员都有常规要求，即使最年轻的成员在吃饭时都要进行餐前准备、上菜、吃饭并且参与打扫卫生。做家务和承担责任传达出的理念是每个人都在这个社会群体的平稳运行中扮演着重要的角色。一些家庭为了增强家庭成员的归属感，会进行一些集体性的娱乐活动，例如运动，露营，参观博物馆或做志愿者。

在一些家庭中，更多的不是强调家庭这个整体，而是家庭成员的个人兴趣。在近期的一次家长会上，一位母亲说她一周的典型活动包括放学后开车带孩子去做运动、踢足球、上辅导课、钢琴课、戏剧课以及做瑜伽（这是妈妈的活动）。这个特别的家庭仅有两个孩子，但他们很少在家庭这个集体中看到对方，因为他们都有广泛的个人兴趣和多种多样的活动。

在其他家庭中，个体一般会被诸如贫困、疾病等个人问题占据心力，他们不会把培养集体意识/归属感作为优先事项，即使这是他们想要的。一些家庭不会始终如一地发展孩子的集体意识，对于来自这些家庭的孩子来说，早期教育项目就可以在这项重要能力的发展中发挥关键作用。

在高质量的早期教育项目中，移情和集体意识每时每刻都渗透在抚养者与儿童的互动之中（Bredekamp & Copple, 1997）。即使是在婴儿行为的培养中，这种方法的好处也是非常引人注目的。印第安纳大学早期教育教授玛丽·麦克马伦（Mary McMullen）和她的同事描述了婴幼儿在这种高质量教育环境培养下所表现出的行为。**这些亲社会婴儿（prosocial baby）表现出的交际能力和行为有助于创建积极的班级情感环境，这些行为能使婴儿形成一种积极、可辨、外显的社会表达形式，不论其表达的**

对象是其他婴儿还是成人（McMullen, et al., 2009）。研究者观察到亲社会婴儿有几个共同特质。他们被当做一个独立个体照顾和尊重，他们对人友好、亲切、善良，并表现出对集体的归属感。所有班级的老师们都具有一致的期望，他们亲身示范如何温暖有礼地对待他人，自然流露出对教室里每一个人的尊重，包括同事、家长以及这些最重要的孩子。

麦克马伦等人描述的教师行为是所有致力于促进儿童亲社会性发展的成年人的典范，这种行为可以通过反思性实践和同事之间开放的沟通进一步提升（McMullen, et al, 2009; Jennings & Greenberg, 2009）。但对那些没有表现出善解人意、亲社会倾向的儿童呢？霍夫曼建议当孩子的动机与他人冲突或当孩子的行为对他人产生伤害时，抚养者应使用**诱导**（inductive）的方式来引导孩子。与惩罚孩子不同，用这种**诱导**的方式，成年人可以**明确地向孩子说明他的行为给他人带来的伤害性后果**。例如，一名幼儿推倒了另一名幼儿，大人指着受害者的悲伤的脸，说："看看鲍比。你推他的时候他摔倒了。鲍比非常难过，因为你的这种行为伤害了他。不要再推他了。"通过使用这种诱导的方法，孩子们学会考虑他人的感受并做出亲社会行为，这种行为是出于移情和道德感，而不是出对于对个人行为后果的恐惧。虽然有些人认为这种方法可能会向孩子灌输内疚感，但是霍夫曼等人认为内疚是移情、道德感及亲社会性发展的一个重要组成部分。在成人的不断感化诱导下，对罪恶感的预期会打消儿童伤害他人的念头（Hoffman, 2000）。

社区或制度性因素也影响着儿童的移情和集体意识。一些城市和近郊地区有公园或游乐场供人们聚集和玩耍。一些社区通过宗教机构、合作社、居委会或俱乐部，让各个年龄段的家庭成员都可以找到喜欢的活动并与邻居们交流沟通。对于一些孩子来说，这些机会可能很难获得，所以幼儿保育和教育机构在社会联系这一目标的实现上就显得尤为重要。

文化在儿童集体意识发展中同样起到重要作用。之前，我们探索了两种文化的区别，一种是强调相互依存和集体主义的文化，一种是强调个人主义和独立性的文化。即使在非常强调个人主义的文化中，移情和集体意识也非常重要，而且大多数社会、家庭和班级都介于相互依赖性和独立性两个极端之间。

四、促进儿童早期移情和集体意识发展的实践

教育系统常常被比喻为机器，对于机器而言，原料进入（关于世界的事实和相关信息），得到加工（信息被解释、讨论、练习或者计算），最终产生成品（测验、期末论

文，一幅画作或者独奏会上的一首歌）（Robinson & Aronica，2009）。教育工业化的隐喻忽略了教育过程中所充斥的复杂、双向的互动机制，而正是这一机制真正描绘了教育情境中的实然（发生了什么）与应然（应该发生什么）特点。机器的比喻将学生视作教育中的被动接受者，而非学习过程中能动的参与者。机器模式思维规约下的教育活动不可能促进学生之间的合作和协作，也不能提升他们对每个人都是一个更广阔团体的重要组成部分的认识，在这个更大的团体中，个体彼此相互依赖，当他们团结在一起时能更高效地达成目标（Wein，2008；Malaguzzi，1998）。

诸如瑞吉欧·艾米利亚（Reggio Emilia）所使用的机体化的隐喻能够更准确地描述早期教育系统的特征（见下框）（Wein，2008）。有机体化的比喻将学校描述为一个有生命的有机体，有机体内部各部分之间是相互联系的。这样一种生命系统需要食物、营养及空间来进行生长。这种富有活力的班级有机体是动态的，能够随时间不断变化，并且有它自身的生命。只有班级有机体与其组成部分之间相互联系、相互配合，创新和进步才是可能的。（Wein，2008；Malaguzzi，1998）。

瑞吉欧·艾米利亚教育方法

瑞吉欧·艾米利亚是意大利北部的一个小镇，自二十世纪六十年代早期以来，瑞吉欧的教育方法和理念就影响了世界各地的学校。该方法主张孩子本身就是有求知欲、足智多谋并充满潜力的个体。其课程以儿童为导向，活动则是根据儿童兴趣进行的。瑞吉欧学校强调艺术，相信孩子们可以通过绘画、音乐、戏剧等艺术形式学到很多种符号语言。瑞吉欧认为环境是重要的教学伙伴，学校环境的特色包括戏剧表演区和工作台，以及儿童可以解决问题、互动以及学会有效沟通的空间（Robinson & Aronica，2009）。瑞吉欧方法使孩子们养成批判性思维和协作技能。瑞吉欧方法创始人洛里斯·马拉古奇（Loris Malaguzzi）提出了"学习的一百种语言"，并强调要提供丰富的学习材料和机会，孩子们可以充分接触所有的材料和机会，并从中受益。例如，一台投影仪（或一个阳光明媚的窗口）和一堵墙就是极好的学习材料，可以让孩子探索光、阴影、透明度以及其他更多内容（Wein，2008，p. 10；Loh，2006）。要获取更多的信息，请参阅相关作者的文章（Edwards, Gandini, & Forman，1998）。

资料来源：Based on Edwards, C., Gandini, L., &Forman, G.（1998）. *The Hundred Languages of Children：The Reggio, Emilia Approach-Advanced Reflections.* Greenwich, CT: Ablex.；Loh, A.（2006, December 1）. Reggio Emilia Approach Retrieved September 10, 2011, from Brainy-Child.com：http：//www.brainy-child.com/article/reggioemilia.shtml.；Robinson, S. K., &Aronica, L.（2009）. *TheElement：How finding your passion changes everything.* New York：Penguin Group, Inc.；Wein, C. A.（2008）. *Emergent curriculum in the primary classroom：Interpreting the Reggio Emilia approach in Schools.* NewYork：Teachers College Press.

那么，一个富有活力、彼此联系的班级共同体究竟是什么样的呢？它该如何设置？时间如何分配？该开展哪些活动？教师在其中的角色及被期待的行为又是什么样的？

支持移情和集体意识发展的环境

瑞吉欧一类的学校把环境看做是教学和学习的重要手段。当班级布置把集体意识考虑进来时，孩子们会珍视自己作为一个有活力集体的成员的价值（Edwards, Gandini, &Forman, 1998; Wein, 2008）。

空间

早期学习环境对孩子来说应该是友好、安静和舒适的。应该有地方放松，也有地方进行活跃的活动；有地方独处，也有地方与他人沟通；有地方展现创造性，也有地方体现熟悉性（Klein, 2008）。

目前相关学者已经提出了四种重要的课堂设计理念，它们被视为满足儿童基本需要的根本要素（Rui Olds, 2000; Klein, 2008）：

1. 空间应促进运动。当儿童想要活动时，他们应该能够在有安全边界和明确限制的范围内运动。应为活跃的孩子提供蹦蹦跳跳和旋转摆动的机会，也应该有能让儿童安静停留的地方。

2. 空间应该带给儿童舒适感，儿童在其中应感到安全，空间的新奇性和熟悉性应处于平衡状态。这种环境能够支持儿童的探索和发现。

3. 空间应该提升每个儿童正在萌发之中的胜任感。有组织的材料可以发展儿童的组织能力。一个孩子应该能清楚地知道在哪里获得他所选择的材料，并且知道如何将材料放回，放在什么地方，以备今后使用。

4. 教室应该让孩子感觉到他正处于自己的空间之中，并能感觉到他自身对周围环境的控制。在实践中，往往是由教师决定用什么主题、饰品及艺术作品来装饰教室和走廊的墙壁。如果孩子们对在墙上张贴什么有话语权，他们会更加有归属感。

时间

上托儿所的幼儿每周在你的班级中大致要待50个小时。如果你教的是小学，那或许是30多个小时，对于非全日制幼儿园而言，时间甚至更短。时间安排要视情况而定，例如点心和午餐什么时候可以准备好，什么时候去操场或者体育馆比较合适等。时间是非常宝贵的资源，每一分钟都需要珍视，但是这并不意味着每一分钟都要被活动所充斥。相反，课程计划中必须包括休息的时间。重要的是你应该明白如何对这些珍贵的时间进行分配以帮助孩子确信他们是团体中的重要成员。

策略之一是安排大块的时间，让孩子有机会全面参与他自己感兴趣的活动。这些大块的时间如何使用取决于孩子的兴趣及发展水平。**在项目导向方法**（project-oriented approach）**中，孩子提出问题，开展调查并决定他们的时间该如何分配**（Katz，1994）。你在这一过程中的角色是密切关注班上孩子自发感兴趣的活动，并为他们对这一主题的进一步探索提供条件和机会。在一个典型的项目导向案例中，赫尔姆（Helm）和卡茨（Katz）向我们描述了在老师留意观察到孩子们的兴趣后，一群学步儿如何花费好几个月研究消防栓、学习消防相关知识的故事。这些孩子在散步的过程中留心寻找消防栓、拜访消防员、制作了纸质消防栓，还在教室里给老师制作的消防栓试水，同时还开展了其他相关活动（Helm & Katz，2011）。对于基于项目的、能够激发全班儿童学习动机的学习活动，我们不应该设置时间限制。这种不可避免需要延长时间限制的学习体验是全班儿童所共有的，它能够增强儿童彼此之间的联系。

延长角色扮演游戏的时间也是增强集体意识的一个好方法。通过游戏，孩子们能够探索到他们创造的角色复杂的内心世界以及角色与角色之间的社会联系，正如下面这个案例所示：

> 梅勒妮老师班上五岁的孩子们最近参观了当地的一个披萨餐馆，餐馆营业前，孩子们被特别允许戴上发罩和手套参观后厨。在接下来的几周，孩子们在教室中模拟开设了一个披萨餐馆。卡尔和克里奥用他们从回收站里淘来的大箱子设计了烤箱、准备区及顾客柜台；拉克尔和杰文设计了菜单；奥纳和马索从屋里搜集了一些东西当盘子、杯子等餐具，并在同学的帮助下制作了桌布、墙饰和装饰品等。
>
> 餐馆终于开业了，孩子们轮流做饭、点单、担任服务员、接听外卖电话、送外卖、扮演顾客。有时候厨师光顾着闲聊，将披萨烤糊了。有时候服务生不得不面对一位"不满意"的顾客。有一次，烤箱倒了，顾客与餐馆员工一起用粘性不好的胶带解决了这一危机。
>
> 披萨餐馆现在已经关闭了，但是对于班上参与其中的孩子们来说，它一直存在于他们的记忆中。梅勒妮老师充分扮演了咨询者和支持者的角色，但是她同样意识到退居幕后，让孩子们自己创造属于他们的世界的重要性。

通过披萨游戏，孩子们有机会塑造角色，发展解决问题的能力。他们创造厨房、用餐区、菜单以及装饰品时，每个孩子都能参与其中。如何与不满意的顾客协商，分心的厨师如何处理披萨被烤焦的问题等都有助于孩子们体验移情，提升解决社会性问题的能力。倒塌的烤箱促使整个小组独立思考，共同解决技术难题。老师很明智地让学习在没有被过渡环节干涉的情况下发生。实际上，很多时候，当真正的点心准备好的时候，它就被当做披萨餐馆的食物送上餐桌，因此活动无需终止。

> **反思自我……**
>
> 1. 回想你和一群同学、朋友或同事一起攻克某个项目的那段时间。
> ◎共同工作的过程如何使团队成员产生集体意识？
> ◎如何处理挫折或分歧？
> ◎你喜欢项目导向的方法吗？
> 2. 无论何种项目的内容或产出是什么，你可以运用从以前项目中吸取到的经验，完善你们班儿童的团队建设活动。
> ◎当你使用项目导向的方法时，你可以运用哪些过去自己与他人合作的经验？
> 3. 假设在你班里的孩子对以下内容表现出兴趣，你将如何创设以项目为导向的体验来加深他们的认识？
> ◎青蛙
> ◎手臂骨折
> ◎橡子

期望和集体目标

让孩子们知道集体的行为期望对他们来说非常重要，这样他们才能够成为集体中合格的一员（McMillan & Chavis, 1986）。当孩子们参与规则和期望的制定时，他们遵守这些规则的可能性更大。在创建"民主班级"时，麦克伦南（McLennan）建议所有的孩子都参与制定班级的"权利法案"。权利法案描述了所有成员的权利和责任，大家可以在一年中频繁对其进行讨论（McLennan, 2009）。

开放式或假设性的问题可以让儿童彻底想清楚符合班级需要的规则。例如，你可能会在班里问，"当我们想要玩其他人正在玩的玩具时，我们该怎么办？"有时孩子们会提出可能产生不良后果的规则，比如"直接抢过来"。这时，讨论该建议潜在的后果就是一个有益的探讨。你可以说，"好吧，让我们来谈谈抢玩具。如果我们这样做，可能会发生什么？"你可以鼓励孩子们想出几个可能的结果以及他们最初解决方案的替代方案。然后你可以总结说，"好吧，我们同意抢玩具可能会导致更多的争抢或难过的感觉。所以我们决定我们应该使用这样的词语，比如'你玩完之后我可以玩吗？'这应该成为我们的规则之一吗？你们想让我在我们的规则清单上写什么？"

通过欢迎新同学到来的常规活动也可以增强集体意识和移情。当一名新同学进入班级时，请让孩子们亲自解释班级规则、时间安排、活动及其他方面的安排。放权给孩子们创造了一种充满关爱的班级文化。班里的小伙伴或者同伴顾问也能够为新同学提供支持。班级还可以为新同学组织"让我了解你"的活动，当然，在整个学年中，偶尔也可以为全班同学举行这个活动。活动中，孩子们必须共同努力来完成小组的目标，这个活动同样能加强团体成员之间的纽带。请注意以下三个例子的共同目标：

蒂雅老师的幼儿园班级里有一个供大家阅读使用的小火车。火车的车厢大约六英寸长。每次一个孩子完成个人读写目标（例如，匹配字母发音和符号、知道她的地址、读一本书），他就会获得一小节车厢并将其连到火车上。读写活动可以在学校或在家里和家人一起进行。小火车课堂开始于每年的九月，一直到下一年六月，小火车会绕教室两次，有时三次。每一次火车绕着教室跑，班级都会邀请家庭成员一起参加披萨饼或冰激淋聚会。孩子们鼓励彼此，并享受地欣赏着全班作为一个整体所取得的进步。

一个大盒子坐落在幼儿园的大厅。当秋天天气变冷时，教师会引导学生讨论他们周围冬天没有暖和衣服穿的人。儿童、工作人员和家庭制定了一个目标，并着手在社区里为那些不幸的人们募集夹克、靴子、手套、帽子和围巾。11月中旬，收集到的所有衣物都捐赠给了当地的慈善机构。

三四岁的孩子们已经了解了一些关于植物的知识。在教学楼旁边一片阳光充足的菜地里，孩子们戴上手套拿起铲子开始挖地。高中志愿者往地里倒着富含营养的土壤，年幼的孩子们使用儿童用的锄头翻地。当土地翻耕好后，孩子们开始播撒蔬菜种子。每一天，他们都会给花园浇水，观察植物的变化。他们学会留心不要踩在初生的嫩芽上，他们讨论农作物生长的外观和感觉。当鲜花盛开时，孩子们无比兴奋，刚刚长出的辣椒、西红柿、南瓜、黄瓜带来了无比的喜悦，孩子们高兴地发出尖叫声。9月，孩子们收割庄稼，整个保教中心一起在盛宴中分享孩子们的劳动成果。

日常策略

虽然孩子们天生就具有移情和人际交往的自然倾向，但他们同样也有需要、有欲望，在与他人产生冲突时也有冲动，这些冲动有时是有害的，甚至是破坏性的。这些冲突在童年早期比较常见，它应该被视为教授重要人际交往技能的关键时机。发生咬、打、抓和谩骂的原因很多，这可以作为指导移情和人际交往的跳板。在下面的例子中，彼此很友好的幼儿往往也会有很不友好的时刻：

> 杰米静静地在玩一个弹出式玩具，这时凯尔蹒跚走过她身边并从她手里抢走了玩具。虽然尼科尔老师及时赶了过来，但杰米的小牙齿还是在凯尔的胳膊上咬了一块红色的牙印。尼科尔老师说："凯尔，你还好吗？看起来好像受伤了。杰米，看看凯尔的胳膊。你的牙齿咬伤了他的胳膊。咱们拿些冰来让他的胳膊舒服一点。"尼科尔和杰米给凯尔的手臂进行冰敷时，尼科尔说："凯尔，杰米正在玩玩具，她还没有玩完。如果你把它抢走，她会难过。她咬你，因为她很恼怒。你可以先玩其他的玩具，等到杰米玩完你再玩。"尼科尔对这两个孩子说："我们不能拿走其他人正在玩的东西。我们必须等到他们玩完。我们也不能咬对方。这是伤人的行为。"

尼科尔知道2岁以下的儿童不能完全理解她想传递给他们的所有消息。她知道她会重复说很多遍直到孩子们能真正理解并采取相应的行动。像前面所述的杰米和凯尔的案例一样，当类似情况发生时，我们可以传递移情、关怀和解决问题的信息。尼科尔第一次说"还好吧？"的时候，就是在示范移情。她指出了杰米咬人的行为所带来的身体和情感后果，但同时肯定杰米对凯尔的掠夺行为感到极为恼怒的权利。尼科尔也承认凯尔对玩具的渴望，但她提出了一个解决方案来帮助他等待："先玩别的东西。"

到孩子三岁的时候，他们把行为和后果相联系的能力开始逐步出现。他们理解简单因果关系的能力逐渐增强。他们知道如果打开开关，灯就会亮。他们的词汇量已经有了爆炸式增长。如果其他人在他们的生活中使用情绪词语，如快乐、悲伤、生气、害怕和伤害等，他们在三岁时会开始懂得情绪性词汇。他们可以逐渐把他们的行为和他人的情绪联系起来。你可以通过使用简单的语句来支持这种联系的发展，如，"我感到很高兴，因为你为我画了一张画！"或"当你推罗比的时候，他会感到很难过。"随着经验的增多，孩子能够通过看他人的面部表情和身体语言以及倾听他人的语气，来识别他人的感受，以下是两个活泼的三岁儿童的对话。

> 罗谢尔和朗都是"医院"的"医生"，照顾他们的病人克莱夫。朗把听诊器放在克莱夫胸口听他的心跳。罗谢尔突然一把从朗的脖子上抓走听诊器，这样他就可以听听克莱夫的心跳。朗试图把它抢回来，他用力推罗谢尔，结果罗谢尔跌倒撞到了头。

玛吉老师以这次事件为契机，加强了罗谢尔的移情和冲动控制能力，以及朗表达自我情感的能力。玛吉告诉孩子考虑其他人的情绪以及潜在的意外后果十分重要。她给他们机会讨论自己的感受，然后建议他们练习他们都认同，而且能产生他们想要的结果的行为。这种方法培养了儿童的情绪意识并帮助儿童积累了情绪性词汇。

孩子天生就会花大量的时间进行角色扮演和演绎各种人物。你可以通过邀请儿童表演班级里的一些问题情境来发展他们的移情和集体意识。例如，令贝夫老师感到不安的是最近她班里的四岁孩子开始排斥他人，并和对方说一些伤人的话，如"你不能和我们一起玩"。在讲故事时间，贝夫老师从贝特西·埃文斯（Betsy Evans's）文集里读了一个故事，《**你不再是我的朋友**》（You're Not My Friend Anymore!）（Evans，2009）。班里的孩子对故事进行讨论，包括人物的思想和感情。她要孩子们想想他们曾听到或说过的一些伤人的话。然后她建议孩子们表演朋友们对待彼此不同的方式，这些方式有时候是好的，有时候是不好的。孩子们喜欢对角色进行分配，他们表演了几个场景。一些孩子更喜欢观看而不是表演。活动后（孩子们自发地重复了这个活动好几天），贝夫老师邀请孩子们谈论了人物的思想、感情、问题和解决方案。对于幼儿来说，冲突解决、移情、集体意识和其他社会性技能都能通过木偶戏或娃娃剧得到发展（Center for the Social and Emotional Foundations for Early Learning，2011）。

在戏剧表演中交换角色同样是很有帮助的。在罗谢尔和朗之前的冲突场景中，玛吉老师让孩子们重新扮演刚才发生的一幕，但这一次是朗从罗谢尔那抢东西。通过扮演受害者的角色，罗谢尔能体会到手里的东西被别人抢走时，那种感觉有多糟糕。通过扮演被推到的孩子，朗可以感觉到当他推别人时别人不舒服的感觉。幼儿在现实生活中带给我们无数的冲突和挑战，这些都是我们可以利用的教育契机，我们可以运用角色扮演、木偶戏和角色转换的方式促进儿童发展。

儿童文学是充满了冲突和其他人际互动的。当你与孩子共同阅读时，一定要深入思考人物的思想、感情和渴望。孩子们可以探讨故事人物解决问题的选择，并且预测这个解决方案可能产生的后果。不管文学作品中人物的选择是否正确，儿童都会通过这种评价者的角色丰富个人的经验。

示范和平行加工

研究不断证实，如果儿童的抚养者亲身示范移情以及对他人的关怀，那么儿童自身也能展现出这样的行为（Jennings & Greenberg，2009；McMullen，2009）。在日常工作中，你有很多机会示范那些移情性的以及有利于团队建设的社会互动。例如，有时你会不同意同事的观点。在这些时刻，你可能会与其进行相互尊重的对话，也可能妥协，还可能各自保留意见。你也可以通过讲述你的思考过程戏剧化地解决冲突。例如，你可能会说："我现在非常乐意大家去外面，但幼儿园的孩子们现在已经在外面了，我们再出去的话操场上的人就太多了。他们看起来并不准备马上从操场上回来。我们该怎么办？我知道，我们先玩一个游戏然后再出去。"

反思自我……

这一章介绍了几个善解人意的教师行为的例子。

◎ 与儿童交往时你使用了哪些促进儿童移情的方法？

◎ 你有时会觉得对孩子的行为进行有共情的回应很困难吗？

例如，当儿童有攻击性行为，而你没有办法同时对攻击者和受害者都产生共情时，你可能会觉得生气。当一个孩子不断地抱怨、发牢骚时，也许你感受到的是生气而不是移情。

◎ 儿童哪些特别的举动让你觉得为难？

◎ 你曾经的哪些经历促进了你的移情和集体意识发展？

◎ 你如何运用这些经历来促进你们班儿童移情和集体意识的发展？

◎ 你教室环境的哪些方面（例如空间、班级时间表和班级规章制度）能促进集体意识？

◎ 你所在的班级有哪些团队建设活动？

◎ 你所在的学校或中心有培养儿童集体意识的政策和相应的实践方法吗？

◎ 你可以采取哪些快速有效的措施来增强班级的集体意识？

◎ 从长远来看，你可以采取哪些举措来改善班级的集体意识？

◎ 有哪些书或者资源可以用来提高儿童的集体意识和移情能力？研究一下儿童文学作品并生成一个列表，以此来帮助你促进儿童这些技能的发展。

总结

每个孩子生来都具有移情以及与他人建立联系的内在倾向。这些自然倾向能够通过儿童与抚养者间的安全依恋关系得到加强，也有可能因不正常的或缺失的依恋关系而减弱。当空间、时间、政策和实践都能为孩子们建构出一个让他们既感到舒服又能投入到团体活动中的环境时，孩子们的移情和集体意识就可以得到增强。日常交往和有针对性的活动也可以促进这些重要能力的发展。也许最重要的一点是，你对自己在这方面的舒适度和能力水平的意识将帮助你有目的地创设情境，同时也能够帮你抓住现有的提升幼儿移情和集体意识的机会。

1. 描述影响移情和集体意识发展的生物、经验和文化因素。

2. 你从一位退休老师那儿接手了一个六岁儿童的班级。这个班里的孩子很喜欢聊天、吸引你的注意力并且对他人进行攻击性行为。

   a. 你可以采取什么步骤帮助孩子培养移情能力？

   b. 阐述你可以采用什么策略来增强这个班孩子的集体意识？

"知道我怎么看出来珍老师喜欢我的吗？她像这样闭了下眼睛（做出眨眼睛的动作），这说明我们是好朋友。"

——加尔，3岁

第九章 Chapter 9
同步沟通：是什么使人与人相互联结

阅读完本章后，你应该能够：

◎ 定义沟通并描述其组成部分。

◎ 描述沟通与其他社会性和情绪能力的关系。

◎ 解释关于沟通的一些复杂问题，比如它和言语有什么不同，双向通道是什么意思以及情境线索如何帮助我们理解信息各个层次的含义。

◎ 描述表达性沟通和接受性沟通，包括言语和非言语方面。

◎ 创设能够支持各类沟通者沟通技巧发展的氛围。

◎ 描述你会如何运用富于沟通的环境中的各种要素。

◎ 鉴别并描述针对特定沟通技能的各种策略。

眨眼、竖大拇指、皱眉、微笑、提问以及讲故事，这些都是沟通。从出生开始，我们就有表达和理解信息的能力，这种能力在我们一生之中变得越来越完善。它是我们监控自我并与他人联结的平台。**沟通**是什么？在成长过程中，是怎样的过程使我们越来越善于与人沟通？有效沟通如何促进幼儿健康的社会性和情绪发展？要理解沟通技能是如何发展的，我们首先必须要考虑沟通的组成部分以及人们沟通的水平及模式。

一、沟通的概念及其组成部分

沟通（communication）是**个体之间进行信息交换的过程**。交换的概念意味着沟通是一个双向的过程。沟通具有表达性沟通和接受性沟通两个组成部分，这两方面能力在有效信息交换中都很重要。**表达性沟通**（expressive communication）指的是**将信息传递给他人的过程**。人们表达自我的能力使我们能够显露自己的渴求和需要，如此一来这些需求才能被满足。熟练掌握表达性沟通让人们能通过故事和图像来分享经历。同时也让我们能够表达自己的心理状态、情绪、想法和观点，这是与他人联结极为关键的要素。婴儿哭泣、学步儿指着一个东西并尝试说"更多"，以及幼儿总是用有趣的言论表达自己的世界以取悦大人等都是很好的例子。

接受性沟通（receptive communication）是**指接受和理解他人所表达的信息的过程**。它要求信息的接受者既能够感知（看、听或感觉）信息，同时也能够理解信息本身想要表达的意思。接受性沟通对于了解他人的需求、偏好以及心理状态来说是非常必要的。它使得我们能够了解别人的经历，这样我们才可能成为社会关系或社会团体的一部分。我们知道，当我们对婴儿说话，而他们看着我们的时候，他们正在听我们说话；我们也知道，当幼儿尝试用不同的方法玩拼图游戏时，他们能接受我们温柔的言语暗示。

二、沟通与社会性情绪能力的相互作用带来高效的生活

社会性和情绪能力与有效沟通能力是密切相关的。当你看到表4-2中列出的基本生活技能时，你可以发现所有的社会技能以及很多个人技能都要求具备表达感受、想法、需求或兴趣，以及准确理解他人所表达的信息的能力。例如，要参加一个团体或建立一份友谊，儿童必须知道怎样表明自己的渴望以及其与他人的共同兴趣。

儿童监控自己情绪和冲动的能力是由沟通所支持的，同时这种能力也支持着沟通。婴儿天生就能读懂抚养者安慰他们的线索。正是通过这些信息，儿童才学会调节他们的情绪状态。当我们说出各种情绪的名字，我们也给了儿童其终生可用的、不可或缺的情绪表达工具。相似的，通过持续、清晰地表达期待以及支持性纠正，儿童学会了如何监

控他们的冲动。能够监控情绪和冲动的儿童在关系维护以及运用沟通解决冲突方面做得更好。冲突解决方法，包括分享、轮流、问题解决、协商以及妥协，所有这些都需要表明个人观点、倾听以及理解他人渴望和需求的能力。当冲突各方能够对他人的立场产生移情时，冲突解决会更加有效，而这又一次体现了社会性、情绪以及沟通技能的双向特性。

三、沟通的复杂性

沟通并不是一个简单的概念。它由很多独立但又相互关联的技能组成。沟通与言语相似却又不同。它要求表达信息的个体和理解信息的个体间进行实时交互。此外，它还需要识别及理解信息多层含义的能力。

言语和沟通

言语是沟通的一个重要方面，它常被作为沟通的同义词使用，但二者之间是有区别的。**言语**（Language）是**人们沟通的一种方式，它经常使用诸如词语、手势或图片一类的符号**。它涉及符号编码以传递信息以及符号解码以理解接受到的信息两个过程。

言语对复杂沟通来说至关重要，而多项已有研究显示，言语能力与沟通能力所涉及的脑区和神经系统是不同的（Willems & Varley, 2012）。研究发现，大部分儿童在掌握文字语言之前很长一段时间，就能够通过哭闹、咕哝、姿势以及其他方法来表达自己的需要并理解说话者想要表达的意思（Raikes & Edwards, 2009; Shonkoff & Phillips, 2000）。有效沟通需要推理能力和心理理论的发展，也就是理解他人意图和心理状态的能力。有证据表明，即便是前言语阶段的婴儿也能展现出这种能力（Willems & Varley, 2010; Liszkowski, Carpenter, & Tomasello, 2008）。研究还证实，很多自闭症儿童具有足够的书面言语技能，但他们缺乏有效沟通所需要的心理理论能力要素（BaronCohen, 2001）。

临床研究发现，严重的失语症患者（失去表达或理解话语的能力）可以通过诸如绘画、面部表情以及手势等非言语途径进行非常复杂的信息沟通。这些发现表明，编码和解码符号语言的神经系统与复杂沟通所涉及的神经系统不同（Willems & Varley, 2010）。

瑞吉欧·艾米利亚的创始人洛里斯·玛拉古奇用"学习的一百种语言"来描述儿童理解世界以及表达自我的各种方式（Malaguzzi, 1998; Robbinson & Aronica, 2009）。然而在本文中，玛拉古奇"语言"的意思可能与**沟通**相似，**沟通**指的是**个体之间交换有意义信息的广泛过程**。而本书中言语则指的是**包括诸如词语、手势和图画等符**

号的更为具体的沟通方式。既能熟练进行沟通又能熟练掌握言语对学业成就和人际关系来说是至关重要的（Jalongo，2008）。

沟通是一条双向通道

这章的标题是同步沟通，它突出了沟通的双向属性。沟通是人与人连接的纽带。为了有效地进行沟通，沟通双方既要能进行表达性沟通，也要能进行接受性沟通。为了与他人所表达的信息相协调，每个人都需要对自己的回应进行调整。这可比听上去难多了。我们是带着自己的目的进入互动过程的，这能轻易歪曲我们的需求或渴望，甚至掩盖住儿童试图表达的渴求。我们必须时刻

记住，我们准确表达信息以及解读儿童沟通潜在意义的能力需要我们不断的、有意识的自我反思和终身学习。

意义的多重层次

不论是言语的、非言语的、书面的、口头的还是手势的沟通都非常复杂。为了成功进行沟通，人们不得不敏锐地意识到意义的多重层次。个体表达想法的措辞、语气、姿势和面部表情都在传达意义。很多时候，沟通的这些不同要素是协调统一的，这样我们才不会对他人试图表达的意思产生怀疑或疑问。有时我们得到的信息非常少，比如通过电子邮件或便条进行沟通的时候。没有情境信息，沟通要表达的原始意义就会变得模糊，比如下面这个例子：

> 凯莎盯着新来的配班老师帕姆留下的便条，上面只写着"非常感谢"。那是周一的早上，凯莎才只认识帕姆一周而已。之前帕姆看起来对她的新工作感到很焦虑，多雨再加上吵闹不休的孩子使那一周格外难熬。周五下午非常忙乱，她们甚至没有机会在一日活动结束后进行总结回顾。凯莎不知道帕姆为什么要留下这张纸条。帕姆是因为什么事表示感谢吗？这是讽刺吗？如果是的话，她为什么觉得不高兴？凯莎冒犯她了吗？纸条的谜团困扰了凯莎好几个小时。终于，帕姆中午来轮班的时候很夸张地笑着走了过来。她给了凯莎一个拥抱，说："收到我的纸条了吗？谢谢你让我的第一周如此美好！"

写在纸上或电脑屏幕上的文字很容易被误解。当帕姆试图表达她的感激时，她写下的便条对这次沟通的接收方凯莎来说是意义模糊的。由于沟通是在多个层次上发生的，

因而即使像"非常感谢"这样简单的话都可以从多个角度来理解。为了准确理解帕姆的信息，凯莎需要更多的情境信息。当看到帕姆脸上温暖微笑的那一刻，凯莎才能将便条的信息理解为真诚的感谢，而不是嘲讽。在这个例子中，为更全面的理解帕姆所表达的意思，凯莎将帕姆的面部表情和行动作为情境线索。

要理解儿童，尤其是那些还不能熟练使用口头语言的儿童，我们需要不停地接收多个层次的沟通信息。他们的手势、面部表情、姿势以及目光接触水平都是要着重观察的信息点。我们需要聆听他们的语气和措辞以完全了解他们的意图。相应的，在我们自己的沟通中，也要注意这些方面。

四、表达性沟通和接受性沟通的类型

与他人沟通时，人们总倾向于仅仅关注词语的使用。但是人们还会通过音乐、美术、戏剧、服装、发型，甚至是香气传递信息。儿童在很大程度上通过游戏和行为进行沟通，因而我们需要用所有的感官来观察儿童，并且集中精力尝试理解他们信息的全部意义。

表达性沟通：言语沟通

言语沟通指的是使用词语表达信息，包括说话、写作以及打手势。使用词语（以及手势）作为表征思想的符号的文字语言，对于传递和理解复杂信息来说是至关重要的（Willems & Varley，2010）。由于文字技能和读写与学业成就之间有很高的相关（Jalongo，2008，p. 48；Heath & Hogben，2004；Nation & Snowling，2004），因而，提升儿童的语言技能就成为了早教工作者的首要任务。在学前期，有老师使用复杂词汇以及分析性谈话与其讨论书籍，同时配合早期家庭读写支持的儿童，他们到四年级时能够明显表现出更高的阅读理解、词语辨识以及词汇能力（Dickinson & Porche，2011）。

在能够熟练使用其母语词汇之前，儿童就能自然学会言语沟通的某些方面。例如，学步儿会在真正知道表达其本意的词语之前"说话"，他们的教室中总能听到适宜的**语调**（intonation）——**音高的起伏**，以及**节奏**（rhythm）——**某种语言中普遍的音节发声时间规律**。这些特质被称为话语的**韵律**（prosodic）特征，它也包括**重音**（stress），也就是**对一个词中的某个音节或一句话中的某个词进行强调**（Christophe，Millotte，Bernal，& Lidz，2008）。

帮助儿童有效利用声调

在描述语调时，我们通常指的是声音的声调。它与表达性沟通之间的关联是很关键

的。例如，有音高起伏特点的哀号就传达着不满或失望的情绪。它通常让聆听者感到不安，也是抚养者最早试图纠正的声音模式。但是，幼儿还不具备辨识其语言特有声调的反思能力。因此，仅仅叫幼儿停止哀号是不够的，除非你先有意告诉幼儿他所使用的声调和你想让他使用的声调间有什么不同。比如下面这个例子：

  3岁的唐尼和安德鲁斯正全神贯注地搭建火车轨道，这时加文坐下要拿一些搭桥用的材料。

  唐尼："嘿！我们正在玩儿呢！玛——吉老师！[抱怨]加文要拿我们的桥————"（想象一下这被超时延长、带着鼻音、还有音调起伏的声音，这通常被称作"哀号"。）

  加文[自卫地]："我没——有！他们不让我玩——儿——"

  玛吉老师[一听就知道他们是在哀号]："孩子们，听上去你们都遇到了麻烦。在我们解决火车桥的问题之前，我想我们应该先来做个练习。听着我的声音，告诉我说的这两段话之间有什么不同。先是这个，'我想——要——这座桥——'现在听这个，'我想要这座桥。'你们能听出区别吗？"

  两个孩子点点头。

  玛吉老师："现在你们来试试，用两种不同的声音说'我想要这座桥。'先是这样，'我想——要——这座桥——'"

  孩子们照着样子重复了一遍（咯咯地笑）。

  玛吉老师："现在用另一种方式说，'我想要这座桥。'"

  孩子们又重复了一遍。

  玛吉老师："你们觉得哪个比较好？"

  孩子们都同意他们觉得后面的比较好。

  玛吉老师："'我想——要——这座桥——'是哀号的声音。另外一种才是我们需要请求帮助以及与别人交谈的声音。人们更喜欢这样说话。听上去不错吧？"

  孩子们点点头，笑了。

  玛吉老师："现在，我们来说说困扰你们的事吧。"

既然孩子们都意识到了这个问题，那么他们就可以听清自己在说什么，而且能通过改变语调使沟通更有效。就像玛吉处理哀号的问题一样，当儿童使用命令、嘲笑或者顺从的语调时，你都可以将他们的注意吸引到其所用的声调上，并引导他们使用更有效的语调达成其目标。

帮助儿童有效利用音量

音量是话语的另一要素，它有时需要直接引导。2岁的儿童基本开始知道什么是内部声音，什么是外部声音。然而，有些学步儿甚至在两周岁之前就能调节自己的音量以回应成人对他们的耳语。事实上，很多老师都发现当教室变得吵闹时，简单降低他们自己的音量是有传染性的，这样做能够让整个班的幼儿安静下来听老师讲话。

帮助儿童措辞

当幼儿努力尝试讲话时，我们总告诉他们"用你自己的话说"，但是我们往往不去解释这是什么意思。作为一个成人，你可能有一生的经验来帮助你找到能够达成期望结果的、有效的词语。幼儿则可能需要直接的教导来帮助他们表达自我，同时还需要直接的引导来帮助他们找到最有效的词语。例如，我们可以说："告诉鲍比你不喜欢他打你"，"问问鲍比他玩儿完球之后你是不是可以玩一会儿"，或者"告诉鲍比询问你的时候要有礼貌些"。通过直接的引导和示范，很多儿童最终都会知道，要达到他们的目标应该使用哪些词语。

帮助儿童使用手势语言表达自我

手势语言（sign language）既需要使用言语沟通（比划词语），也需要使用非言语沟通（使用姿势）来传递信息。研究表明，训练6个月大的前言语阶段婴儿使用手语表达其需要，例如"还要"和"吃"，可以减少其挫折感，加快话语习得的速度，并能使儿童在8岁时达到更高的智力表现（Acredolo&Goodwyn, 2000; Vallotton, 2008）。韦洛顿（Vallotton）发现，一些前言语阶段的儿童（12个月）能够在其自发性行为中使用手势表达情绪。在她的研究之前，研究者们本来认为情绪概念是在第二年中期才出现的，但是这些研究中的婴儿并没有学习表达情绪的手势（Vallotton, 2008）。

表达性沟通：非言语沟通

非言语沟通（nonverbal communication）指的是**传递或接收无词语信息的过程**。非言语沟通包括手势、面部表情、姿势、目光接触以及接近程度（人和人之间身体离得有多近）。此外还包括衣着和发型。人们通过舞蹈、音乐、美术、戏剧以及其他行为（比如坐立不安）进行非言语沟通。一些非言语沟通是本能的，比如惊跳反应或喘粗气。其他则可能是情绪的表示，比如大笑或哭泣。

提供艺术体验

艺术提供了不依赖于文字语言的表达方式。舞蹈和动作是儿童表达自我的天然方式。不论是创造他们自己的音乐还是随他人所创造的音乐翩翩起舞，儿童都能通过动作表达情绪和想法。相似的，诸如颜料画、用各种材料做雕塑、陶艺以及绘画等视觉艺术都能为儿童提供愉悦地表达自我的机会。

提供假装游戏机会

假装游戏也许是最丰富也最普遍的儿童自我表达模式。在人生第二年早期，学步儿使用一些物品来代表其他物品，比如用娃娃代表小宝宝，或者用吸尘器玩具代表真正的吸尘器。随着儿童进入幼儿园阶段，戏剧游戏变得更加繁复。由于对自我及他人心理状态的意识逐渐增强，儿童戏剧故事的人物和主题也越来越复杂。在过去几十年中，心理健康工作者能够更加准确地辨别心理治疗背景下，儿童在戏剧中表现出来的情绪性内容及主题。通过戏剧表演，儿童表现出自身的恐惧和幻想，并能消解冲突、解决问题（Axline, 1947, 1989, Chesley, Gilliett, & Wagner, 2008; Frey, 1993）。通过仔细观察儿童的假装游戏，早期教育专业人员能够窥探到他们所生活的复杂的认知和情感世界。资深教育家薇薇安·古辛·帕利（Vivian Gussin Paley）提出了一个有趣而深刻的论点——儿童幻想游戏能够帮助我们理解其要表达的潜在信息（Paley, 2004）。

观察、分析并反思儿童行为

儿童也通过他们的行为来进行沟通，他们的行动通常比言语"说"得更多。不论儿童的行为是亲社会的还是挑战性的，他都在向你诉说着什么。他可能在告诉你他需要支持来排解难过的感受。他可能在告诉你他想要成为团体中受尊重的一员。他可能在告诉你周围环境太紧张或没意思。他可能在告诉你他没有能力找到其他任何解决问题的办法了。无论如何，他的行为都在告诉你一些事情。要能准确理解或听懂儿童想告诉你的信息，仔细观察其行为是非常重要的。比如下面这个例子：

4岁的克洛伊目光呆滞地看着她面前的积木。当杰克逊坐下来搭积木的时候，克洛伊拿起离她最近的积木说："这些都是我的！我先来的！"杰克逊很诧异，因为克洛伊根本不像在玩儿积木的样子，而且她原来是很乐于分享的。

贝夫老师随意地在积木桌旁挨着克洛伊和杰克逊坐下，以便更清楚地看到发生了什么。她注意到克洛伊这周比平常安静了不少。克洛伊开始搭房子。她的房子没有门，而且克洛伊还从旁边的娃娃家里拿了很多东西塞到房子里。之后，克洛伊用一块硬纸板盖住了她的房子。

克洛伊："好了。"

贝夫老师："克洛伊，你能告诉我你造的是什么吗？"

克洛伊："这是我的房子，没人能进来。"

贝夫老师："没人能进你的房子？"

克洛伊："这是我的东西。"她轻轻地拿起房顶，"看见了吗？这把椅子是我的，这把刷子是我的，这架钢琴是我的，这些鞋子也是我的。"

贝夫老师："你有很多只属于你的东西啊。"

克洛伊："没人能拿我的东西。大卫不行，谁也不行。"

贝夫老师："这些只能是你的，但是你觉得大卫可能会拿走它们是吗？谁是大卫？"

克洛伊："妈妈朋友的儿子。他和他爸爸住在我的房子里。"

贝夫老师："他现在住在你的房子里，你不想让他拿你的东西。你觉得他想拿你的东西吗？"

克洛伊："他可以吃这些食物，但是他不能拿我的东西。"

通过仔细的观察，贝夫老师注意到克洛伊的很多行为都不符合她的个性。克洛伊沉默、忧郁的情绪，不愿意分享的行为，搭建的没有入口的房间以及随便拿物品摆放到房间里的做法都是她心里有事的非言语线索。通过反思性的倾听，贝夫老师了解到克洛伊正面临着家中的重大变化，她妈妈的朋友和儿子住到家里来了。克洛伊感到了这种入侵的威胁，因而不得不极力保护她的财产。贝夫老师接收到了克洛伊通过其行为和游戏表达出来的信息。有了这些新信息，贝夫老师就能够为克洛伊提供她所需要的支持了。

接受性沟通

贝夫老师通过观察和倾听敏锐地捕捉到了克洛伊的言语和非言语信息。她创设了一个没有任何评判的氛围，这让克洛伊感到足够安全，进而才能将自己的游戏转化为口头语言。通过成为班上儿童细心的观察者，贝夫老师能够发现并且欣赏孩子们在游戏或行为中表现出来的情绪变化。

接受性沟通是**收到并理解沟通信息的过程**。它包括对他人传达信息的觉察、确认、解释以及理解。倾听是有效沟通的关键技能，它与言语发展以及个体在人际关系、学校和工作中的成功有着高度相关（Jalongo, 2006; Nelson, 2007; Smeltzer, 1993; Janusik, Fullenkamp, &Partese, 2007）。玛丽·伦克·贾隆戈（Mary Renck Jalongo）在其综合性著作《学会倾听，在倾听中学习》（Learning to Listen, Listening to Learn）中，提出了如下定义，**倾听**（listening）是"**通过听觉获取信息，并从听到的信息中理解意义的过程。**"（Jalongo, 2008）。

尽管倾听对在学校和生活中的成就有着重要的作用，但这项技能却极少被直接教授（Coakley&Wolvin, 1997）。科纳韦（Conaway）曾对400名大学新生实施过一项倾听测验。测验在大学第一学期开始时进行，第一学年结束之后，在倾听测验中得分低的学生中有一半留校察看，而这一比例在得高分的倾听者中仅占4%。相反，倾听测验得分高的学生中，69%是优等生，相应的比例在不良倾听者中只有4%（Conaway, 1982）。这项研究表明，更好的倾听技能可以预测更高的学业成就。

贾隆戈（2008）通过全面综述有关倾听技能发展的文献发现，婴儿来到这个世界时就带有对话语以及主要抚养者声音的偏好。婴儿在出生时好像能够区分所有语言的声音。然而在第一年之后，这种普遍的能力就逐渐具有了母语特殊性，6个月之后，婴儿就只能分辨出自己母语的声音特征了（Dietrich, Swingley, &Werker, 2007）。在1~3岁之间，学步儿接受的词汇量可达到其表达的词汇量的4倍，同时，其在诸如"另一个"和"更多"的抽象词汇理解上也逐步熟练起来（Nelson, 2007; Jalongo, 2008）。学前儿童理解词语构成的能力越来越强，而且能应用正确的句子结构。日益增强的语言能力使他们对敞开大门的新世界更加着迷。经常能听到儿童在睡前自言自语，在这个过程中，他们实际上就在尝试使用白天听到的词组（Nelson, 2007）。

研究显示，人们倾向于采用其偏好的倾听风格去听人说话。**倾听风格**（listening style）指的是关于**信息接收和编码过程相关信息（如何、何地、何时、何人、内容）的一系列态度、信念以及倾向**（Watson, Barker, & Weaver, 1995）。你的倾听风格使你更倾向于关注信息的某些方面而不是其他内容。倾听有四种风格，分别是他人导向、行动导向、内容导向以及时间导向。反思你自己偏好的倾听风格对你努力提升儿童的倾听技能很有帮助（Jalongo, 2008; Barker & Watson, 2000）。请参看表9-1

了解更多关于倾听风格的内容。

表9-1 倾听风格

倾听风格	描述	事例
他人导向	兴趣点在于表现出对他人情绪和兴趣的关心以及寻找共同点	凯莎花时间和查理一起坐坐，这样她就能听听查理对搬家和转校有什么想法和感受
行动导向	兴趣点在于为了谈判和达成目标所使用的直接、简单、零错误的沟通	保琳很难对杰拉冗长的关于她为什么不想和布莱恩玩儿的解释提起兴趣。她不过就是想要她和他玩儿嘛，就是这样而已
内容导向	兴趣点在于智力上的挑战以及复杂的信息，因为这样他们就能在做出决定之前仔细分析所有数据	东尼希望在制订建造播种筒的计划时能一整天都和安德烈还有科琳进行头脑风暴。他很享受这种决策制订的过程
时间导向	兴趣点在于简短、简明、迅速直击重点的沟通	佩吉不需要了解利奥家庭状况的细节，她只想要他妈妈告诉他她的新地址

资料来源：基于Barker, L., & Watson, K.（2000）. *Listen up*. New York: St. Martin's Press; Jalongo, M. R.（2008）. *Learning to Listen, Listening to Learn: Building essential skills in young children*. Washington, DC: National Association for the Education of Young Children.

由于表达性沟通以多种形式发生，因而接受性沟通也需要调动多重感官。也许沟通最直接的形式就是言语沟通，但即使是言语沟通也是需要理解的，也可以准确或错误。当一个人说的话与他的非言语行为不符，比如当说话人的感情很复杂（矛盾）或者不真诚的时候，信息接受者就必须听、看并与说话人产生共鸣以准确理解信息。切记，接受性沟通既包括倾听也包括观察。资深教育领导者朱迪·亚伯伦（Judy Jablon）和她的同事发现，我们通过一个其称之为"观察动力循环"（Power of Observation Cycle）的过程有意识地努力提升我们的观察技能（Jablon, Dombro, &Dichtelmiller, 2007）。在观察动力循环中，你提问有关某个儿童的相关问题；看、听并逐字记录收集答案；对你的观察进行反思；利用你的反思对儿童进行回应；再开始这个循环。研究者提醒我们，要连续地、在多种情况下观察儿童来记录其成长、个体偏好以及某个特定领域的能力水平。他们建议对观察记录进行追踪，这样能注意到儿童的行为模式，而且能获得关于儿童的更为完整的图景（Jablon, et al., 2007）。通过这种细致的观察，我们能够将教学方法个性化并因材施教。

当信息通过美术、音乐、舞蹈、游戏或行为传达时，对沟通的理解会更富有挑战性。这类信息没有那么直接，需要更多主观的理解。像前面克洛伊的例子一样，有时这类信息还需要翻译。当儿童不能使用词语时，教师可能要找到其他信息来源以准确解释和理解儿童所传达的信息。温馨和相互尊重的家园关系正是在这种时候特别有帮助。

有时，即使使用词语，沟通也会失败。在下面的例子中，因为两个简单的词语，一次野外旅行未能成行：

> 班里需要六个成人志愿者才能去南瓜园野外旅行。志愿者家长中的五个早早地就来到了幼儿园。一直到九点，詹森·威尔森的爷爷还没来，这已经是计划出发的时间了。玛莎老师打电话到威尔森先生家，但是没有人接。九点一刻，威尔森先生打电话到学校，说他那会儿刚从商店出来，大概5分钟就能到**那儿**。玛莎老师说："太好了，谢谢您打电话来。我们5分钟后在**这儿**见。"全班在幼儿园等啊等啊。威尔森先生却到了南瓜园等着全班到来。到十点的时候，全班出发去野外旅行已经太晚了，孩子们很失望，大人们对威尔森先生的行为感到气愤。威尔森先生也很沮丧，因为他请假去参加了一次未能成行的野外旅行。

这儿和**那儿**两个词的歧义导致了这次沟通的失败。对威尔森先生来说，**那儿**的本来意思似乎很明确，指的是南瓜园。**那儿**被接收到的意义看起来对玛莎老师也很明确，指的是她和孩子们等待出发的地方。他们两个人都假设对方说的是同一个意思，但实际并非如此。在很多情况下，如果我们花时间来澄清某些看似意义明确的词语的意思，沟通失败就可以避免。例如，如果玛莎老师说的是："你在5分钟后能到学校？"威尔森先生就会说："不，我说的是南瓜园。"这次野外旅行便不会以遗憾告终了。

反思自我……

◎你的倾听风格是什么？
回想某一次你的倾听风格与说话者的语言表达风格不符，或者与你沟通的某个人的倾听风格和你的语言表达风格不符。
◎这些对话引发了你怎样的感觉？
◎怎样做能改善与和你倾听及表达风格不同的人的互动？
回想你自己关于表达性和接受性沟通的经历。
◎你曾经因为沟通不畅经历过误解吗？
你认为你很清楚地传达了你的信息，但是它被错误地理解了，或者你误解了他人传达的信息。
◎到底是什么地方出问题了？
◎你或他人使用了哪些有歧义或不明确的措辞？
◎信息的接受者分心了还是不能理解你本来的意思？
◎你能采用什么样的步骤确保你传达出去的信息（给同事、朋友、班里儿童的家长、主管或老板、幼儿）正是接受者收到的信息？
◎你可以采用什么步骤来确保你正确理解了他人传达的信息？

五、促进儿童早期沟通能力发展的实践

在力图加强幼儿沟通技能的时候，我们必须先确定营造了一个支持各类沟通者并能提供丰富实践机会的氛围。

营造欢迎各类沟通者的氛围

一个富于沟通的环境所传达的信息是，每个人都是受到尊重的。在一些班级，很多儿童来自母语与当地语言不同的家庭。在这种情况下，早期教育专业人员学习并且使用班级中各种语言的一些基本词语有益于支持儿童的语言发展。此外，教班里其他孩子这些基本词语还能在本地儿童和使用其他语言的儿童间搭建起沟通的桥梁。这条建议也适用于使用手语沟通的儿童。当我们教其他学生使用手语时，班里所有儿童之间就都可以进行交流了。

很多儿童都会踊跃地抓住机会讲述自己的故事。有的时候，孩子会把故事讲得极为详细。有的时候，由于语言表达存在困难，孩子讲故事会讲得很慢而且啰嗦。如此一来，同伴们就很难耐心地倾听，比如下面这个例子：

> 卡莱布对变形金刚特别着迷。他看过所有变形金刚电影，拥有每一件你能想象到的可以变形的玩具。在分享时间，卡莱布把可以变形的卡车塑造成一个卷土重来的英雄人物。他把这个人物的冒险之旅描述得极为详细。尽管他充满激情，但他说得很慢，而且很多词的发音都有困难。他貌似没有注意到同学们已经没有兴趣了。他们不耐烦地插入他们自己的想法。
>
> 贝夫老师提醒全班："孩子们，卡莱布正在分享对他很重要的故事。让我们先听卡莱布说，我们都有机会分享自己的故事。记住你们想要分享的想法，因为它们也很重要。我们稍后再讨论。"
>
> 贝夫老师也开始感到着急和烦躁了，因为卡莱布的故事好像没有结尾。几分钟以后，贝夫老师说："卡莱布，这是个有趣的故事，我们很想再多听一会儿，但是其他小朋友也有故事要讲。你看在课余时间，你把你的故事画下来，然后我来写下你说的话怎么样？"

贝夫老师周详地承认每个孩子观点的重要性。她鼓励孩子对他人的需要和想法表示尊重。此外，她亲身示范了对他人的尊重和耐心，并且提出了一个让卡莱布表达自我的策略，这个策略能妥善迎合卡莱布和其他孩子的需要。

需要指出的是，卡莱布没有意识到听众们的需求。他没有发现小朋友们身体的扭动和语言上的打断其实是不耐烦的表现。在理解非言语沟通以及了解他人心理状态（心理理论）方面，卡莱布和一些自闭症儿童很相似。自闭症的一个典型特征就是在沟通上质的障碍。在自闭症儿童表现出说话技能不足的同时，他们通常也缺乏准确理解以及有

效使用言语和非言语沟通（包括目光交流和面部表情）的能力（American Psyciatric Association，2000）。在引导卡莱布发现其观众的需求时，贝夫老师采用了体贴而尊重的方法。

营造富于沟通的环境

富于沟通的环境具备很多进行对话和象征性游戏的机会。这样的环境还包含很多让儿童识别、探索情绪的机会。富于沟通的教室还要配备相关材料，以此为儿童提供通过非言语方式和写作表达自我的机会。

支持丰富且有意义的对话

儿童通过观察他人以及参与身边的活动学习其所在社会的价值准则。由于沟通是这些准则中的一个，因此我们必须为儿童提供丰富的参与对话的机会，这样他们才能练习逐渐形成的沟通技巧。**对话**（conversation）指的是**言语或非言语的双向的观点交换，在这个过程中，每个人所表达出来的观点都会被他人扩展或细化**。当你让儿童参与对话时，你传达给他的信息是你尊重他的想法、观点、感受和兴趣。在这个过程中，你发展了儿童倾听、词汇和思考的技能（Dombro，Jablon，& Stetson，2011）。不论你的工作对象是婴儿、二年级儿童还是在这两个年龄段间的其他儿童，你通过参加交互的、实时的交换所传达出来的信息对儿童发展的所有领域都有持久的影响力。这些对话不仅能够建立儿童的自我意识和自尊，也能促进你与儿童的关系，还可以加强儿童的归属感。当你和儿童大声说出其困惑时，你就在帮助他用新的、创造性的且愈加复杂的方式去思考。这种认知增长，反过来促进了自信以及对更多沟通的渴望。

提供象征游戏机会

使用某些物体作为象征来表征其他物体是言语和读写发展中的一个关键阶段。在第二年的后期，儿童开始使用符号来表达自己了。三角形变成了一块披萨；积木变成了卡车；娃娃变成了一个需要喂食、换衣服和爱抚的小婴儿。同时，这个阶段的儿童越来越擅长使用词语作为客体、关系和活动等的表征。随着儿童在早年获得的进步，他们的戏剧游戏也更为复杂。他们可以在自己独立创造的或和小朋友一起创造的假装世界中描绘出越来越复杂的细节。他们的故事发展从开始到中间再到结尾都遵循一定的顺序。他们的角色有思想、感情、需要和渴望。当我们提供戏剧游戏机会的时候，我们就是在培养儿童这些关键的语言、读写以及社会性情绪技能。

使用并教授情绪性词汇

正如词语是物体的符号一样，词语同时也是表达我们所经历的情感状态的符号。**情绪性词汇**（emotional vocabulary）指的是**我们用来描述他人和自身情绪的词语**。情绪性词汇是沟通的关键要素，它对自我监控、移情、冲突解决以及其他情绪和社会性能力的发展有着极为重要的促进作用。当我们将儿童的注意力吸引到他们所体验到的自我或他人的情绪上时，我们就是在帮他们学习如何描述这些心理状态。我们可以用木偶、娃娃、故事中的人物以及儿童日常生活中的真实事件来突出与情绪相关的部分。通过这个过程，儿童能够发展出表达自我观点以及对他人产生移情的能力。将情绪性词汇渗透到学习环境中，可以让儿童在存在情绪性挑战的情境下进行有效沟通，以下案例说明了这个方法的益处：

> 自从第一天来到学校，贝夫老师就确定要将情绪性词语与她这群4岁孩子们的很多日常经验联系起来。在讲故事时，她会经常停下来问孩子们故事人物可能会有什么感受。贝夫老师知道榜样的重要性，因此她往往会描述自己的情绪状态。比如，"我很激动，我们迎来了一位新同学！"或者"窗户不能正常打开，我很沮丧。"当孩子们有不同意见时，贝夫老师一定会让他们先描述自己的感受，以此作为解决问题的重要参考。如果孩子不能找到合适的词语，她可能会拿出两个木偶，让它们相互"讨论"彼此的感受。
>
> 一天早上，瑞安正在很开心地玩儿飞机，这时克洛伊叫他过来看看自己的积木塔。他把玩具飞机放下，打算待会儿回来接着玩儿。可在瑞安不在的时候，杰克逊拿起了这架飞机，把它飞到了教室的另一头。瑞安回来看到飞机不见了，感到非常难过。突然他发现杰克逊和罗伯特在玩儿飞机，便直冲冲地走了过去。
>
> 瑞安："我刚才在玩儿这架飞机。"
>
> 杰克逊："可是现在是我们在玩儿。你已经把它放下了，等我们玩儿完了你再玩儿吧。"
>
> 瑞安："我知道我把它放下了，但那是因为克洛伊想让我看她的塔。我还没玩儿完飞机呢。"
>
> 杰克逊："可是我们现在在玩儿呢。"
>
> 瑞安："我知道，可是我很失望，因为我还没玩儿完呢。能拜托你现在先让我玩儿吗？"
>
> 杰克逊（向罗伯特耸耸肩）："好吧。那你玩儿完了能给我们吗？"
>
> 瑞安："好的。谢谢你，我觉得舒服多了。"

很难相信4岁的孩子能进行这样充满情绪和移情的对话，但这的确就是情绪状态以及情绪性沟通被重视的环境下的产物。

提供非言语沟通的材料和机会

正如前文所述，与词语相比，一些儿童觉得通过音乐或美术表达自我更舒服。很多幼儿都非常享受弹奏乐器的体验以及创作韵律和旋律的乐趣。一位精力充沛的5岁儿童最近给他的老师创作了一首说唱歌曲来表达他对搬新家的感受。最开始，让他坐下来在对话中描述其体验是很困难的，但当他对打击乐器和低音乐器诉说情感时，却能很有效地传达信息。像很多儿童一样，为他提供运动和跳舞的机会能够提高他表达自我的能力。

由于一些儿童更喜欢通过视觉艺术进行沟通，因而在一日活动之中提供诸如泥土、纸张、蜡笔、马克笔和颜料等可供使用的材料就显得很重要。儿童头脑中通常对其正在创造的事物有一幅生动的图景，即使是你这样的观察者也不能弄明白这些创作代表了什么。当你将儿童置于一种开放的态度中时，你传达给他的信息就是你对他头脑中的图像和想法很感兴趣，比如问他："能跟我讲讲你的画儿吗？"

提供真正的书面沟通机会

在儿童掌握书写字词的操作能力之前，他们甚至就已经知道书写也是一种沟通方式了（Bus, Both-deVries, de Jong, Sulzby, & de Jong, 2001; Mayer, 2009）。大多数儿童都是从乱涂乱写（从左到右写的像字母一样的波浪线）以及写诸如自己的名字、妈妈和爸爸这样的掌握良好的元素结构开始的。另一个阶段是真正字母的非音标字符串组合，或者有意排列但不符合系统规则的伪字母。一旦儿童获得了每个字母或字母组合都与某个特定读音相联系的概念（音形一致的认识），他的书写内容就很可能包括其自己发明出来的拼写方法。巴氏（Bus, 2001）等人发现，当儿童使用他们正在萌芽之中的书写技能表达他们的故事时，他们通常都没有使用他们所具有的最高水平的书写技能。事实上，很多儿童在他们的作品中会轮换着使用上述全部四个阶段。当儿童阅读其写下的故事时，他们更像是从头脑（记忆或想象）中叙述故事而不是尝试去读出他们写下的词语。

要记住，我们的目标是培养儿童的沟通技能以及其对书写的喜爱。因此，在儿童前书写阶段的最初几年，我们应该小心不要因为注重矫正书写的机制而抑制了这个过程。当儿童为通过书写进行沟通而兴奋的时候，关注拼写和笔迹很有可能阻止这一由思考到书写的过程。相反，我们应该让儿童体会创造书面故事过程的乐趣。

通过提供真正的练习机会，我们能在很大程度上提高儿童对书写这种沟通形式的兴趣以及书写技能。儿童应该能在教室的所有区域找到书写材料，这能够激发儿童对书写这一沟通方式的兴趣，并认识到书写沟通的作用。例如，表演区的纸和铅笔能够让孩子们用来为餐馆制作菜单、为采购列出清单或者让"医生"用来给"病人"开药方。科学区的书写材料让儿童能够记录他们在显微镜下看到了什么，写下他们植物大小的变化或者列出他们在沙滩上找到的东西的重量。要了解前书写相关研究的精彩概括，以及如何提升儿童通过书写进行沟通的兴趣，请参考梅耶（Mayer，2009）的著作。

特意计划有针对性的活动

早期教育的教室中应该有足够多的机会进行假装游戏。正是通过游戏，儿童才获得了越来越复杂的思考和沟通方式（Paley，2004）。此外，一些结构化游戏和活动也能够提升沟通的组成技能，比如倾听、观察和讲故事。

儿童在享受倾听游戏的过程中发展着某些特定技能，而他们往往没有意识到这一点。有一个倾听游戏叫西蒙说（Simon Says）。这个游戏要求儿童分辨出一个简单的命令以及一个以"西蒙说"为开头的命令。当然，游戏的主持人可以用西蒙或者是他自己的名字，比如"朱莉娅说……"另一个倾听游戏要求参与者记住越来越长的物品或活动清单，像下面这样：

詹森："我要去旅行，我正在收拾行李。我要在箱子里打包一个球。"

汤姆："我要在箱子里打包一个球和一根香蕉。"

帕特："我要在箱子里打包一个球、一根香蕉和一个鼓。"

下面是这个很受欢迎的游戏的变体，使用的是行为词汇：

杰森："假期我要去游泳。"

汤姆："假期我要去游泳和潜水。"

帕特："假期我要去游泳、潜水和跳舞。"

这类游戏要求儿童仔细听别人说话并且想办法记住越来越长的词语序列。它的可能性是无限的，比如"在我的购物车里要加入……""在我们的野外旅行中，我看到了……"或者"我家里有……"

利用手头的图书让儿童听故事并重复某些特定的词语也是很有帮助的。比如，我最喜欢的童书是由奥德丽·伍德（Audrey Wood）著，唐·伍德（Don Wood）配图的《打瞌睡的房子》（The Napping House）。故事是这样开始的，"有一座房子，打瞌睡的房子，房子里所有人都在睡觉……房子里有一张床，一张舒适的床，在打瞌睡的房子里，房子里所有人都在睡觉……在床上，有一位老奶奶，打呼噜的老奶奶，睡在舒适的床上，在打瞌睡的房子里，房子里所有人都在睡觉……"如此循环往复。孩子们喜欢抢先背出他们听过一遍又一遍的句子。类似能够促进儿童倾听技能的童书还有《棕色的熊》（Brown Bear）以及这本书的作者马丁和卡尔（Martin & Carle, 1996）的其他作品。

反思自我……

意识到我们自己在沟通方面的优点、缺点和偏好是非常有用的。例如，很多早教工作者在与儿童沟通时都轻松而且自信，但在和家长或其他群体沟通时就不一定是这样了。

◎你和家长沟通时有什么感受？
◎你和上级沟通时有什么感受？
◎你喜欢当众说话吗？
◎如果你不喜欢和家长、上级或其他群体说话，那么你觉得在哪些方面存在困难？
◎你可以采用哪些步骤来提升这些方面的技能？
◎你更喜欢怎样的表达模式或风格？
◎你表达自我的最佳方式是艺术、音乐或舞蹈吗？
◎你表达自我的最佳方式是书写吗？比如记日记或给朋友写信。
◎你更喜欢用口头语言表达自己吗？

回想一个表达偏好和你不同的幼儿。如果你发现你特有的表达方式

> **反思自我……**
>
> 不能被这个孩子很好地理解,这可能是因为这个孩子对你所偏好的沟通模式不熟悉,或者这个孩子的沟通模式是你所不了解的。例如,你可能比较擅长进行言语沟通,而这个孩子却缺乏有效的文字技能,他表达自己最佳的方式是艺术或游戏。
>
> ◎你会采用怎样的步骤来改善你与这个孩子的沟通效果?

另一个能够提升沟通技能的愉悦的途径是对话性阅读。**对话性阅读**(dialogic reading)指的是**与单个儿童或一小组儿童一起进行的阅读过程,儿童在这个过程中参与到故事讲述之中。**在**对话性阅读中,成人阅读故事并分享图片,然后停下来邀请儿童提出他们的想法。**朗读者承担着积极倾听、提问、补充信息以及促使儿童更为精确的对故事材料进行描述的任务(Whitehurst, et al., 1994)。朗读者以提出基本问题"什么"开始,例如"小狗在吃什么?"或者"这个男孩儿在看什么?"当儿童开始觉得对简单问题应对自如时,朗读者提出后续问题来帮助儿童细化他们的观察和想法。最后,朗读者提出开放性问题以促进儿童的反思并且激发儿童的想象。例如,"我想知道这棵树是怎么长得这么大的。""当你散步时喜欢做些什么?"或者"你觉得这个男孩儿为什么哭呢?"

证据表明,无论儿童是来自低收入、稳定收入还是富裕家庭,对话性阅读都可以改善他们的读写和语言技能。还有发现表明,对话性阅读对来自不同文化群体的儿童也是有益的。在儿童早期教育课程中,参与对话性阅读的儿童数量控制在5个以内时效果最好,这可能就需要从社区中召集朗读志愿者以保证数量。还有研究显示,在童年早期,家长在家中与孩子进行对话性阅读是最为有益的(Whitehurst, et al., 1994)。

总结

沟通指的是人与人之间的信息交换,它由很多技能要素组成。接受性沟通包括倾听和观察他人传递的言语及非言语信息的能力。表达性沟通涉及以沟通接受者能准确理解的方式明确传达想法、观点、感受和需要的能力。和所有人一样,幼儿各自偏好的沟通模式不同。一些儿童擅长文字语言及其他符号形式信息的表达和理解,比如手势或书写。其他儿童则能更好地通过美术、音乐或动作来表达自己。大多数儿童都通过游戏来表达自我并学到大量技能,因而在一日生活中应该提供戏剧游戏的机会。儿童还通过行为来进行沟通,这就需要早期教育专业人员具备强大的观察技能。

发展沟通组成技能的机会应该渗透到幼儿教室环境中。与儿童进行的对话以及在他们周围的对话都能够提升其正在萌发的沟通技能,因此应丰富环境中的对话。某些特定活动也能够有针对性地发展一些技能,例如倾听、讲故事以及分享情绪。当儿童能够与同伴和成人有效沟通时,他们也能够更好地管理自己的情绪、建立更成功的人际关系并且在学业上及人生追求上获得更大的成功。

回顾和应用

1. 解释什么叫做同步沟通。在你的答案中要包含与表达性、接受性、言语和非言语沟通的相关概念。

2. 描述你如何向某个班的家长解释沟通技能对儿童发展的重要性。写一篇一页纸的文章或者与搭档就这个场景进行角色扮演。

3. 你注意到你班里很多4岁的孩子在具体表达其想法或讲述故事的细节方面都有困难。其中很多孩子看上去不能很好地聆听或解读其他人的非言语沟通信息。你想加强他们进行同步的、双向对话的能力。

　　a. 在日常教学中你能采用哪些一般性策略来发展他们的对话技能?
　　b. 阐述几个能够解决儿童特殊沟通需要的有针对性的活动。

本部分小结:社会性技能的反思性支持

我们每个人都是某个整体的一部分,它比任何单独个体都要强大。我们是世界的公民,正因如此,我们需要知道如何与彼此相联结。这种与他人联结的驱力与呼吸一样是生存的本能,这从新生儿的第一次凝视中就能看出来。对于在这个社会世界中茁壮成长的儿童来说,这种与他人联结的天然倾向必须被抚养者培养起来,而这些培养者自身得是有能力在社会竞技场中生活的。当我们成年时,我们基本都学会了如何与他人联结和沟通。不管他人支持我们与否,我们都在与他人的互动中学到这些技能。而现在,我们承担着促进幼儿沟通技能发展的任务,要达成这一任务,我们需要应用自身已经具备的人际交往技能。

每天,儿童都向我们呈现着支持其移情和沟通技能发展的机会。他们可能在分享和轮流方面存在困难。他们可能会排斥同伴、太靠近彼此、说话声音太大或做出攻击性行为。当这些现象出现时，我们需要鉴别出他们潜在的、需要支持的社会性技能，并准备好策略来引导他们。

我们还可以创设有益于发展移情、集体意识及沟通技能的教室环境。我们可以通过鼓励合作和协作的方式对空间、材料和活动计划进行设计。很多活动和游戏也能够有针对性地促进倾听、分享、问题解决和合作等特定技能的提升。我们社会性领域的技能与我们自身的特质越相符，我们在提升儿童社会性技能方面的准备也就越充分，效果也越好。

第五部分
Part 5

总结

"我之前从没发现,原来所有重要的东西就在镜子里。"
——艾尔老师,26岁,幼儿教师

第十章 Chapter 10
在你的班级中引入反思性指导

阅读完本章后,你应该能够:

◎ 描述自我反思在促进儿童社会性和情绪发展中的重要性。

◎ 在为儿童设计个性化学习体验时,确定需要考虑的儿童及其家庭相关因素。

◎ 认识到拟合优度在儿童体验及互动中的作用。

◎ 创设促进儿童社会性能力和情绪健康发展的氛围。

◎ 利用每日活动和事件促进儿童基本生活技能的发展。

◎ 将挑战性行为视为发展儿童社会性和情绪技能的契机。

◎ 列出针对特定社会性和情绪技能的活动和体验。

本书从始至终都在让你思考你与儿童互动中的各种因素。在我们检视这种反思性方法的要素时，有八个主题浮出了水面。我们考虑了如何将反思性方法引入你的班级或机构，并在本章中对每个主题都进行了概括。这些主题包括：

1. 进行自我反思
2. 个性化每位儿童的体验
3. 提高你、儿童以及环境之间的拟合优度
4. 创设促进儿童社会性能力和情绪健康发展的班级氛围，包括物理氛围以及情感氛围
5. 利用日常活动和事件教会儿童基本生活技能
6. 将儿童的挑战性行为视为其能力发展的契机
7. 发现针对某种特定技能的令儿童愉悦的活动
8. 与儿童和家庭建立良好关系

表10-1提供了一系列帮助你思考师幼互动情况的反思性问题。

一、进行自我反思：审视神奇的放大镜

你会带着自己的特质去处理任何冲突，无论是与儿童的、家长的还是同事的。这些特质包括你的经历、偏好、偏见、优点、缺点、价值观和信念。有时，这些特质中的某个要素可能会让你措手不及。例如，一个孩子顶撞你的行为让你暴怒……远比你的配班老师和你平时更愤怒。在此时，深入审视那面神奇的放大镜就显得极为重要，它能够让你有意识地对儿童进行回应而不是冲动的反应。这件事挑战了你的哪些信念或价值观？那个孩子的行为引发了你哪些回忆？当你愿意审视自我的时候，你就更能够在当下与儿童沟通，你的回应也会更有效果。

自我反思的重要性不仅仅体现在处理挑战性行为方面。在你创设教室环境、制订时间安排以及设计教学计划时，你的气质、偏好和偏见中的相关因素都会起作用。承认你自身具备这些特质是很重要的，因为这样你才能够更好地利用它们来促进儿童的发展。例如，你可能是一个喜欢秩序和稳定的人，那么对你来说，诸如纸张上色这样的艺术活动就比较诱人。因为尽管没有顾及儿童通过多种材料进行创造性表达的需要，但是到最后，儿童在这类活动中的作品都很相似，这与你的偏好相符合。儿童真正需要体验的活动可能会把教室弄得又脏又乱，而你可能就需要克服自己对这种混乱和非预知性的不安。再比如，也许你的倾听风格是时间导向的，但家长在家长会上却事无巨细地说着关于孩子的事。在这种情况下，了解到你自身的倾听风格与家长的沟通风格不符就能够帮助你用不同的方式处理这样的家长会。

表10-1　引导你处理挑战性行为的反思性问题

作为老师的你
◎我花时间去了解这个孩子了吗?
◎我今天是否花时间与这个孩子进行了有意义的互动?
◎我与这个孩子的互动是积极多于消极的吗?
◎我对这种行为的情绪反应跟我同事的有所不同吗?
◎这种行为或这个孩子到底有哪些地方让我困扰?
◎我过去或现在的哪些经历引发了这些感受?
◎我从前是如何学会我想要这个孩子表现出来的行为的?

儿童
我了解哪些关于这个孩子的,有可能影响其行为的事情?
◎这个孩子有什么经历或创伤吗?
◎他适应最近的变化了吗?
◎他以前有在班级中学习的经历吗?那个班级有什么特点?
◎他的语言、认知和社会性情绪发展能力如何?
◎他从出生以来身体都是健康的吗?如果不是,是疾病导致这种行为的吗?
◎他的感觉加工存在什么问题吗?
◎这个孩子有什么长处?
◎对这个孩子来说什么是重要的?
◎这个孩子有哪些兴趣?
◎以前哪些策略起作用了,哪些没有?

家庭
我了解哪些关于这个家庭的,可能与这种行为有关的事?
◎家中最近发生过变故吗?
◎家里的抚养者之间关系融洽还是冲突不断?
◎家庭的价值观、期望和教养方法与学校或幼儿园的一致吗?
◎这些价值观、期望和教养方法与父母的形象相符吗?
◎这个家庭有哪些优点?
◎这个家庭的文化支持学校或幼儿园的期望吗?
◎这些行为在家里会出现吗?
◎在家里,哪些策略对这种行为有作用,哪些没有?

行为
◎挑战性行为倾向于在什么时候发生?
　◎在每周或每天的特定时间?
　◎在某个特定类型的活动之中?
　◎当某个特定的人出现的时候?
◎哪些社会性或情绪技能需要得到支持?
◎这个儿童可能会有怎样的想法或感受?
◎在这种行为之前通常有什么事发生(触发器)?
◎在这种行为之后通常有什么事发生(结果)?

也许，我们这些专业人士已经达到了一定的社会性情绪能力水平，这些能力使得我们一路走到了今天。但这并不是说在我们的人生中这些技能已经没有提高的余地了，只是说我们已经具备了能够促进自身社会性情绪发展的经历。在你试图提高儿童的某些技能时，反思自身当初如何获得这些技能是很重要的。也许是你以前生活中一些成年人的支持和周密的考虑帮助你发展了这些技能。又或者你的学习经历是很痛苦的，所以你希望找到不同方法帮助班里的孩子进行发展。审视这些经历能够增加你的同理心，并且可以引导你制定出能够实现目标的决策。

自我反思应该成为你工作每个方面的一部分。每次教学计划的制订，每次活动的选择，每次与儿童或家长的互动以及每次对挑战性行为的回应都能够通过自我反思得到改善。

二、个性化每位儿童的体验

在涉及社会性以及情绪能力时，没有两个儿童的优点和缺点是相同的。在每个班级中，都有一些儿童善于表达，而另外一些儿童不是；一些儿童能很好地监控自己的情绪和冲动，而其他儿童不行。每个儿童都会对一些技能比较擅长而对其他技能把握不好。因此，在制订活动计划以及回应儿童的行为时，你必须反思每个儿童个体的发展需要。

每个儿童的兴趣、气质类型以及感觉加工风格都是独特的。一个儿童喜欢的事物可能是另一个儿童讨厌的。要尝试提供能够让每个儿童都感到愉快的、多种多样的活动，但同时也要谨慎地为儿童设置挑战，使他们变得更加灵活和宽容。

儿童生活在他们的家庭情境之中。每个家庭在其家庭动力、环境以及文化等一系列方面都是与众不同的。作为专业人士，你不需要根据复杂的变量特点把与你有互动的家庭进行分类。相反，你需要的是对他们的特点持开放的态度，认识到他们可能与你非常不同，并且就像你希望他们尊重你那样尊重这些差异。表10-2提供了两个有关收集和应用相关信息的练习，你可以在练习的过程中应用这些理念。

表10-2　收集和应用信息以应对社会性情绪需求

练习1

2岁的艾赛亚已经来到你班里三周了，他是从其他州搬过来的。通常，艾赛亚早上被马凯拉姑姑送来，晚上则被他的妈妈、邻居或者十几岁的表哥接走。他对小朋友表现出的兴趣极低，但看上去却非常想得到老师的喜欢。当小朋友不给他想要的东西时，艾赛亚会把东西从他们那儿抢过来，还会打人。当你或你的配班老师直接质询艾赛亚时，他会挣脱你，而且有时还会踢你或冲你吐口水。

1. 你对这样的情况有什么想法？
2. 处理艾赛亚行为的时候你应该考虑哪些问题？
3. 你猜测艾赛亚行为的原因可能是什么？

练习2

由于你出色的调查工作，你了解到艾赛亚曾被住在临近州的祖父母抚养，由于天生对海洛因成瘾，他一出生就从母亲身边被带走了。他的祖父母全职工作，因此他们把艾赛亚放在一户夫妇的家里，这对夫妇照看20~25个各年龄段的儿童。祖父母认为这对夫妇没有设置任何课程活动，而且怀疑小朋友或保姆有时会粗暴地对待艾赛亚。

最近，艾赛亚的妈妈——戒毒成功的18岁妈妈，在重新获得监护权之后，在表兄家附近找了一份售货员的工作，带着艾赛亚搬到了你们社区。艾赛亚的爷爷奶奶也住在你们社区，但没人知道艾赛亚生父的下落。

最初的观察显示，虽然艾赛亚的语言发展有些滞后，但他的认知技能属于中等偏上水平。在社会性情绪方面，你发现他的自主性和自理能力较强，但是在情绪监控、冲动控制、延迟满足以及移情方面存在不足。

1. 艾赛亚的行为说明了什么，或者其行为的潜在原因是什么？
2. 你可以采用哪些策略来应对他的攻击性和冲动性行为？
3. 你对艾赛亚有哪些其他的担心？

三、提高你、儿童以及环境之间的拟合优度

当环境的要求与人们的气质和偏好相协调时，人们才能做到做好。对你而言是这样，对你班里的儿童来说也是如此。在儿童的感觉需要和偏好存在极大差异的班级里任教是很困难的，它需要你平衡所有儿童的发展需求。某个儿童认为舒适自然的环境或活动对另一个儿童来说可能并不是这样。工作的关键在于进行计划时要意识到这种可能存在的变化，另外，当你为了应对工作的要求而选择超越儿童原有能力的活动时，对活动结果的期望也要进行灵活调整。我们的目的是拓宽环境的范围以使某些儿童能够发挥其能力，但这要在一定的限度内，否则会让儿童变得不受控制或导致儿童的失败。

拟合优度同时也与你和儿童的关系有关。遇到一个与你自身气质不同的学生是不可避免的。一旦你的自我反思让你意识到这种不和谐的本质，你就能为拓展个人经历以及增加你对儿童行为的容忍度而努力。这样做的目的是为了找到能够使你的教学方法、互动方式以及既定活动相一致的途径，如此一来，这些元素才能够与儿童的需要连成一线。

四、创设促进儿童社会性能力和情绪健康发展的物理及情感氛围

永远不要低估室外和室内物理环境在促进儿童社会性和情绪能力发展方面的重要

性。在创设有益于儿童社会性情绪能力发展的氛围时，我们必须考虑到空间、时间和材料的运用。环顾四周，看看你的教室中有能安静待着的、进行细致工作的、进行小组互动的、进行戏剧游戏以及全身活动的空间吗？划定能够进行这些活动的空间可以提升多种社会性情绪技能，比如自我监控、自主性、移情以及沟通。教室空间是进行了良好组织的还是杂乱无章的？它是友好而且吸引人的吗？在设计教室布局的时候一定要记住这些关键点。

一日生活安排一定要在预期性和灵活性之间寻求平衡。幼儿从一日活动中获益，这让他们知道下面要进行什么活动。另一方面，在自发学习机会和教育契机出现的时候，一日生活安排也要允许这些活动发生。生活安排还应该在安静、沉默的活动以及喧闹、身体活动之间进行平衡。记住，有一段时间用来进行丰富的对话是极为关键的。在分享、倾听个人经历，以及参加与其感兴趣的事物相关的信息的双向交换中，儿童受益匪浅。有意地安排时间来优化儿童的学习体验是很重要的。

你所选择的材料应该能够支持总体的和特定的社会性情绪技能的发展。墙上的海报和书籍中的人物应该与你班里的儿童及其家庭相似，这样儿童才会觉得这个班级与他们是有联系的。儿童可获得的一系列材料还应该在熟悉性和新奇性之间保持平衡。适宜儿童发展的材料应该是有趣的、令人愉悦的而且对你班里某些儿童来说是有挑战性的。

除了时间、空间和材料的运用以外，所有领域技能的健康发展在很大程度上都依赖于班级的情绪环境。我们体态所传达的温暖，我们语调所给予的安慰以及我们对儿童经历发自内心的关心，都融合在一起营造了一种充满信任和归属感的氛围。自我监控能力以及自主性是从信任中发展出来的。而移情以及对班级目标的认同和承诺则来自儿童的归属感。我们能够通过刻意计划言语和非言语沟通的内容以及倾听和观察的方式来促进儿童社会性和情绪所有关键要素的发展。简而言之，当我们进行同步沟通时，我们也为儿童创设了一个"营养丰富"的环境。

五、利用日常活动和事件教会儿童基本生活技能

日常活动和事件都是促进社会性技能和情绪能力发展的天然资源。一天的时间里，儿童都与同伴、你以及环境中的材料进行互动。这些互动提供了发展技能的机会，我们可以通过对话、示范，甚至是帮儿童成功应对预先设计好的潜在挑战来发展儿童的能力。

游戏或许是基本技能发展最重要的推动器，不论是结构化游戏还是户外的非结构化游戏，亦或是儿童在戏剧扮演区自行组织的游戏都是这样。结构化游戏要求儿童同意并遵守规则、耐心等候轮到他们进行游戏、解决问题以及应对失望。儿童对这样那样的任

务要求感到困难是不可避免的。不要认为他们难以完成任务是问题，要将其看作帮助他们发展应对技能的机会。

非结构化游戏时间允许儿童行使选择权并发展其自主性，同时也为你提供了一个观察儿童兴趣、偏好以及天赋的天然机会。非结构化游戏中会发生很多自发性亲社会行为以及需要儿童来解决的小危机。当我们密切关注儿童的活动时，我们可以帮助儿童巩固他们所做出的积极的选择，同时还可以支持他们努力解决冲突。

在假装游戏中，儿童扮演着从他们生活经历中以及想象中浮现出来的各种角色。假装游戏发展了诸多能力，包括自主性、移情、心理理论、创造力、沟通以及读写和其他认知技能。儿童创造的角色是一个窗口，从中我们能够窥探儿童内心的想法以及他们对事物的理解。我们从观察之中收集到的信息可以帮助我们调整指导儿童的方法。

六、将挑战性行为视为技能发展的机会

由于种种原因，儿童的行为往往会与规则和期望背道而驰。不要觉得挫败，带上你的侦探帽，拿起你的放大镜，寻找挑战性行为背后潜在因素的相关线索。这个孩子在此时出现这样的行为说明了什么？你注意到这个孩子的弱点或不足在于社会性或情绪技能，你应该将干预的重点放在这方面吗？这个孩子通过这样的行为想要达到什么目的？在回应儿童的行为之前，这些问题都是你应该询问、探索并回答的。这一探究过程要求你对改变惯常的回应方式持开放的态度，并且采用一种有计划的方式处理儿童的技能发展需要。

有时，在盛怒之下你很难退一步并客观地看待一个儿童的行为。幼儿教室是一个繁忙、慌乱的地方，任何时候，这里都有各种各样的要求需要你去注意。出于各种各样的原因，在教学区内你要和你的同事建立良好的关系，比如上级或者心理健康咨询师等，这样在有问题或情况较为复杂的时候，有人能够帮你一把。

七、发现针对某种特定技能的令儿童愉悦的活动

一旦我们发现某个孩子或一群孩子在某个社会性或情绪技能方面存在弱点，我们就可以引入专门针对这些技能的活动。假设你发现一个孩子很难控制他的情绪，尤其是愤怒情绪。那么你首先要知道，愤怒管理包含一系列具体的次级技能，比如自我意识、触发器的识别、冷静策略以及各种回应方式的选取等。之后你可以调整这个孩子的活动以专门锻炼这些次级技能。例如，你可以给他讲故事，故事中的人物成功处理了让他们愤怒的情况。你还可以让他用有各种表情的脸的图片做拼贴画。在圆圈时间，你可以让小朋友们丢沙包，拿到沙包的孩子可以分享一次让他们生气的经历，他们要说说那次自己

有多生气，又是如何处理的以及最后的结果。所有的儿童都可以从倾听同伴的经历中获益。分享自己的经历对你自身也是有好处的，包括你曾经犯过的错误以及你怎么样可以更好地处理这种情况。要知道，针对愤怒管理以及其他基本技能的潜在活动是无穷无尽的。

上述过程框架可以在儿童需要帮助时用于各种社会性和情绪技能发展。通过游戏、对话性阅读、圆圈时间活动、丰富的对话、角色扮演、木偶戏、艺术以及动作，你可以提高儿童的各种能力，而在这个过程中儿童甚至都不知道他们实际在进行着颇有难度的事情。

你的课程计划应该包括针对每个儿童社会性和情绪发展需要的各种各样的活动。例如，珍妮佛老师班上3岁的孩子们低声唱歌，并且在午饭前进行深呼吸。这些活动是针对几个孩子的冲动控制以及延迟满足能力设计的。拉蒙娜老师让她班上2岁的孩子们进行像瑜伽一样的柔软体操，以此提高儿童对自己身体的意识，尤其是那些活动控制水平很低的儿童。孩子们非常喜欢这个活动。

与同事进行头脑风暴能够帮助你找到更多有趣的方法来提升儿童不发达的以及需要支持的技能。例如，当我们运用略微超出儿童自身能力的任务（比较难的拼图或者精细动作任务）给儿童设置挑战时，他们就能够在学会如何应对非确定性以及挫败感的同时建立自信心和持久性。服饰装扮区能够促进儿童的角色扮演技能，这对移情和集体意识的发展是非常关键的。结构化游戏有利于发展冲动及情绪控制以及诸如分享和沟通的社会性技能。此外，在选择材料和活动时，要时刻谨记你想要加强的是儿童的哪些社会性技能和情绪性能力。表10-3是应用每日活动和特定活动促进儿童基本技能发展的练习。

表10-3　应用每日活动以及特定活动提升社会性和情绪技能

练习3
1. 6岁的明明是偷袭的高手。她以向朋友口出恶言，然后为报复他们而告状出名。在讲故事时间，她经常斜靠着坐在那里挡住同学们的视线。在美术活动中，她老是把同学的蜡笔和胶棒藏起来。
　a. 明明需要在哪些技能的发展上得到帮助？
　b. 有哪些活动是可以全班参与进来，帮助明明以及与她有相似问题的学生发展这些技能的？
　c. 你可以应用哪些特定活动帮助明明和其他需要更多帮助的学生加强这些技能？

2. 3岁的凯尔文目光呆滞地看着他面前的美工材料，不知道如何开始。在操场上，他老是粘着你，你去哪儿他就跟到哪儿。他说的最多的就是"我不行"和"我不知道"。
　a. 凯尔文需要在哪些技能的发展上得到帮助？
　b. 有哪些活动是可以全班参与进来，帮助凯尔文和他的同学发展这些技能的？
　c. 你可以应用哪些特定活动帮助凯尔文和其他需要更多帮助的学生加强这些技能？

（续）

3. 2岁的卡西米尔经常挤到队伍的最前面，从同学手里抢走玩具。
   a. 卡西米尔需要在哪些技能的发展上得到帮助？
   b. 有哪些活动是可以全班参与进来，帮助卡西米尔和他的同学发展这些技能的？
   c. 你可以应用哪些特定活动帮助卡西米尔和其他需要更多帮助的学生加强这些技能？

4. 4岁的杰登几乎对所有刺激都会报以身体攻击。克洛伊在壁橱附近撞了杰登，杰登就把她推倒了。詹姆斯伸手去拿紫色颜料盘，杰登就打他的手。轮流游泳的时候，杰登等得不耐烦了，就向杰克的脸上扔沙子，逼着他赶紧游完上岸。
   a. 杰登需要在哪些技能的发展上得到帮助？
   b. 有哪些活动是可以全班参与进来，帮助杰登和她的同学发展这些技能的？
   c. 你可以应用哪些特定活动帮助杰登和其他需要更多帮助的学生加强这些技能？

八、与儿童和家庭建立良好关系

比任何技巧和策略都更重要的是你和儿童关系的质量。与很多个体一样，儿童也想要跟肯花时间了解他们而且真正喜欢他们的人配合。健康的依恋关系构成了所有社会性和情绪发展的基础。儿童与他人关系中的安全感为其自我监控、自主性、移情和沟通能力的萌发铺平了道路。你与每位儿童之间坚实、相互尊重的关系有利于你制订个性化的教学计划，这对儿童教育是非常重要的。促进儿童社会性情绪能力发展的第一步就是将每个儿童作为一个独立个体进行了解。

你与家庭成员的关系同样是很重要的。家长首先最想要知道的是你发自内心地喜欢他们的孩子。家长们还需要知道你将他们当作工作伙伴、重视他们的建议、尊重其文化背景并且感谢他们的努力和行动。与家长之间温暖、积极的关系能够增加你与其探讨想法时的舒适感，同时可以加快你找到儿童挑战性行为解决办法的进程。你和家长是同一战线的。

记住这条白金法则，"你想要别人如何对待他人，你就要如何对待别人"（Pawl，1998）。当你用同情和尊重对待儿童，当你亲身示范移情并运用集体性语言，儿童就会将这些行为内化，并在与他人的交往中进行实践。

坐在镜子前面，让一个孩子坐在你的膝盖上，然后仔细看看镜子里的你和孩子。你能看到很多。你们两个都是复杂而且充满独特个性的个体,这些会影响你们思考、感受以及与他人互动的方式。你越了解这些特性,你就能越有效地进行各项工作。基本的社会性和情绪技能是每个孩子在学业上和生活中取得成功所必需的,而反思性方法就是你努力促进每个孩子社会性和情绪技能发展的最重要的源泉。

附录A 专业词汇释义表
（按照英文字母顺序排序）

A

适应性（Adaptability）：一名儿童适应新异的或已改变的情境的速度与容易度。

托儿所的天使（Angels in the nursery）：这一术语来自于婴幼儿心理健康领域，它描述的是早期积极的人际关系对依恋关系的持续影响。

前情事件（Antecedents）：引起或刺激行为发生的事件或触发物。

前扣带回（Anterior cingulate）：因帮助分配注意力并协调我们对思维和身体所做的处理而被视为大脑的首席营运官。

反社会行为（Antisocial behaviors）：表现出无视和侵犯他人的权利的行为。包括盗窃，恐吓，欺诈，不负责任，好战，缺乏悔恨，漠视他人的安全等。

依恋（Attachment）：在婴儿与它最初的照料者之间形成的情感联结；它是看护的一个重要部分，它能够支持幼儿获得安全感及从重要他人（依恋对象）那里获得的支持感，尤其是在焦虑或痛苦的时候。

注意（Attention）：一个人的警觉水平和有选择的关注特定感觉刺激的能力。

注意监控（Attention regulation）：有选择地关注手头的任务、抵抗干扰和维持注意直到完成任务的过程。

协调性（Attunement）：发生在成人将自己的内心状态与儿童的内心状态匹配，同时留意儿童非言语的微妙的交流。

自闭症（Autism spectrum disorders，ASD）：一组会引发显著社会性、沟通和行为性挑战的发育性障碍。

自主性（Autonomy）：一个人感觉自己能够独立完成某事，独立思考，自我决策以及明确自身方向的能力。

B

脑干（Brainstem）：最先发育起来的脑区，它监控着睡眠—觉醒周期和战斗或逃跑反应。

C

看护（Caregiving）：提供身体和心理方面的照顾和支持。

挑战性行为（Challenging behavior）：就儿童而言，它是具有破坏性的、危险的行为；是阻碍儿童机能、学习或人际关系发展的行为。

经典型条件作用（Classical conditioning）：移情发展的背景下的一种移情唤醒模式，其间，儿童观察到他人（如看护者）悲伤的表情时并能与自己的悲伤建立联结。

集体主义文化（Collectivist culture）：是这样一种文化，个体首先被看做是团体中的一员，其个性和自治功能被弱化。目标是相互依存，个体的独特性主要是使团体受益，而不是自身。

共同监控（Co-regulation）：孩子与看护者共担情绪监控，以使儿童逐渐能够监控自己的内部状态。

沟通（Communication）：个体之间进行有意义信息交换的广泛过程。

自信（Confidence）：对自己以及自己能力和力量的信念。

情境（Context）：围绕行为预期的环境。

对话（Conversation）：言语或非言语的双向的观点交换，在这个过程中，每个人所表达出来的观点都会被他人扩展或细化。

创造性（Creativity）：产生新想法或将各种观念组合起来解决问题或开发新形式的能力。

文化能力（Cultural competence）：了解、尊重、欣赏和崇敬与我们一起共事的人的文化多样性。

文化脚本（Cultural scripts）：形成一个人看待这个世界、思考和行为的方式的元素组合。

文化（Culture）：一个意义的共享系统，包括群体中的个人通过语言、行为、习惯、态度和实践这些明确的模式在日常互动中表达出来的价值观、信仰和假设；源于孩子的家庭和社区的一系列价值观念和教导。

D

满足延迟（Delay of gratification）或者延迟满足（Deferred gratification）：出于对未来结果的考虑而推迟即时满足的能力。

发展筛查（Developmental screening）：用于判定一个行为模式是否足够异常并是否需要进行进一步的评价和干预的一套程序；测量所有领域的发展技能的一套系统，包括社会情绪领域。

对话性阅读（Dialogic reading）：与儿童一起进行的阅读过程，在这个过程中，儿童参与到故事讲述之中；成人阅读故事并分享图片，然后停下来请儿童提出他们的想法。

直接联想（Direct association）：在移情能力发展背景下的一种移情唤醒模式，如某人看到他人身处困境之中，这一场景激起其自身类似的生活回忆，并使其为那个人感到难过。

E

幼儿的心理健康（Early childhood mental health）：儿童感受、监控、表达自己情绪，形成亲密和安全型的人际关系，探索周围环境以及在家庭和社区环境里学习的能力。

情绪监控（Emotional regulation）：一个人抑制、增强、维持和调节情绪唤醒以达成自己目标的能力。

情绪性词汇（Emotional vocabulary）：我们用来描述自身和他人情绪的词语。

移情（Empathy）：一个人的情绪反应，这种情绪反应源于对他人情绪状态的理解，并与他人的感受相似。一种设身处地从他人角度出发所做出的情感回应；与他人产生联系的一种内心体验的情感联结。

成长历程（Environmental history）：过去和现在的经历，这些经历可能会支持或阻碍他的发展。

种族（Ethnicity）：家族原来所在的国家。

评价（Evaluation）：一套详细程序，由专门培训的专业人员进行，他们来决定孩子的优势、劣势和干预需求的独特情况。为矫正研发一个综合的个性计划。

执行功能（Executive functions）：是指自适应的和目标导向的行为所必需的，对基本的感觉、注意、情绪和行为过程施加控制的高阶认知活动。

表达性沟通（Expressive communication）：涉及向他人进行口头、非文字或者符号性信息传播的过程；将信息传递给他人的过程。

扩展对话（Extended discourse）：在谈话中彼此积极互动，有机会倾听且引发解释和个人陈述。

外部动机（Extrinsic motivation）：一个人仅会为了获得外部奖赏的许诺或预期而从事某项工作的意愿。

F

家庭动力（Family dynamics）：家庭内部人际关系的质量和性质——也就是说，

成员之间是怎样关联的。

过滤（Filter）：对自己可能冒犯他人、造成消极后果或干扰我们完成自己的目标的语言表达方式和手势予以控制。

需求满足（Fulfillment of needs）：集体意识的组成部分之一，意识到与集体密切联系将满足其成员的需要。

功能分析（Functional analysis, FA）：一个特定的过程，在多种场合的各种情境中直接观察儿童，使用定义明确的行为标准，反映出包括前情事件、行为表现、结果事件（ABCs）的一套连续数据。

功能性行为评估（Functional behavior assessment, FBA）：一个有条理的工作过程，去理解孩子困难行为背后的功能，为了利用直接和间接信息来找出处理此行为的最佳方法。

G

托儿所的魔鬼（Ghosts in the nursery）：这一术语来源于婴儿心理健康领域，指的是主要的看护者（父母和监护人）与我们相处的方式，无论是好是坏，都在深刻地影响着我们现在与孩子的关系。

拟合优度（Goodness-of-fit）：一个人的气质与他所处环境的要求和期望在多大程度上是兼容的。

H

习惯化/去习惯化（Habituation/dishabituation）：一种用于研究婴儿学习的偏向性测查技术。它的前提假设是婴儿偏爱看新奇的刺激。当一个对象对婴儿来说变得熟悉之后，婴儿就会移开视线，同时心率和其他生理活动减弱。当引入新刺激时，婴儿会看向新刺激物，这时去习惯化就产生了。

无助性导向（Helpless）：认为个人先天的智力决定了一项任务的成败，每个人的智力都是固定不变的，无论他们怎么做都无法改变这一事实。

I

冲动控制（Impulse control）：一种抑制在不考虑其他行为选择或者可能后果的情况下即时行动的倾向的能力。

个人主义文化（Individualistic culture）：鼓励孩子们独立思考，让他们解决自己的问题，促进自我照料的独立性，欢迎他们表达自己的想法和感受。自主性和独立性是被高度重视的。

归纳法（Inductive approach）：一种引导策略，在这一策略中成人清楚地阐述儿童对他人作用的最可能的后果。

影响力（Influence）：集体意识的组成部分之一，反映一个人的信念，即他对集体活动或集体成功有影响，而集体又对他的行为或福祉产生影响。

本能（Instinct）：一种发生在意识水平之下的内在行为倾向。

内部工作模型（Internal working models）：在认知、情感方面产生人际关系的心理预期——这种预期能够影响他对看护者的感受和回应，久而久之，也会推及至其他人身上。

人际智能（Interpersonal intelligence）：一个人理解他人的意图、动机和欲望，并因此能够与他人有效合作的能力。

语调（Intonation）：音高的起伏。

自省智能（Intrapersonal intelligence）：一个人理解自我，拥有有效的自我工作模型——包括欲望、恐惧和能力，并且使用这些信息去有效地调节个人生活的能力。

内部动机（Intrinsic motivation）：个体完全出于对学习或工作本身的热爱而从事活动的状态。

J

共同注意（Joint attention）：由两个或两个以上的个体同时发起的对一个共同对象或者目标对象的注意。

K

知识需求（Knowledge need）：儿童不知道也可能不希望知道在既定情形下如何适当地表现行为，这是必须要学习的。

L

言语（Language）：人们沟通的一种具体方式，它使用诸如词语、手势或图片一类的符号。它涉及符号编码以传递信息以及符号解码以理解接受到的信息两个过程。

边缘系统（Limbic system）：调节情绪和动机的大脑结构和程序。

倾听风格（Listening style）：关于信息接收和编码过程相关信息（如何、何地、何时、何人、内容）的一系列态度、信念以及倾向。

倾听（Listening）：通过听觉获取信息，并从听到的东西中理解意义的过程。

M

掌握性导向（Mastery-oriented）：认为对于某件事的结果是可控的，并且是可以通过努力而获得成功时,他们的能力就会提升。

间接联想(Mediated association):一种移情唤醒模式,一般由更富经验的人指出他人的情绪体验并说出这种情绪的名字时引发。

成员资格(Membership):一种某人处于某个组织范围之内的感知。

心理健康咨询师(Mental health consultant):受过专门训练的心理卫生专业人士,他们与儿童生活中的成人协同工作(如,幼儿教育工作者、家长和早期干预提供者),以提高他们的技能和专业知识,使他们可以反过来促进儿童社会和情感能力的发展。

心理状态(或内心状态)[Mental states(or inner states)]:指人的思想,情感,喜好,偏见和意图。

元认知(Meta-cognition):用来形容关于思考的思考过程。

镜像神经元(Mirror neurons):观察者大脑中神经活动(神经细胞间的信号)所发生的脑区和速率与情绪真实体验者的相同。

动机或掌握动机(Motivation or mastery motivation):一种促使个体以一种专注、坚持的方式,独立地尝试完成一个对他来说挑战性适中的问题解决、技能学习或任务操作的心理动力。

运动神经模仿(Motor mimicry):个体自发地模仿其他难过的人的面部表情、声音,或肢体动作的过程,这一行为导致个体自身情绪也转变成了悲伤。

N

技能学习需求(Need for skill building):孩子明确地知道什么技能是期望的,但是缺乏在情境中一直以适宜的方式表现出来的这种情况。

神经元(Neurons):神经细胞。

非言语沟通(Nonverbal communication):传递或接收无词语信息的过程。包括手势、身体语言、面部表情、姿势、目光接触、接近程度、衣着和发型。人们通过舞蹈、音乐、美术、戏剧以及其他行为进行非言语沟通。

O

客体永存性(Object permanence):即知道一个不在视线中的物体仍旧存在的能力。

眶额皮质(Orbitofrontal cortex):几乎连接了所有参与自我监控的重要脑部活动的脑区,即脑干(觉醒和注意)、边缘系统(情绪和动机)、前额皮质(推理和逻辑）。

P

平行加工（Parallel process）：该术语出自于婴儿心理健康领域中与反思性监督有关的文献，意指一种关系的本质在另一种关系中重复的过程。

副交感神经系统（Parasympathetic nervous system，PNS）：能使我们冷静、放松和休息；副交感神经系统的活动也可称作舒张反应。

坚持性（Persistence）：是气质类型中促进自主性发展的一个维度，是维持注意于手头任务直至完成目标的能力。

人格（Personality）：情感，行为和认知的特质或模式的稳定集合，用于定义个体及其特有的适应性和生活叙事。

白金法则（Platinum rule）：Jeree Pawl的名言："你想要别人如何对待他人，你就要如何对待别人。"

前额皮质（Prefrontal cortex）：它对于自我监控来说十分重要，是一个参与反应抑制、问题解决、推理和其他执行功能的脑区，同时也是最晚发育成熟的脑区。

意志问题（Problem of will）：孩子不服从期望和权威而做出的主动选择。

项目导向方法（Project-oriented approach）：一种由儿童提出问题、教师引导他们自主探究和决定时间安排的教学法。

本体觉（Proprioception）：肌肉和神经系统之间的通信系统，由肌肉、肌腱和关节的神经末梢发起，为儿童提供运动信息和身体部位（包括内脏）的信息。

亲社会婴儿（Prosocial babies）：表现出的交际能力和行为有助于创建积极的班级情感环境，这些行为能使婴儿形成一种积极、可辨、外显的社会表达形式，不论其表达的对象是其他婴儿还是成人。

亲社会行为（Prosocial behaviors）：旨在帮助他人的自愿行为，包括帮助、轮流、分享和安慰别人。

韵律结构（Prosodic）：包括语调、节奏和重音的说话特征。

R

反应（Reaction）：在触发性事件之后无暇考虑后果或其他因素就立即表现出的情绪或行为。

反应性（Reactivity）：一个人对感觉输入做出反应的水平。

接受性沟通（Receptive communication）：接受和理解沟通信息的过程，包括觉察、确认、解释以及理解他人所传达的信息。

交互决定论（Reciprocal determinism）：一个由班杜拉创建的词汇，用于描述在人格发展的过程中个体成分（认知与情感因素）、环境作用以及行为对人格发展所起的交互作用。

反思（Reflection）：深入地看待自己和看待他人的能力使我们可以利用增强了的理解力确定最有效的互动方式以及客观地看待自己和他人看待我们的能力；思考的过程让我们能够思考形成自我和他人行为方式的因素。

反思性功能（Reflective functioning）：人的基本能力，理解他人行为背后潜在的精神状态和心理意图。

反思性倾听（Reflective listening）：倾听的一种方法，是指倾听者对于说者来说相当于一面镜子，倾听者不是要回答客户的问题，挑战他的想法，问问题或提供建议，有效的倾听者应该是巩固说的人表达的想法。

反思性实践（Reflective practice）：一种教学或实践的方法，它包括停下来思考影响这些教学或实践的各种策略和原因，批判性地思考不同的观点，还包括在新的理解下改变教学实践。

基于关系的指导（Relationship-based guidance）：一种强调个体之间情感联结的教学和指导方式，个体之间特指成人和儿童。

舒张反应（Relaxation response）：使个体得以冷静、放松和休息的副交感神经系统的活化作用。

回应（Response）：触发性事件后的一种情绪或行动，这一情绪或行动源自于对个人因素和情境因素的深思熟虑、对所期望结果实现可能性的判断、对所有可能行动的探索和对大部分有效措施的甄选。

回应性（Responsiveness）：发生在一个人对另一个的情感状态和需要做出有意且具体的反应。

节奏（Rhythm）：某种语言中普遍的音节发声时间规律。

角色或观点采择（Role- or perspective-taking）：一种移情唤醒模式，以对他人的思想、感觉和需求产生心理概念的能力为特征。

S

筛查（Screening，见发展筛查）：用于判定一个行为模式是否异常到需要专业人士考察的一种初步措施。

自我效能（Self-efficacy）：个体认为自己的行动具有意义并相信自身能影响世界的观念。

自我监控（Self-regulation）：监督和管理自己的思维、注意、感觉和行为以实现目标的能力。

自我理论（Self-theory）：个体对自己的信念。

集体意识（Sense of community）：一种归属感，成员对彼此以及对集体来说极为重要，所有成员拥有共同的信念，那就是成员的需求可以通过大家紧密团结在一起的承诺得到满足。

敏感性（Sensitivity）：一个人接收和处理感觉输入的能力。

感觉统合（Sensory integration）：为有效利用而使源于机体和环境中的感觉有机结合的加工过程。

感觉加工（Sensory processing）：一种统和源于身体内部及外界环境的不同感觉刺激并以恰当的方式使用的能力。

感觉监控（Sensory regulation）：接收、调节和组织感觉参与手头任务的能力。

感觉阈限（Sensory threshold）：个体在某个时刻所能觉察到感觉刺激的最小临界值。

共同的情感联系（Shared emotional connection）：是促进集体意识的必要元素，它涉及跟集体互动的强度，频率，重要性和合意性。

技能（Skills）：资质，能力，才能。

社会参照（Social referencing）：一种婴幼儿在行动中回头看依恋对象以寻求安慰与赞许的行为。

压力（Stress）：一种在个体生活环境中增加个体唤醒水平的情境。

重音（Stress）：在说话时，对一个词中的某个音节或一句话中的某个词的强调。

交感神经系统（Sympathetic nervous system, SNS）：是自主神经系统的一部分，它能在压力之下调动身体的资源。交感神经系统支配着战斗或者逃跑反应，并以心率增加、心脏收缩加强、瞳孔扩张、消化液分泌减少和其他生理变化为特征。

突触（Synapse）：神经元间的空隙，是发生由经验引发的、连接神经元的电化学反应的场所。

T

气质（Temperament）：在生命早期出现的情绪反应性和调节的个体差异，它是相对稳定的，至少在基于生物的部分是稳定的。

心理理论（Theory of mind）：是基于对他人心理状态的理解而产生的对他人知识、信念与行为进行描述、解释及预测的一组信念。

触发器（Trigger）：一个能刺激情绪唤起的物体或事件。

V

前庭觉（Vestibular processing）：一个人的平衡感和空间知觉，在内耳进行加工。

W

意志（Will）：表现出某一行为的决心、欲望或动机。

求知欲（Wonder）：自主性的重要组成部分之一，一种由一些意料之外的、不熟悉或令人费解的事物所引发的惊奇与敬畏感；与带有少许惊奇的好奇心形似，是自主性的一个重要成分。

附录B 本书各章节内容与NAEYC"早期教育专业人员培养标准"对应表

标准	标准中的核心要素	章节与主题
1：促进儿童的发展与学习	1a. 了解并理解幼儿的特征及需要	3：反思儿童的行为
		4：个性化指导
		4：发展适宜性指导
	1b. 了解并理解对学习与发展过程产生影响的多种因素	5：根据情境的指导
		5：文化能力的指导
		6：自我监控的组成部分
		6：解释自我监控能力的差异
	1c. 运用有关儿童发展的知识构建健康、尊重、支持以及具有一定挑战性的学习环境	7：自主性的成分：求知欲、自信心与动机
		7：解释自主性的影响因素
		8：移情和集体意识的发展
		9：沟通的复杂性
		9：表达性沟通和接受性沟通的类型
		10：所有章节
2：与家庭和社区建立联系	2a. 了解并理解不同类型家庭和社区的特征	1：社会性和情绪能力的重要性
		4：个性化指导
	2b. 通过尊重、互惠的关系支持并吸引家庭和社区的参与	5：根据情境的指导
		5：文化能力的指导
		6：解释自我监控能力的差异
	2c. 将家庭与社区纳入儿童学习、发展的过程之中	7：解释自主性的差异
		8：移情和集体意识的发展
3：通过观察、记录与评价为儿童及其家庭提供支持	3a. 理解评价的目标、作用及应用	1：指导教育实践的专业体系
	3b. 了解和应用观察法、记录法等多种有效的评估工具和方法	3：反思儿童的行为
		4：发展适宜性指导
		6：促进儿童早期自我监控能力发展的实践
	3c. 理解并践行负责的评价以促进每一个儿童更好地发展	9：促进儿童早期沟通能力发展的实践
		10：与儿童和家庭建立良好关系
	3d. 与家长、专业人员合作进行评价	
4：运用发展有效性方法与儿童及其家庭建立联系	4a. 理解积极的关系与支持性的互动方式是从事儿童工作的基础	1~10：所有详细阐述反思与关系的章节
		1：反思为什么重要
	4b. 知道并理解在早期教育的有效策略与手段	4：个性化指导
		6~9：促进儿童早期发展的实践
	4c. 运用发展适宜性教学/学习方法的全部策略	10：所有章节
	4d. 对教学实践进行反思以促进每一个孩子更好地发展	

（续）

标准	标准中的核心要素	章节与主题
5：运用学科知识构建有意义的课程	5a. 理解学科知识，掌握学科资源	1：指导教育实践的专业体系
	5b. 了解并运用核心概念、调查工具以及学科或教育领域的结构	3：反思儿童的行为
		4：个性化指导
		4：发展适宜性指导
		5：根据情境的指导
		5：文化能力的指导
	5c. 运用教师自身的知识、适宜的早期学习标准和其他资源为每个儿童设计、实施、评价有意义的、有挑战性的课程	6：促进儿童早期自我监控能力发展的实践
		7：促进儿童早期自主性发展的实践
		8：促进儿童早期移情和集体意识发展的实践
		9：促进儿童早期沟通能力发展的实践
6：成为专业人员	6a. 认同自己早期儿童教育从业者的身份并投入其中	前言
		1：指导教育实践的专业体系
	6b. 了解并遵守行业道德标准及其他专业性要求	2：情绪智力与多元智能
	6c. 坚持合作性学习并用其指导实践	2：自我反思
		2：理解压力和应对策略
	6d. 在早期教育的过程中融合知识性、反思性与批判性视角	8：移情和集体意识的发展
	6e. 参加为儿童和其他专业人员提供的支持活动	

The Standards and Key Elements are from NAEYC. "NAEYC Standards for Early Childhood Professional Preparation Programs." Position statement. Washington, DC: NAEYC. Reprinted with permission from the National Association for the Education of Young Children (NAEYC).

Copyright © 2009 by NAEYC. Full text of all NAEYC position statements is available at www.naeyc.org/positionstatements. These correlations are suggested by the authors.

参考文献

Accardo, P., Tomazic, T., Fete, T., Heaney, M., Lindsay, R., & Whitman, B. (1997). Maternally reported fetal activity levels and developmental diagnoses. *Clinical Pediatrics, 36*, 279–283.

Acredolo, L., & Goodwyn, S. (2000, July 18). *The long-term impact of symbolic gesturing during infancy on IQ at age 8*. Retrieved September 25, 2011, from Baby Signs, Inc.: https://www.babysigns.com/index.cfm?id=113

Adamson, L., & Frick, J. (2003). The Still Face: A History of a Shared Experimental Paradigm. *Infancy, 4* (4), 451–473

AGBeat News. (2011, August 15). *Agent Genius*. Retrieved September 2, 2011, from Surprising statistics about social media use in America—infographic: agentgenius.com/real-estate-technology-new-media/surpising-statistics-about-social-media-in-america

Alter, P. J., Conroy, M. A., Mancil, G. R., & Haydon, T. (2008). A Comparison of Functional Behavior Assessment Methodologies with Young Children: Descriptive Methods and Functional Analysis. *Journal of Behavior Education, 17*, 200–219.

American Pregnancy Association. (2008, October 1). *Using illegal drugs during pregnancy*. Retrieved April 24, 2011, from www.americanpregnancyassociation.org: www.americanpregnancyassociation.org/pregnancyhealth/illegaldrugs.html

American Psychiatric Association. (2000). *Diagnostic and Statistical Manual of Mental Disorders: Fourth Edition Text Revision*. Washington, DC: American Psychiatric Association.

Arnold, D., Ortiz, C., Curry, J., Stowe, R., Goldstein, N., & Fisher, P. (1999). Promoting academic success and preventing disruptive behavior disorders through community partnerships. *Journal of Community Psychology, 27* (5), 589–598.

Arthur, L., Beecher, B., Death, E., Dockett, S., & Farmer, S. (2005). *Programming and planning in early childhood settings* (3rd ed.). Sydney: Thomson Publications.

Axline, V. (1947, 1989). *Play Therapy*. New York: Ballentine Books.

Ayres, A. J. (1979). *Sensory integration and the child*. Los Angeles, CA: Western Psychological Services.

Bandura, A. (1989). Social cognitive theory. *Annals of Child Development, 6*, 1–60.

Bandura, A., Ross, D., & Ross, S. (1961). Transmission of aggression through imitation of aggressive models. *Journal of Abnormal & Social Psychology, 63*, 575–582.

Barker, L., & Watson, K. (2000). *Listen up*. New York: St. Martin's Press.

Baron-Cohen, S. (2001). Theory of Mind and Autism: A Review. *International of Research in Mental Retardation, 23*, 169–184.

Belsky, J., Bakermans-Kranenburg, M., & van IJzendoorn, M. (2007). For better and for worse: Differential susceptibility to environmental influences. *Current Directions in Psychological Science, 16*, 300–304.

Benson, H., & Klipper, M. Z. (2000). *The Relaxation Response*. New York: Harper Paperbacks.

Bijou, S. W., Peterson, R., & Ault, M. (1968). A method to integrate descriptive and experimental field studies at the level of data and empirical concepts. *Journal of Applied Behavior Analysis, 1*, 175–191.

Bodrova, E., & Leong, D. (2007). *Tools of the Mind*. Upper Saddle River, NJ: Pearson Education.

Boris, N., Aoki, Y., & Zeanah, C. (1999). The development of infant-parent attachment: Consideration for assessment. *Infants and Young Children, 11*, 1–10.

Bos, K., Zeanah, C., Fox, N., Drury, S., McLaughlin, K., & Nelson, C. (2011). Psychiatric outcomes in young children with a history of institutionalization. *Harvard Review of Psychiatry, 19* (1), 15–24.

Boyd, D. R., & Bee, H. (2010). *The Growing Child*. Boston: Allyn & Bacon.

Boyd, J., Barnett, S., Bodrova, E., Leong, D., & Gomby, D. (2005, March 1). *Promoting children's social and emotional development through preschool education*. Retrieved November 18, 2011, from National Institute for Early Education Research: http://nieer.org/resources/policyreports/report7.pdf

Bredekamp, S., & Copple, C. (1997). *Developmentally Appropriate Practice in Early Childhood Programs.* Washington, DC: National Association for the Education of Young Children.

Bronfenbrenner, U. (1979). *The Ecology of Human Development: Experiments by Nature and Design.* Cambridge, MA: Harvard University Press.

Bronson, P., & Merryman, A. (2009). *Nurture Shock: New thinking about children.* New York: Twelve Hatchett Book Group.

Bus, A., Both-de Vries, A., de Jong, M., Sulzby, E., & de Jong, E. (2001, November 5). *Center for the Improvement of Early Reading Achievement.* Retrieved October 16, 2011, from ciera.org: www.ciera.org/library/reports/inquiry-2/2-015/2-015.pdf

Buss, A., & Plomin, R. (1984). *Temperament: Early developing personality traits.* Hilldale, NJ: Erlbaum.

Calkins, S. D. (2011). Caregiving as Coregulation: Psychobiological Processes and Child Functioning. In A. Booth, S. M. McHale, & N. S. Landale, *Biosocial Foundations of Family Processes* (pp. 49–59). New York: Springer Science and Business Media, LLC.

Carlson, S. M., Moses, L. J., & Claxton, L. J. (2004). Individual differences in executive functioning and theory of mind: An investigation of inhibitory control and planning ability. *Journal of Experimental Child Psychology, 87,* 299–319.

Caspi, A., Moffitt, T., Newman, D., & Silva, P. (1996). Behavioral observations at age three years predict adult psychiatric disorders: Longitudinal evidence from a birth cohort. *Archives of General Psychiatry, 53,* 1033–1039.

Cassidy, J., & Shaver, P. (1999). *Handbook of attachment.* New York: The Guilford Press.

Center on the Social and Emotional Foundations for Early Learning. (2011, January). *CSEFEL: Center on the Social and Emotional Foundations for Early Learning.* Retrieved November 19, 2011, from Vanderbilt University: http://csefel.vanderbilt.edu/

Centers for Disease Control and Prevention. (2011, March 25). *Autism Spectrum Disorders (ASDs).* Retrieved November 19, 2011, from Centers for Disease Control and Prevention: www.cdc.gov/ncbddd/autism/index.html

Chau, M., Thampi, K., & Wight, V. R. (2010, October 1). *Basic Facts about Low-income Children, 2009: Children Under Age 6.* Retrieved November 19, 2011, from National Center for Children in Poverty: www.nccp.org/publications/pub_972.html

Chau, M., Thampi, K., & Wight, V. R. (2010, October 30). *Basic Facts About Low-income Children, 2009.* Retrieved January 14, 2011, from National Center for Children in Poverty: http://nccp.org/publications/pub_971.html

Chesley, G., Gillett, D., & Wagner, W. (2008). Verbal and Nonverbal Metaphor With Children in Counseling. *Journal of Counseling & Development, 86,* 399–411.

Christiansen, M., Emde, R., & Fleming, C. (2004). Cultural perspectives for assessing infants and young children. In R. Delcarment-Wiggins, & A. Carter, *Handbook of infant, toddler and preschool mental health assessment* (pp. 7–23). New York: Oxford University Press.

Christophe, A., Millotte, S., Bernal, S., & Lidz, J. (2008). Bootstrapping lexical and syntactic acquisition. *Language & Speech, 51,* 61–75.

Coakley, C., & Wolvin, A. (1997). Listening in the educational environment. In M. Purdy, & D. Borisoff, *Listening in everyday life: A personal and professional approach* (2nd ed.) (pp. 172–212). Lanham, MD: University Press of America.

Cohen, E., & Kaufmann, R. (2005). *Early childhood mental health consultation.* Substance Abuse and Mental Health Servies Administration, Center for Mental Health Services. Rockville, MD: Department of Health and Human Services.

Colle, L., & Del Giudice, M. (2011). Patterns of Attachment and Emtional Competence in Middle Childhood. *Social Development, 20* (1).

Conaway, M. (1982). Listening: Learning tool and retention agent. In A. Algier, & K. E. Algier, *Improving reading and study skills* (pp. 51–63). San Francisco: Jossey-Bass.

Conn-Powers, M. (2010, April). *Essential Skills for Successful School Readiness.* Retrieved November 20, 2011, from Early Childhood Center, IIDC, Indiana University: www.iidc.indiana.edu/styles/iidc/defiles/ECC/EssentialSkills.pdf

Conn-Powers, M., Cross, A. F., & Dixon, S. (2011, June). *The First Days of Kindergarten and What They Mean for Preschool Teachers.* Retrieved November 20, 2011, from Indiana Institute on Disability and Community Early Childhood Center: www.iidc.indiana.edu/styles/iidc/defiles/ECC/ECCKindergartenResearchPaper2011.pdf

Cumming, T., & Lesniak, G. (2000). *Improving Employability Skills through Cooperative Education and Tech Prep.* Retrieved November 20, 2011, from Education Resources Information Center (ERIC): www.eric.ed.gov/PDFS/ED442978.pdf

DeYoung, C. G., & Gray, J. (2009). Personality Neuroscience: Explaining Individual Differences in Affect, Behavior and Cognition. In P. Corr, & G. E. Matthews, *The Cambridge handbook of personality psychology* (pp. 323–346). New York: Cambridge University Press.

Dickinson, D. K., & Porche, M. (2011). Relation Between Language Experiences in Preschool Classrooms and Children's Kindergarten and Fourth-Grade Language and Reading Abilities. *Child Development, 82* (3), 870–866.

Dickinson, D. K. (2003). Why We Must Improve Teacher-Child Conversations in Preschools and the Promise of Professional Development. In L. Girolometto, & E. Weitzman (Eds.), *Enhancing caregiver language facilitation in childcare settings.* (pp. 4-1–4-8). Toronto, Canada: The Hanen Institute.

Dietrich, C., Swingley, D., & Werker, J. (2007, October 2). *Native language governs interpretation of salient speech sound differences at 18 months.* Retrieved September 29, 2011, from PNAS Online: www.pnas.org/content/104/41/16027.full

Dombro, A.L., Jablon, J., & Stetson, C. (2011). *Powerful Interactions: How to connect with children to extend their learning.* Washington, DC: NAEYC.

Donne, J. (1839). *The Works of John Donne* (Vol. 3). (H. Alford, Ed.) London: John W. Parker.

Dougherty, L., Bufferd, S., Carlson, G., Dyson, M., Olino, T., Durbin, C. E., et al. (2011). Preschoolers' Observed Temperament and Psychiatric Disorders Assessed with a Parent Diagnostic Interview. *Journal of Clinical Child & Adolescent Psychology, 40* (2), 295–306.

Drotar, D. S. (2008). *Pediatric Developmental Screening: Understanding and selecting screening instruments.* New York: The Commonwealth Fund.

Dweck, C. S. (1999, Spring). Caution - Praise can be dangerous. *American Educator*, 1–5.

Dweck, C. S. (2000). *Self-theories: Their Role in Motivation, Personality and Development.* Philadelphia: The Psychology Press.

Dweck, C. S. (2006) *Mindset: The New Psychology of Success.* New York: Random House.

Edwards, C., Gandini, L., & Forman, G. (1998). *The Hundred Languages of Children: The Reggio Emilia Approach—Advanced Reflections.* Greenwich, CT: Ablex.

Eisenberg, N., & Fabes, R. A. (1990). Empathy: conceptualization, measurement and relation to prosocial behavior. *Motivation and Emotion, 14*, 131–149.

Eisenberg, N., Fabes, R. A., Shepard, S. A., Murphy, B. C., Guthrie, I. K., Jones, S., et al. (1997). Contemporaneous and Longitudinal Prediction of Children's Social Functioning from Regulation and Emotionality. *Child Development, 68* (4), 642–664.

Elicker, J. & Fortner-Wood, C. (1995). Research in review: Adult-child relationships in early childhood settings. *Young Children 51* (1), 69–78.

Eisenhauer, M. J., & Katz, J. E. (2011). R.E.A.L.K.I.D.S.: A Framework for Intentional Social–Emotional Guidance. *Early Years, 32* (3), 22–25.

Emde, R. N. (2006). Culture, diagnostic assessment and identity: Defining concepts. *Infant Mental Health Journal, 27*, 606–611.

Epstein, A. S. (2009). *Me, you, us: social–emotional learning in preschool.* Ypsilanti, MI: HighScope Press.

Ericsson, K. A. (2007, June 7). The Making of an Expert. *Harvard Business Reveiw*, 1–6.

Ericsson, K. A., Prietula, M. J., & Cokely, E. T. (2007, July 30). The Making of an Expert. *Harvard Business Review.* Retrieved May 9, 2011, from Harvard Business Online: http://hbr.org/2007/07/the-making-of-an-expert/ar/1

Erikson, E. (1993). *Childhood and Society* (2nd ed.). New York: W. W. Norton, Inc.

Espinosa, L. (2010). *Getting it Right for Young Children from Diverse Backgrounds: Applying Research to Improve Practice.* New Jersey: Pearson Education, Inc.

Evans, B. (2009). *You're not my friend anymore!* Ypsilanti: High/Scope.

Facebook (2011). *Statistics/Facebook*. Retrieved March 29, 2012, from Facebook website: http://newsroom.fb.com/content/default.aspx?NewsAreaId=22

Fisher, B. (1995). *Thinking and learning together: Curriculum and community in a primary classroom*. Portsmouth, NH: Heinemann.

Fox, N., Almas, A., Degnan, K., Nelson, C., & Zeanah, C. (2011). The effects of severe psychosocial deprivation and foster care intervention on cognitive development at 8 years of age: findings from the Bucharest Early Intervention Project. *The Journal of Child Psychology and Psychiatry, 52* (9), 919–928.

Fraiberg, S., Adelson, E., & Shapiro, V. (1975). Ghosts in the nursery: A psychoanalytic approach to the problems of impaired infant-mother relationships. *Journal of the American Academy of Child Psychiatry, 14*, 338–421.

Frey, D. (1993). Learning by metaphor. In C. Schaefer, *The therapeutic powers of play* (pp. 223–239). Northvale, NJ: Aronson.

Galinsky, E. (2010). *Mind in the Making*. New York: Harper Collins Publishers.

Gardner, H. (1999). *Intelligence Reframed: Mulitple Intelligences for the 21st Century*. New York: Basic Books.

Gillespie, L. G., & Seibel, N. L. (2006, July 15). *Self-Regulation: A Cornerstone of Early Childhood Development*. Retrieved February 22, 2011, from Beyond the Journal-Young Children on the Web: www.naeyc.org/yc/files/200607/Gillespie709BTJ.pdf

Gilliam, W. (2005). *Prekindergarteners left behind: Expulsion rates in state prekindergarten programs*. New York: Foundation for Child Development.

Gladwell, M. (2005). *Blink: The Power of Thinking Without Thinking*. New York: Little, Brown and Company.

Goldsmith, H. H., Lemery, K., Aksan, N., & Buss, K. A. (2000). Temperament substrates of personality development. In V. J. Molfese, & D. L. Molfese, *Temperament and personality development across the life span* (pp. 1–32). New Jersey: Erlbaum.

Goleman, D. (1995). *Emotional Intelligence: Why it can matter more than IQ*. New York: Bantam.

Gonzalez-Mena, J. (2008). *Diversity in Early Care and Education: Honoring Differences*. New York, NY: McGraw-Hill.

Goodwyn, S., Acredolo, L., & Brown, C. (2000). Impact of symbolic gesturing on early language development. *Journal of Nonverbal Behavior, 24*, 81–103.

Grossberg, S., & Vladusich, T. (2010). How do children learn to follow gaze, share joint attention, imitate their teachers, and use tools during social interactions? *Neural Networks, 23*, 940–965.

Hansen, R., & Hansen, K. (2011, January). *What Do Employers Really Want: Top Skills and Values Employers Seek from Job-Seekers*. Retrieved November 20, 2011, from Quintessential Careers: www.quintcareers.com/job_skills_values.html

Harvard (2012). *Toxic Stress: The Facts*. Retrieved May 13, 2012, from Center on the Developing Child at Harvard University: http://developingchild.harvard.edu/topics/science_of_early_childhood/toxic_stress_response

Hauser-Cram, P., & Mitchell, D. (2009). I Think I Can, I Knew I Could: Understanding and Encouraging Mastery Motivation in Young Children. In M. M. Burnham, & E. L. Essa, *Informing Our Practice: Useful Research on Young Children's Development* (pp. 136–140). Washington, DC: National Association for the Education of Young Children.

Heath, S., & Hogben, J. (2004). Cost-effective prediction of reading difficulties. *Journal of Speech, Language and Hearing Research, 47*, 751–765.

Heffron, M. C., Ivins, B., & Weston, D. R. (2005). Finding an Authentic Voice, Use of Self: Essential Learning Processes for Relationship-based Work. *Infants & Young Children, 18* (4), 323–336.

Helm, J. H., & Katz, L. (2011). The Fire Hydrant Project: Adapting the Approach for Toddlers. In J. H. Helm, & L. Katz, *Young Investigators: The Project Approach in the Early Years* (pp. 89–97). New York: Teachers College Press.

Hoffman, M. L. (2000). *Empathy and Moral Development: Implications for Caring and Justice*. Cambridge, UK: Cambridge University Press.

Hoffman, M. L. (2007). The Origins of Empathic Morality in Toddlerhood. In C. Brownwell, & C. Kopp, *Socioemotional development in the toddler years: transitions and transformations* (pp. 132–149). New York: The Guilford Press.

Hofstede, G. (1991). Empirical models of cultural differences. In N. Bleichrodt, & P. J. Drenth, *Contemporary issues in cross-cultural psychology* (pp. 4–20). Lisse, The Netherlands: Swets & Zeitlinger.

Hyson, M. (2008). *Enthusiastic and Engaged Learners: Approaches to Learning in the Early Childhood Classroom*. Washington, DC: National Association for the Education of Young Children.

Hyson, M., & Taylor, J. (2011, July). Caring about Caring: What Adults Can Do to Promote Young Children's Prosocial Skills. *Young Children*, 74–83.

Jablon, J., Dombro, A., & Dichtelmiller, M. (2007). *The Power of Observation for Birth through Eight* (2nd ed.). Washington, DC: Teaching Strategies, Inc.

Jalongo, M. (2006). *Early childhood language arts* (4th ed.). Boston: Allyn & Bacon.

Jalongo, M. R. (2008). *Learning to Listen, Listening to Learn: Building essential skills in young children*. Washington, DC: National Association for the Education of Young Children.

Janusik, L., Fullenkamp, L., & Partese, L. (2007, January 1). *Listening Facts*. Retrieved September 29, 2011, from Listen.org: http://d1025403.site.myhosting.com/files.listen.org/Facts.htm

Jennings, P., & Greenberg, M. (2009). The Prosocial Classroom: Teacher Social and Emotional Competence in Relation to Student and Classroom Outcomes. *Review of Educational Research*, 79 (1), 491–525.

Johnson, S. (1998). *Who Moved My Cheese?* New York: Putnam Adult.

Kagan, J. (2005, September 28). *Temperament. 1–4*. Montreal, Quebec, Canada: Centre of Excellence for Early Childhood Development. Retrieved June 30, 2011, from Encyclopedia on Early Childhood Development: www.child-encyclopedia.com/documents/KaganANGxp.pdf

Kagan, J., & Snidman, N. (2004). *The long shadow of temperament*. Cambridge, MA: Harvard University Press.

Kaplan, P. S., & Werner, J. S. (1986). Habituation, response to novelty, and dishabituation in human infants: Tests of a dual process theory of visual attention. *Journal of Experimental Child Psychology*, 42 (2), 199–217.

Katz, L. (1994). *The project approach*. Champaign, IL: ERIC Clearninghouse on Elemenentary and Early Childhood Education.

Kennedy, R. F. (1966, June 6). *Day of Affirmation Address* (news release text version). Retrieved December 15, 2011, from John F. Kennedy Presidential Library and Museum: www.jfklibrary.org/Research/Ready-Reference/RFK-Speeches/Day-of-Affirmation-Address-news-release-text-version.aspx

Keyser, J. (2006). *From Parents to Partners: Building a Family-Centered Early Childhood Program*. St. Paul, MN: Redleaf Press.

Kim, J., & Deater-Deckard, K. (2011). Dynamic changes in anger, externalizing and internalizing problems: attention and regulation. *Journal of Child Psychology and Psychiatry*, 52 (2), 156–166.

Klein, A. S. (2008, December 1). *Creating Peaceful Environmental Designs for the Classroom*. Retrieved September 10, 2011, from Early Childhood News: www.earlychildhoodnews.com/earlychildhood/article_view.aspx?ArticleID=390

Kochanska, G., Forman, D., Aksan, N., & Dunbar, S. (2005). Pathways to conscience: early mother-child mutually responsive orientation and children's moral emotion, conduct, and cognition. *Journal of Child Psychology and Psychiatry*, 46 (1), 19–34.

Ladd, G., Kochenderfer, B., & Coleman, C. (1997). Classroom peer acceptance, friendship and victimization: Distinct relational systems that contribute uniquely to children's school adjustment. *Child Development*, 68 (6), 1181–1197.

Lansford, J. E., Malone, P. S., Stevens, K. I., Dodge, K. A., Bates, J. E., & Pettit, G. S. (2006). Developmental trajectories of externalizing and internalizing behaviors: Factors underlying resilience in physically abused children. *Development and Psychopathology*, 18(1), 35–55.

Lapsley, D. (2011). Landmarks of Moral Formation in Early Childhood. *Indiana Association for Infant and Toddler Mental Health Annual Conference* (pp. 1–52). Indianapolis: IAITMH.

Lieberman, A. F., & Van Horn, P. (2005). *"Don't Hit My Mommy!"* Washington, DC: ZERO TO THREE Press.

Lieberman, A., Padron, E., Van Horn, P., & Harris, W. (2005). Angels in the Nursery: The intergenerational transmission of benevolent parental influences. *Infant Mental Health Journal*, 26 (6), 504–520.

Liszkowski, U., Carpenter, M., & Tomasello, M. (2008). Twelve-month-olds communicate helpfully and appropriately for knowledgeable and ignorant partners. *Cognition*, *108*, 732–739.

Loh, A. (2006, December 1). *Reggio Emilia Approach*. Retrieved September 10, 2011, from Brainy-child.com: www.brainy-child.com/article/reggioemilia.shtml

Malaguzzi, L. (1998). History, ideas and basic philosophy: An interview with Lella Gandini. In C. Edwards, *The Hundred languages of children: The Reggio Emilia approach* (pp. 49–98). Greenwich, CT: Ablex.

Mangione, P. (1995) *"Acknowledge, Ask, and Adapt," A Guide to Culturally Sensitive Care*, developed by WestEd and California Department of Education, Sacramento.

Mann, T., Steward, M., Eggbeer, L., & Norton, D. (2007, May). ZERO TO THREE's Task Force on Culture and Development: Learning to Walk the Talk. *Zero to Three*, 7–15.

Marshall, P., Fox, N. A., & Group, T. B. (2004). A comparison of the electroencephalogram between institutionalized and community children in Romania. *Cognitive Neuroscience*, *16* (8), 1327–1338.

Martin, J. B., & Carle, E. (1996). *Brown Bear, Brown Bear, What Do You See?* New York: Henry Holt and Co.

Maschinot, B. (2008). *The Changing Face of the United States: The Influence of Culture on Early Child Development*. Washington, DC: ZERO TO THREE.

Massey, S. L. (2004). Teacher-Child Conversations in the Preschool Classroom. *Early Childhood Education Journal*, *31* (4), 227–231.

Mayer, K. (2009). Emergent Knowledge About Emergent Writing. In E. L. Essa, M. M. Burnham, & Eds., *Informing Our Practice: Useful Research on Young Children's Development* (pp. 111–118). Washington, DC: National Association for the Education of Young Children.

McCabe, A., & Peterson, C. (1991). Getting the story: A longitudinal study of parental styles of eliciting narratives and developing narrative skill. In A. McCabe, C. Peterson, & Eds., *Developing narrative structure* (pp. 217–253). Hillsdale, NJ: Lawrence Erlbaum Associates.

McCann, C., & Yarbrough, K. (2006, July 1). *Snapshots: Incorporating Comprehensive Developmental Screenings into Programs for Young Children*. Ounce of Prevention Fund, Retrieved September 4, 2012, from www.ounceofprevention.org/news/pdfs/Snapshots.pdf

McClelland, M., Morrison, F., & Holmes, D. (2000). Chlidren at risk for early academic problems: The role of learning-related social skills. *Early Childhood Research Quarterly*, *15* (3), 307–329.

McFarland, L., Saunders, R., & Allen, S. (2009). Reflective Practice and Self-Evaluation in Learning Positive Guidance: Experiences of Early Childhood Practicum Students. *Early Childhood Education Journal*, *36*, 505–511.

McKenzie, J. (1998). From Now On. *The Educational Journal*, *7* (6), 33.

McLennon, D. M. (2009, July). Ten Ways to Create a More Democratic Classroom. *Young Children*, 100–101.

McMillan, D. W., & Chavis, D. M. (1986). Sense of community: A definition and theory. *Journal of Community Psychology*, *14* (1), 6–23.

McMullen, M., Addleman, J., Fulford, A., Moore, S., Mooney, S., & Sisk, S. (2009, July). Learning to Be ME While Coming to Understand WE: Encouraging Prosocial Babies in Group Settings. *Young Children*, 20–28.

Mesman, J., van IJzendoorn, M. H., & Bakermans-Kranenburg, M. J. (2009). The many faces of the Still-Face Paradigm: A review and meta-analysis. *Developmental Review*, *29* (2), 120–162.

Michel, W., Shoda, Y., & Peake, P. (1988). The nature of adolescent competencies predicted by preschool delay of gratification. *Journal of Personality and Social Psychology*, *54*, 687–696.

Mischel, W. (1996). From good intentions to willpower. In P. Gollwitzer, J. Bargh, & Eds., *The psychology of action: Linking cognition and motivation to behavior* (pp. 197–218). New York: The Guilford Press.

Mischel, W., Ebbesen, E., & Zeiss, A. (1972). Cognitive and attentional mechanisms in delay of gratification. *Journal of Personality and Social Psychology*, *21*, 204–218.

Mistry, J. (1995). Culuture and Learning in Infancy: Implications for Caregiving. In J. Cortez &

C. L. Young-Holt, *Infant/Toddler Caregiving: A Guide to Culturally Sensitive Care* (p. 2). Sacramento, CA: California Department of Education.

Moffitt, T., Caspi, A., Harrington, H., & Milne, T. (2002). Males on the life-course-persistent and adolescent-limited antisocial pathways: Follow-up at age 26 years. *Development and Psychopathology, 14*, 179–207.

Morgan, G., Harmon, R., & Maslin-Cole, C. (1990). Mastery motivation: Definition and measurement. *Early Education and Development, 1*, 318–339.

Nation, K., & Snowling, M. (2004). Beyond phonological skills: Broader language skills contribute to the development of reading. *Journal of Research in Reading*, 342–356.

National Association for the Education of Young Children (NAEYC). (2011, May). *NAEYC Position Statement Code of Ethical Conduct*. Retrieved April 17, 2012, from www.naeyc.org/files/naeyc/file/positions/Ethics%20Position%20Statement2011.pdf

National Association for the Education of Young Children (NAEYC). (2009, January 1). *Developmentally Appropriate Practice in Early Childood Programs Serving Children from Birth through Age 8*. Retrieved April 29, 2011, from National Association for the Education of Young Children: www.naeyc.org/files/naeyc/file/positions/positions%20statements%20Web.pdf

National Research Council and Institute of Medicine. (2000). *From Neurons to Neighborhoods: The Science of Early Childhood Development*. (J. Shonkoff, & D. A. Phillips, Eds.) Washington, D.C.: National Academy Press.

Nelson, C. A., Furtado, E., Fox, N., & Zeanah, J. C. (2009). The Deprived Human Brain: Developmental deficits among institutionalized Romanan children—and later improvements—strengthens the case for individualized care. *American Scientist*, 222–229.

Nelson, K. (2007). *Young minds in social worlds: Experience, meaning and memory*. Cambridge, MA: Harvard University Press.

Oberman, L., Hubbard, E., McCleery, J., Altschuler, E., Ramachandran, V., & Pineda, J. (2005). EEG evidence for mirror neuron dysfunction in autism spectrum disorders. *Cognitive Brain Research, 24* (2), 190–198.

O'Connor, A., & Diggins, C. (2002). *On reflection: Reflective practice for early childood educators*. New Zealand: Open Mind Publishing.

Osofsky, J. D. (1995). The effects of exposure to violence on young children. *American Psychologist, 50*, 782–788.

Paley, V. G. (2004). *A child's work: The importance of fantasy play*. Chicago: The University of Chicago Press.

Parlakian, R. (2001). *Look, listen and learn: Reflective supervision and relationship-based work*. Washington, DC: ZERO TO THREE.

Pawl, J. S., & St. John, M. (1998). *How you are is as important as what you do. In Making a positive difference for infants, toddlers and their families*. Washington, DC: ZERO TO THREE: National Center for Infants, Toddlers and Families.

Pena, E. D., & Mendez-Perez, A. (2006, September). Individualistic and Collectivistic Approaches to Language Learning. *Zero to Three*, 34–41.

Perry, B. D., Pollard, R. A., Blakely, T. L., Baker, W. L. & Vigilante, D. (1995). *Childhood Trauma, the Neurobiology of Adaptation & Use-dependent Development of the Brain: How States Become Traits*. Infant Mental health Journal, Vol. 16, No. 4, Winter 1995.

Perry, B. D. (2001, March 1). *Curiosity: The Fuel of Development*. Retrieved June 27, 2011, from Scholastic: www.teacher.scholastic.com/professional/bruceperry/curiosity.htm

Perry, B. D. (1997). Incubated in Terror: Neurodevelopmental Factors in the "Cycle of Violence." In Joy D. Osofsky (Ed.), *Children in a violent society* (pp. 124–149). New York: The Guilford Press.

Perry, D., & Kaufmann, R. (2009, November 1). *Issue Brief: Integrating Early Childhood Mental Health Consultation with the Pyramid Model*. Retrieved December 4, 2011, from Technical Assistance Center on Social Emotional Intervention for Young Children: http://www.challenging.behavior.org/do/resources/documents/brief_integrating.pdf

Piaget, J. (1972). *The Psychology of the Child*. New York: Basic Books.

Pianta, R. C. (1997) Adult-Child Relationship Processes and Early Schooling. *Early Education and Development, Volume 8, Number 1*, (pp. 11–16).

Pink, D. H. (2009). *Drive: The Surprising Truth about What Motivates Us.* New York: Riverhead Books.

Powell, B., Cooper, G., Hoffman, K., & Marvin, R. (2009). The Circle of Security. In C. H. Zeanah (Ed.), *Handbook of Infant Mental Health* (3rd ed.) (pp. 450–467). New York: The Guilford Press.

Raaijmakers, M., Smidts, D., Sergeant, J., Maassen, G., Posthumus, J., van England, H., et al. (2008). Executive Functions in Preschool Children with Aggressive Behavior: Impairments in Inhibitory Control. *Journal of Abnormal Child Psychology, 36,* 1097–1107.

Raikes, H., & Edwards, C. P. (2009). *Extending the Dance in Infant and Toddler Caregiving.* Baltimore, MD: Paul H. Brookes Publishing Co.

Rankin, B. (1997). Education as collaboration: Learning from and building on Dewey, Vygotsky and Piaget. In J. Hendrick, *First steps toward teaching the Reggio way* (pp. 70–83). Upper Saddle Creek, NJ: Prentice Hall.

Reyes, I., & Moll, L. C. (2006). Bilingualism and Latinos. In I. Stavans, *Encyclopedia Latina: History, culture, and society in the United States* (pp. 181–185). New York: Grolier.

Robinson, S. K., & Aronica, L. (2009). *The Element: How finding your passion changes everything.* New York: Penguin Group, Inc.

Rogers, C. (1951). *Client-centered Therapy: Its Current Practice, Implications and Theory.* London: Constable.

Rossman, B., Hughes, H. M., & Rosenberg, M. S. (2000). *Children and interparental violence: The impact of exposure.* Philadelphia: Brunner/Mazel.

Rothbart, M. K., & Bates, J. E. (2006). Temperament in children's development. In W. Damon, R. Lerner, N. Eisenberg, & Eds., *Handbook of child psychology, sixth edition: Social, emotional and personality development* (Vol. 3, pp. 99–166). New York: Wiley.

Rui Olds, A. (2000). *Child care design guide.* New York: McGraw-Hill.

Saarni, C. (1999). *The development of emotional competence.* New York: The Guilford Press.

Sameroff, A., & MacKenzie, M. (2003). A quarter-century of the transactional model: How have things changed? *Zero to Three,* 14–22.

Schiller, P. (2009). *Seven Skills for School Success.* Silver Spring, MD: Gryphon House.

Schore, A. N. (1994). *Affect Regulation and the Origin of Self.* Hillsdale, NJ: Lawrence Erlbaum Associates.

Schuder, M. & Lyons-Ruth, K. (2004). "Hidden Trauma" in Infancy: Attachment, Fearful Arousal and Early Dysfunction of the Stress Response System. In J. Orsofsky (Ed.), *Young Children and Trauma: Intervention and Treatment* (pp. 75–82). New York, NY: The Guilford Press.

Shoda, Y., Mischel, W., & Peake, P. K. (1990). Predicting Adolescent Cognitive and Self-Regulatory Competencies from Preschool Delay of Gratification: Identifying Diagnostic Conditions. *Developmental Psychology, 26* (6), 978–986.

Shonkoff, J., & Phillips, D. A. (2000). *From Neurons to Neighborhoods: The Science of Early Childhood Development.* Washington, DC: National Academy Press.

Siegel, D. J. (2001). Toward an Interpersonal Neurobiology of the Developing Mind. *Infant Mental Health Journal, 22* (1–2), 67–94.

Siegel, D. J. (2011). *Mindsight: The new science of personal transformation.* New York: Bantam Books.

Siegel, D. J., & Hartzell, M. (2003). *Parenting from the Inside Out: How a deeper self-understanding can help you raise children who thrive.* New York: Tarcher/Penguin Group.

Silverthorn, D. U., Garrison, C. W., Silverthorn, A. C., & Johnson, B. R. (2009). *Human Physiology: An Integrated Approach* (4th ed.). New York: Pearson/Benjamin Cummings.

Slade, A. (2005). Parental reflective functioning: An introduction. Attachment & Human Development, 7 (3), 269–281.

Slater, A. (2004). Born to love pretty faces. *New Scientist, 183* (2464), 14.

Smeltzer, L. (1993). Emerging questions and research paradigms in business communication research. *Journal of Business Communication, 30* (2), 181–198.

Squires, J., & Bricker, D. (2007). *An Activity-Based Approach to Developing Young Children's Social Emotional Competence.* Baltimore, MD: Paul H. Brookes Publishing Co.

Sroufe, L. A., Coffino, B., & Carlson, E. A. (2010). Conceptualizing the role of early experience: Lessons from the Minnesota Longitudinal Study. *Developmental Review*, *30* (1), 36–51.

Sroufe, L. A., Egeland, B., Carlson, E., & Collins, W. (2005). Placing early attachment experiences in developmental context. In K. E. Grossman, K. Grossman, & E. Waters, *Attachment from infancy to adulthood: The major longitudinal studies* (pp. 48–70). New York: The Guilford Press.

Stoiber, K. C., Gettinger, M., & Fitts, M. (2007). Functional Assessment and Positive Support Strategies: Case Illustration of Process and Outcomes. *Early Childhod Services*, *1* (3), 165–179.

Stone, Sandra J. (1995, September). Wanted: Advocates for Play in the Primary Grades. *Young Children*.

Swenson, K. J. (2010). *The Effects of Non-Directive Play Therapy on Children with Anxiety*. Winona: Winona State University College of Education.

Tarullo, A., Obradovic, J., & Gunnar, M. (2009). Self-Control and the Developing Brain. *Zero To Three*, *29* (3), 31-37.

Thomas, A., & Chess, S. (1977). *Temperament and development*. New York: Brunner/Mazel.

Thompson, R. A. (2009). Doing What Doesn't Come Naturally: The Development of Self-Regulation. *Zero to Three*, *30* (2), 33–39.

Tierney, A. L., & Nelson, I. C. (2009, November). Brain Development and the Role of Experience in the Early Years. *Zero to Three*, 9–13.

Tomlin, A., Sturm, L., & Koch, S. M. (2009). Observe, Listen, Wonder and Respond: A Prelimary Exploration of Reflective Function Skills in Early Care Providers. *Infant Mental Health Journal*, *30* (6), 634–647.

Toth, K., Munson, J., Meltzoff, A. N., & Dawson, G. (2006). Early Predictors of Communication Development in Young Children with Autism Spectrum Disorder: Joint Attention, Imitation and Toy Play. *Journal of Autism Developmental Disorders*, *36*, 993–1005.

Tronick, E., Adamson, L. B., Als, H., & Brazelton, T. B. (1975, April). Infant emotions in normal and pertubated interactions. Paper presented at the biennial meeting of the Society for Research in Child Development, Denver, CO.

Twombly, E., & Fink, G. (2004). *Ages & Stages Learning Activities*. Baltimore: Paul H. Brookes Publishing Co.

U.S. Census Bureau. (2011, July 1). *Table 11. Resident Populations Projections by Race, Hispanic-Origin, Status, and Age: 2010 and 2015*. Retrieved August 1, 2011, from Statistical Abstract of the United States: 2011: www.census.gov/compendia/statab/2011/tables/11s0011.pdf

Vallotton, C. (2008). Signs of Emotion: What can preverbal children "say" about internal states? *Infant Mental Health Journal*, *29* (3), 234–258.

Van Hecke, A. V., Meyer, J., Neal, A. R., & Pomares, Y. B. (2007). Infant Joint Attention, Temperament, and Social Competence in Preschool Children. *Child Development*, *78* (1), 53–69.

van IJzendoorn, M., & Kroonenberg, P. (1988). Cross-cultural patterns of attachment: A meta-analysis of the Strange Situation. *Child Development*, *59*, 147–156.

Viorst, J. (1972). *Alexander and the Terrible, Horrible, No Good, Very Bad Day*. New York: Anthem.

Vohs, K. D., & Baumeister, R. F. (2004). *Handbook of self-regulation: Research, theory and applications*. New York: The Guilford Press.

Vygotsky, L.S. (1987). *Thinking and speech* (Vol. 1). New York: Plenum Press.

Walden, T. (1991). Infant social referencing. In U. Garber, & K. Dodge, *The development of emotion regulation and dysregulation* (pp. 69–88). Cambridge, England: Cambridge University Press.

Walton, G., Armstrong, E. S., & Bower, T. (1998). Newborns learn to identify a face in eight/tenths of a second? *Developmental Science*, *1* (1), 79–84.

Waterhouse, L. (2006). "Inadequate Evidence for Multiple Intelligences, Mozart Effect, and Emotional Intelligence Theories." *Educational Psychologist*, *41*(4), 247–255.

Watson, K., Barker, L., & Weaver, I. J. (1995). The listening styles profile (LSP-16): Development and validation of an instrument to assess four listening styles. *International Journal of Listening*, *9*, 1–13.

Weigand, R. F. (2007). Reflective supervision in child care: The discoveries of an accidental tourist. *Zero to Three*, *28* (1), 17–22.

Wein, C. A. (2008). *Emergent curriculum in the primary classroom: Interpreting the Reggio Emilia approach in Schools*. New York: Teachers College Press.

Wentzel, K., & Asher, S. (1995). The academic lives of neglected, rejected, popular and controversial children. *Child Development, 66* (3), 756–763.

Whitehurst, G. J., Arnold, D., Epstein, J., Angell, A., Smith, M., & Fischel, J. (1994). A Picture Book Reading Intervention in Day Care and Home for Children from Low-Income Families. *Developmental Psychology, 30* (5), 679–689.

Wiggins, C., Fenichel, E., & Mann, T. (2007) *Literature Review: Developmental Problems of Maltreated Children and Early Intervention Options for Maltreated Children.* ZERO TO THREE Maltreatment and development report. Task 6: Child Protective Services Project Integrated Literature Review. Washington, DC: ZERO TO THREE. Retrieved September 4, 2012, from http://aspe.hhs.gov/hsp/07/Children-CPS/litrev/report.pdf

Willems, R., & Varley, R. (2010, October 25). *Frontiers in Human Neuroscience.* Retrieved September 20, 2011, from www.frontiersin.org: www.frontiersin.org/human_neuroscience/10.3389/fnhum.2010.00203/full

Williamson, G., & Anzalone, M. (2001). *Sensory Integration and Self-Regulation in Infants and Toddlers: Helping very young children interact with their environment.* Washington, DC: ZERO TO THREE.

Wood, A. (1984). *The Napping House.* San Diego: Harcourt Brace Jovanovich, Publishers.

Zeanah, C. H., & Zeanah, P. D. (2009). Three Decades of Growth in Infant Mental Health. *Zero to Three, 30* (2), 22–27.

Zeanah, C. (2009). Institutional Rearing and Psychiatric Disorders in Romanian Preschool Children. *The American Journal of Psychiatry, 166* (7), 777–785.

Zeanah, C., Nelson, C., Fox, N., Smyke, A., Parker, S., & Koga, S. (2003). Designing research to study the effects of institutionalization on brain development: The Bucharest Early Intervention Project. *Development and Psychopathology, 15,* 885–907.

Zentner, M., & Bates, J. E. (2008). Child Temperament: An Integrative Review of Concepts, Research Programs, and Measures. *European Journal of Developmental Science (EJDS), 2* (1/2), 7–37.

ZERO TO THREE. (2001). *Definition of infant mental health.* Washington, DC: ZERO TO THREE Infant Mental Health Steering Committee.

ZERO TO THREE Infant Mental Health Task Force. (2002). Infant Mental Health. In R. Parlakian, & N. Seibel, *Building strong foundations: Practical guidance for promoting the social–emotional development of infants and toddlers.* Washington, DC: ZERO TO THREE.

ZERO TO THREE. (2005). *Diagnostic classification of mental health and developmental disorders of infancy and early childood: Revised edition (DC 0-3R).* Washington, DC: ZERO TO THREE Press.